财政部规划教材
全国高职高专院校财经类教材

财 政 学 基 础

（第七版）

申长平　主编

中国财政经济出版社

图书在版编目（CIP）数据

财政学基础/申长平主编．—7版．—北京：中国财政经济出版社，2015.2
财政部规划教材　全国高职高专院校财经类教材
ISBN 978－7－5095－5978－9

Ⅰ．①财…　Ⅱ．①申…　Ⅲ．①财政学－高等职业教育－教材　Ⅳ．①F810

中国版本图书馆CIP数据核字（2015）第012544号

责任编辑：张　铮　　　责任校对：杨瑞琦
封面设计：陈　瑶　　　版式设计：兰　波

中国财政经济出版社 出版

URL：http：//www.cfeph.cn
E－mail：cfeph@cfeph.cn

社址：北京市海淀区阜成路甲28号　邮政编码：100142
营销中心电话：88190406　北京财经书店电话：64033436　84041336
北京中兴印刷有限公司印刷　各地新华书店经销
787×1092毫米　16开　15印张　365 000字
2015年2月第7版　2018年7月北京第3次印刷
定价：30.00元
ISBN 978－7－5095－5978－9/F·4813
（图书出现印装问题，本社负责调换）
本社质量投诉电话：010－88190744
打击盗版举报热线：010－88190492，QQ：634579818

编写说明

本书是财政部规划教材，由财政部教材编审委员会组织编写并审定，作为全国高职高专院校财经类教材。

本书力求最大限度地反映我国财政改革实践的新情况，吸收国内外财政理论研究的新成果以及教学与研究的新收获。本书注重内容的时效性，在相关章节增加了税收收入与非税收入、城镇老年居民社会养老保险制度、新型农村社会养老保险制度等全新内容，所选用的数据、案例、资料以及财政相关政策法规尽可能涵盖国内外 2012 年底之前的财政理论及实践情况。

本书注重新颖性、可读性和启发性。与内容相呼应，设置了“阅读材料”栏目，使理论与实践融为一体，增强了教材的可读性，有利于激发学生学习的自觉性，有利于对学生的逻辑思维的引导和分析问题、解决问题能力的培养。本书在每一章后安排了“思考与练习”，帮助学生提高专业综合能力。

本书由山西省财政税务专科学校校长申长平教授任主编。参加编写的人员有申长平（第一、二章）、山西省财政税务专科学校周巧红教授（第十、十一章）、徐州全副教授（第三、四章）、刘彩丽副教授（第八、九章），陕西财经职业技术学院李启明副教授（第五章）、赵文红副教授（第六、七章）。申长平教授对全书进行总纂、定稿。

本书在编写过程中参考了诸多本学科理论研究成果和已出版的专著、教材，在此对相关作者表示诚挚谢意！同时，对财政部干部教育中心的支持和帮助表示衷心感谢！

书中不足之处，恳请广大读者指正。

编　者

2014 年 11 月

目录

目　　录

第一章
财政的概念

学习要点

- □ 财政的产生与发展
- □ 财政的要素与特征
- □ 财政与国家
- □ 公共财政的基本要求
- □ 财政与经济的关系

第一节 财政的概念

一、现实生活中的种种财政现象

财政的历史至少与国家的历史一样久远。国家财政是一个涉及社会生活各个领域的复杂的经济分配活动。从居民的衣食住行到国家的政治经济生活，时时处处存在着财政现象：规模宏大的电站、体育场，横跨江河的桥梁，四通八达的铁路、公路，城市中风景秀丽的公园，大多数由财政投资兴建；国防、公安、司法、检察以及国家行政机关，靠财政拨款维持运行；国立学校、医院、文化、文物、档案等事业单位，也主要或部分地靠财政拨款来维持和发展；城镇居民和农民均不同程度地享受由政府支付的各种福利、救济和补贴；工商企业、个体工商业户以及达到一定收入标准的居民要依法向国家纳税；如此等等，不胜枚举。

人们在享受政府提供的各种好处的同时，也经常被一些财政问题所困扰：

企业和个人向政府纳税是天经地义的，但税负确定在什么水平才能够既保证政府各项支出需要，又不致使纳税人感到负担沉重？居民死亡留下的遗产是自己的，为什么还要缴纳遗产税？

企业和个人向政府缴纳了税款，理所当然应当得到政府的服务，政府到底应该向企业和个人提供哪些服务？

我国曾经把“既无内债、又无外债”作为社会主义优越性加以宣传。改革开放以来连续多年发行公债，发行公债到底有何意义？作为个人，应对公债持何种态度？

世界上最富有的美国存在巨额财政赤字，我国也连续数年出现财政赤字，财政赤字存在的原因是什么？财政赤字与通货膨胀是什么关系？赤字到底有利还是有弊？

为什么政府要实施九年义务教育并由财政负担义务教育阶段的费用？为什么政府要为没有收入或收入甚少的人提供最低生活保障？医疗服务应该免费、部分免费还是全部自费？

改革开放前，国家曾一度包揽大学生的生活费用，为什么现在上大学要交学费？对于学业优良、但家境贫寒的学生，政府应采取什么措施防止其失学？

诸如此类的问题还可以提出很多。它反映出财政活动不仅牵涉政府活动的各个方面，而且与人们的切身利益密切相关。

二、财政的产生

财政是人类社会发展到一定历史阶段的产物。

（一）剩余产品的出现为财政的产生奠定了物质基础

人类之初，由于生产力极其低下、生产工具落后，单靠个人不可能取得维持生存的物质资料，更难抵御自然界的侵害。人们只有结合成群，以群体力量同大自然斗争。他们共同生产，共同生活，劳动只能维持最低限度的生活需要，没有任何剩余，因此产品的分配只有在原始共同体内部实行直接的大体平均的分配。而且人们在半饥饿状态下，分配和消费也基本上是一次性的，不存在再分配现象。这个时候不可能产生财政分配。

人类在与自然界进行长期艰苦斗争的进程中，改进了生产工具，提高了生产力水平，并逐步从采集经济和狩猎经济发展到经营畜牧业和农业。劳动生产率逐步提高，劳动者创造的物质财富除维持自身需要之外还有了剩余。剩余产品的出现，一方面使人们能够把一部分劳动用于生产资料的生产，使生产工具得到改进，为进一步发展生产力、生产更多的剩余产品创造了条件；另一方面，剩余产品导致了社会分工，这不仅使产品的经常交换成为可能，而且由于分工侵入生产过程，破坏了生产和占有的共同性，使集体劳动逐渐被单个家庭和个人所代替，并形成私有观念；再一方面，剩余产品的出现还使一部分人逐渐脱离生产过程，专门地从事宗教、文化、教育和管理等社会公共事务。

剩余产品的出现客观上要求对产品实行再分配活动，为财政分配奠定了物质基础。

（二）社会公共需要的形成和发展是财政产生的根本原因

从经济学角度分析，人既有个体需求，又有群体需求。前者为个人需求或私人需求，后者即为公共需求或社会需求。人为什么会有公共需求或社会需求，原因在于人总是社会的人，人类生活始终是社会生活，人非在社会中不能生存。一句话，人类活动具有社会性。人类活动的社会性必然产生一定的社会公共事务。

由于剩余产品的出现以及原始公社的瓦解，相对于个体家庭和个人需要的社会公共需要日益扩大并相对独立存在。在原始社会中期和末期，至少形成以下几个方面的社会公共需要：用于祭鬼神等大型的原始宗教活动的需要；水利工程、开筑道路等公益事业的需要；对外防御和战争的需要；逐渐从生产中分离出来执行社会公共职能人员的消费需要。

由于原始社会组织由小到大（从氏族扩大到胞族、部落以至部落联盟）的发展，生产单位却向相反方向发展（由母权制到共产制家庭、到父权制的家长制公社，再到个体家庭），使得社会公共需要的满足超出生产单位直接分配的范围，只能由社会共同利益的维护者和组织者——部落或部落联盟来实现。这种满足社会公共需要的分配已经具备了财政的雏型。

（三）国家的产生是财政形成的必要前提

剩余产品的出现，社会分工的发生和商品交换的发展，由此而来的私有制以及阶级的形成和阶级斗争的发生，使氏族制度逐步解体，产生了国家。一方面，国家是靠部分地改造氏族制度的旧机关形成的；另一方面，国家要维持其政治统治，需要建立军队、警察、法庭等阶级统治工具。国家既是阶级统治的工具，又是管理社会公共事务的机关。马克思指出："政府的监督劳动和全面干涉包括两方面：既包括执行由一切社会的性质产生的各种公共事务，又包括由政府同人民大众相对立而产生的各种特殊职能。"[①] 并指出："政治统治到处都是以执行某种社会职能为基础，而且政治统治只有在它执行了它的这种社会职能时才能持续下去。"[②] 国家产生后，为维持其存在和履行其职能，需消耗一定的物质资料，但其本身并不从事物质资料生产，只有凭借政治权力，强制地、无偿地占有一部分社会产品。这样，一个以国家为主体，以满足社会公共事务需要为目的的分配形式——财政分配就从社会再生产统一、单纯的分配环节中分化出来，成为一个特殊的分配范畴。

三、财政的概念

（一）财政的一般概念

根据现实经济活动中我们所能观察到的财政活动所具有的一般特点以及对财政产生及发展的考察，提出一个我们认为比较明晰的财政一般概念：**财政是为了满足社会公共需要，以国家为主体，对一部分社会产品的集中性分配。**

（二）关于公共财政的讨论

近年来，公共财政这一术语使用频率越来越高，且争论很大、分歧颇多。我们认为，财政历来是指国家财政或政府财政，它本来就是或者说应当是公共的，如果某类收入活动是私人的，就不是财政。

但是，在我国提出公共财政却是有针对性的。在我国传统的计划经济体制下，财政上实行统收统支，企业财务、家庭财务与国家财政的界限十分模糊。整个社会和国家以政府为中心形成一个大企业，财政则成为这个大企业的总财务。由于企业和个人均不是独立的经济主体，就整个社会经济活动来看，就是国家和政府的活动。市场取向的改革否定了计

---

① 《马克思恩格斯全集》，第25卷，人民出版社1975年版，第432页。
② 《马克思恩格斯选集》，第三卷，人民出版社1972年版，第219页。

划经济下形成的这种状态。此时的社会经济活动已不再由国家直接以指令性计划安排决定，企业和个人逐步成为独立的市场运营主体。社会资源配置也由政府配置转变为以市场配置为基础和以政府调节为辅。但在 1992 年党的十四大明确提出经济体制改革的目标模式是市场经济之后的相当一段时期，财政改革的方向和定位问题并未明晰。因此，从放权让利的城市经济体制改革伊始，财政的职能范围就处于混乱之中，财政收支上的困难也一直伴随着我们，为了走出财政困难而进行的探索更是显得曲折、艰难。计划经济体制下，我们搞过“生产建设性财政”；80 年代末提出过“经营性财政”；但在实践上，日益变为“吃饭财政”。正是在这种历史背景下，1998 年底召开的全国财政工作会议明确提出建立适应社会主义市场经济的公共财政体系，这既是对计划经济下的大一统财政的否定，又解决了我国经济转轨中财政改革的走向和职能定位问题。

第二节 财政要素与特征

一、财政分配的构成要素

构成财政分配的要素包括分配主体、分配客体、分配目的、分配形式。

（一）财政分配的主体

国家是财政的分配主体，具体地说，就是各级政府。国家作为财政分配的主体，表明政府是财政分配的执行者，是财政政策的制定者。政府可以在一定程度上改变财政分配的范围、方法、分配的规模和结构。但是，需要强调指出的是，经济主体并不能决定客观的经济关系，“一切政府，甚至最专制的政府，归根到底都只不过是本国状况所产生的经济必然性的执行者”[①]。财政政策可能正确地反映客观经济规律，也可能背离客观经济规律。也就是说，作为财政分配主体的各级政府，只有在正确认识和掌握客观经济规律的基础上，才能真正把财政工作做好。

（二）财政分配的客体

财政分配的客体，即财政分配的对象。关于财政分配的对象，理论界有多种说法，一种意见认为是一部分社会产品；另一种意见认为是一部分国民收入；还有一种意见认为是一部分剩余产品。近年来基本趋于一致意见的是：从社会产品的价值构成分析，财政分配的主要对象是一部分剩余产品 m，但生产资料耗费的补偿价值 c 中的折旧部分有时也可作为财政分配的对象；劳动力价值 v 的部分由于个人所得税的存在也部分地构成财政分配的对象。我们同意这样的观点，但同时认为，从社会产品的价值构成对财政分配对象的深入分析是一回事，对财政概念的表述是另一回事，一种概念和它所表达的繁杂的现象并不要

① 《马克思恩格斯选集》，第四卷，人民出版社 1972 年版，第 495 页。

求完全一致，因此，在财政概念中使用一部分社会产品的表述也是可以的。

（三）财政分配的目的

财政分配的目的是为了满足社会的公共需要。所谓社会公共需要，是指处于一定发展阶段上的社会为维持自身生存和发展必然产生和形成的社会公共职能和事务的需要。其特征将在第二章详细介绍。

把财政分配的目的概括为满足社会公共需要，是采用规范分析方法，从财政产生、发展的整个过程中，对财政之所以存在及其一般本质的合理抽象。社会公共需要是社会生存和发展的基本条件，具有客观必然性，没有一个政府可以完全不履行其社会公共职能，否则，其政治统治是不可能长久和稳固的。因此可以说，满足社会公共需要是财政存在的根本理由，也是具有阶级统治职能的国家不得不承担的基本职能。

（四）财政分配的形式

在自然经济条件下，财政分配曾经采取过力役形式和实物形式。随着商品货币经济的发展，财政分配在采取实物形式的同时，也大量采取货币形式。到了资本主义社会，由于商品经济的高度发达，国家财政收支全部采取了货币形式。

二、财政分配的特征

财政分配的一般特征可概括为以下几个方面：

（一）财政分配具有国家主体性

财政属于分配范畴，但不是一般的分配，它是从社会再生产分配中分化独立出来的一种以国家为主体的特殊的分配范畴，在分配过程中必然形成一种以国家为主体的特定的分配关系。这种分配关系的建立和形成，主动权掌握在国家手中，除国家之外的任何经济单位或个人都没有决定和选择的权利。这是财政分配区别于其他分配形式的一个最主要的特征。

（二）财政分配一般具有强制性

财政分配是以国家的立法或行政权力规定的法律、条例和制度为直接依据进行，是一种无条件的分配，是所有权的单方面转移。国家作出的规定，不必与任何方面协商，也不必征得对方同意，这就构成了财政分配的强制性特征。这一特征集中地体现在组织财政收入上，尤其是税收上。只要符合法律规定，企业、经济组织和个人必须依法履行纳税义务；否则便要受到法律的制裁。

（三）财政分配一般具有无偿性

财政分配的无偿性也是财政分配区别于其他分配范畴的一个重要特征。这主要表现在财政收支活动从整体和本质的角度来看都是按照无偿原则进行的，财政收入与财政支出都是不直接偿还的。国家向经济单位和个人征税以后，不再直接返还给纳税人；从财政得到资金的各个部门、单位和个人，一般也无需偿还。

在一定条件和范围内，财政收支可采用信用方式，如发行公债、投资贷款。这些形式都具有偿还性，但这些形式不能反映财政的本质特征。就公债来说，其还本付息最终要凭借无偿性分配来实现。

（四）财政分配具有社会集中性

在社会产品分配上，就分配方式而言，根据投入生产的不同要素形成按劳分配、按资分配、按能力分配等；就分配的范围而言，主要是在各经济单位内部及其之间进行的分配。以国家为主体的财政分配，一个极其明显的特征是社会范围内的集中性分配。这一特征在社会经济生活中表现为各级政府都要从其所管辖的区域内集中一定数量的财政收入，并分配用于本区域内的各项社会公共需要。财政分配的社会集中性，使财政分配活动能够直接体现政府活动的范围和方向，并为财政的宏观调控创造条件。

三、现代公共财政的基本要求

目前，我国正在努力构建适应社会主义市场经济的公共财政体系，而明确公共财政的基本要求是建立公共财政体系的理论前提。

（一）公共财政的公共性

财政是政府凭借政治权力对一部分社会产品的占有和支配。政府是由所辖区域内居民让渡权力的结果，政府属于本辖区内的全体公众。政府权力从本质上讲是一种公共权力，公众是权力主体，是政府的委托人。政府是公众实现利益与满足需要的工具，是公众的代理机构。显然，政府具有公共性。[①] 政府的公共性决定了财政分配的公共性。财政分配的公共性具体表现为：财政收入来源于社会成员的缴纳，每个公民都有义务根据其能力大小或受益多少缴纳法律规定的税费；财政支出必须用于满足社会公共需要，政府有责任为公众提供良好的社会公共产品和公共服务。

（二）公共财政的民主性

公共财政与社会公众的利益息息相关，全体社会成员必然对公共财政的运作有着强烈的参与和监督意识。因此，民主理财是公共财政的内在要求。实行民主理财，既反映在人民通过自己的代表对财政预算和决算的审查和批准，也反映在涉及公众利益的各种财政性和事业性收费应通过听证会等形式，听取公众的意见和建议，还反映在重大建设项目应进行可行性论证，广泛听取专家及社会公众的意见和建议，等等。

（三）公共财政的公开性

公共财政的民主性客观上要求公共财政的公开性，没有公开，谈不上民主，更难以实现公平。按照公开性要求，政府有责任通过各种形式，如广播、电视、报纸等宣传工具公开全部财政收支，让社会公众了解财政收入来自何方、财政支出用于何处，广泛接受社会公众监督，实现阳光财政、透明财政。按照公开性要求，重大公共建设项目和大额支出还必须通过公开招投标制度确定建设队伍和供应商，防止暗箱操作可能带来的弊端。

（四）公共财政的公益性

在市场经济条件下，企业以经济利益为目标，其行为动机是利润最大化。而政府是以社会公共利益为出发点，其职责是提供公共产品和公共服务，为市场的有序运转提供保证和创造条件。政府应坚持国不与民争利的原则，始终以满足社会公共需要为己任，政府的财政收支行为不应也不能带有营利色彩。

---

① 参阅王振海：《论政府的公共性》，《新华文摘》，2004 年第 2 期，第 4～6 页。

（五）公共财政的规范性

数额巨大的财政收支如果没有严格的制度、严密的程序、严明的纪律作保证，很难保证财政收入的及时足额上缴、财政支出的合理分配和高效使用。因此，公共财政收支都必须规范运作。规范性首先表现在财政收支的法制化，即通过建立相关法规来约束财政收支行为，使其在法制轨道上运行；其次表现在财政收支的统一性，即财政收支应有统一的规章、统一的标准，不能自行其是；再次表现在财政收支的完整性，主要是指预算必须能够全面完整地反映各级政府的全部财政收支。如果预算不能全面完整地反映各级政府的财政收支，不仅预算难以准确反映政府的活动范围、规模和方向，而且上述四项要求的执行也将大打折扣。

第三节 财政与国家

一、财政是国家存在及实现其职能的经济基础

无论何种性质的国家，其存在都表现为拥有军队、警察、法庭等实体以及从事行政、经济及其他社会管理的机构，但它们自身并不生产任何物质产品，这些实体附属和管理机构的物质需求都需要通过财政来取得。马克思指出："赋税是官僚、军队、教士和宫廷的生活源泉，一句话，它是行政权力整个机构的生活源泉。"① "捐税体现着表现在经济上的国家存在。"② "赋税是政府机器的经济基础。"③ 这些论断深刻地揭示出国家与财政之间的依存关系。

国家机器自身的物质消耗需要财政，国家职能的实现，即国家每一项政治、军事、外交、司法活动以及各项事业的兴办，也都需要财力作保证。如进行战争、从事外交、侦察破案、刑讯审判以及兴办教育、修筑公园、架桥修路等公共工程，等等。国家机器的规模、国家活动的范围、国家职能的大小都会受到一国财政经济状况的制约。超越财政经济的可能任意施展国家的"本领"，那就必然动摇国家的基石，甚至导致政权的崩溃，这在中外历史上都不乏其例。我国历史上秦王朝可谓典型，兼并六国、统一中原的秦王朝建立政权后，不及时采取措施发展生产、培养财力，反而对外穷兵黩武，以 30 万人北击匈奴，50 万人修筑长城；对内大兴土木，以 70 万人建造宫殿，致使财政枯竭、府库空虚，只好采取竭泽而渔的手段。其结果是破坏了经济基础，激化了阶级矛盾，迫使农民揭竿而起，秦王朝的统治被推翻。

① 《马克思恩格斯选集》，第一卷，人民出版社 1972 年版，第 697 页。
② 《马克思恩格斯选集》，第一卷，人民出版社 1972 年版，第 181 页。
③ 《马克思恩格斯选集》，第一卷，人民出版社 1972 年版，第 22 页。

二、财政是国家配置资源的重要方式

财政作为政府的一种经济行为，自产生以来就具有配置资源的功能，所有社会都需要财政配置资源来满足社会公共需要的物品和劳务，以维持社会正常运转。

财政对一部分社会产品的分配和再分配的进程与结果，就形成一部分社会资源的政府配置。作为政府经济体现的财政分配，成为政府实现资源有效配置的重要方式。

三、财政是国家调控经济及干预社会生活的经济手段

（一）国家利用财政作用于其经济基础

恩格斯指出："国家就是通过保护关税、贸易自由、好的或坏的财政制度发生作用的。"[①] 财政历来是国家作用于经济基础的一个经济手段，是作为上层建筑的国家为其经济基础服务、作用于其经济基础的一个共同现象。当然，在不同社会形态下的不同国家中，在不同的历史阶段上，国家干预和调控的深度、广度和力度，干预的具体形式是不同的。

我国要建立的社会主义市场经济体制是政府宏观调控下的市场经济体制。由于我国还是一个发展中国家，我国的基本国情、经济发展目标和社会制度决定了政府对经济调控的范围和力度要比其他市场经济国家更大一些，而政府财政则是宏观调控的重要手段。

（二）国家利用财政调节社会生活的其他方面

国家不仅利用财政调节经济，而且还利用财政调节社会生活的其他方面。我国历史上曾把税收作为促进人口增长的重要工具。汉高祖时规定，百姓生育子女，免两年赋役；清康熙时规定："盛世滋生人丁，永不加赋。"在国外，原东德、保加利亚、蒙古等国均曾采取补贴、减税等措施鼓励生育。相反，韩国、突尼斯、尼泊尔、泰国等国则采取财政措施限制人口增长。国家财政调节的主动性、广泛性并不是说利用财政干预和调节经济和社会生活都是积极的、自觉的。调节干预适当，可以对经济社会起促进作用；调节干预不当，则有可能起阻碍甚至破坏作用。要使财政调节发挥积极的作用，重要的在于认识和把握财政分配规律。

第四节 财政与经济

财政与经济的相互关系可以概括为：经济决定财政，财政影响经济。

---

① 《马克思恩格斯书信集》，人民出版社 1962 年版，第 517 页。

一、经济决定财政

（一）经济发展的规模和速度决定着财政分配的规模和财政收支的增长速度

财政是以国家为主体的分配，能够为财政所分配的，只能是社会经济发展过程中创造出来的社会产品。因此，经济发展的规模和速度决定着财政分配的规模和财政收支的增长速度。一般而言，经济发展的规模越大、水平越高，经济增长的速度越快，财政分配的规模也可能越大，财政收支的增长速度相应也越快。1952 年、1980 年、1990 年、2000 年、2010 年、2011 年、2012 年，我国国民生产总值（GNP）分别为 589 亿元、4 547 亿元、18 668 亿元、99 215 亿元、401 513 亿元（GDP）、472 882 亿元（GDP）、519 322 亿元（GDP），同期财政收入分别为 184 亿元、1 159 亿元、2 937 亿元、13 395 亿元、83 102 亿元、103 874 亿元、117 210 亿元，财政支出分别为 176 亿元、1 229 亿元、3 084 亿元、15 887 亿元、89 874 亿元、109 248 亿元、125 712 亿元。可见，经济规模扩大，国民收入增加，财政收支的规模才能扩大。

（二）经济结构决定财政分配结构，制约财政收入的增长速度

“所谓经济结构，是指国民经济各个部门、各个地区、各种成分、各个组织和社会再生产各个方面的构成以及它们的相互联系、相互制约的关系”①，包括社会经济关系结构、部门结构、地区结构、技术结构等。经济结构对财政分配结构及财政收入增长速度的决定作用是多方面的。

1. 社会经济关系结构（即所有制结构）、产业部门结构决定财政收入来源的所有制构成和部门构成。1950 年，我国全部财政收入中，国营经济占 33.4%，私营经济占 30.2%，个体经济占 34.5%，集体所有制经济仅占 0.3%。1958 年，这一比重则分别变化为 84.6%、0.1%、1.3%、14%，明显地反映出不同经济成分在国民经济中的地位决定于各经济成分的收入在财政收入中的比重。产业部门结构决定财政收入结构的显著例证是：随着社会经济发展，第三产业发展迅猛，1970 年以来，美、英、法等国第三产业占国民生产总值的比重达到 50% 以上，其提供的财政收入也占整个财政收入的 50% 以上。

2. 物质资料生产结构决定财政分配结构。物质资料生产部门在生产中的比例状况决定着生产成果的实物构成，进而决定财政分配结构。一方面，社会产品的实物构成决定着财政收入中生产资料与消费资料的构成比例；另一方面，很大程度上决定着财政支出的方向和比例。在社会产品供给结构既定的情况下，财政支出所形成的对投资品或消费品的需求结构要受供给结构的制约，如果超出这种制约过多地安排了投资支出或消费支出，就会引起供求之间的结构性矛盾，使部分产品供不应求而物价上涨，另一部分产品则供过于求而销售疲软。

3. 经济结构合理与否制约财政收入的增长速度。经济结构合理化，国民经济协调发展并保持长期稳定的增长，财政收入也能够保持长期稳定增长。经济结构不合理，严重阻碍国民经济的良性循环和长期稳定增长，也将降低财政收入的增长速度。这已被建国以来的实践一再证明。比如，某项产业或产品增长过快，超出了现实的市场需求；或者虽未超

① 马洪：《经济结构与经济管理》，人民出版社 1982 年版，第 5 页。

出市场需求，但由于交通运输滞后无法运出，就会形成产品积压，无法进入流通销售，因而无法实现其价值，生产者无法取得销售收入，财政收入也便无从取得。

（三）经济效益高低决定着财政收入的增长速度

经济发展的规模和速度决定着财政收支的规模和速度，这是一个总的趋势和一般规律。但是，它们之间不一定是等比关系。财政收入的增长往往与经济发展的规模和增长速度不一致。这是因为，财政收入的增长不仅取决于社会产品的数量，而且还受价格、成本、财政政策等多种因素影响。其中，经济效益对财政收入的增长具有决定性作用。从产品价值构成分析，财政分配的主要对象是剩余产品价值，在标志着生产规模的产品量一定的情况下，生产产品所耗费的物化劳动和活劳动越少，成本越低，剩余产品价值（m）越多，经济效益越高，财政收入就能以较快的速度增长；反之，财政收入的增长速度就必然降低。2008 年上半年，我国经济增长快，企业效益比较好，全国财政收入增长 33.3%。下半年，主要受国际金融危机影响，经济增幅下降，企业利润减少，并且在企业所得税税率大幅下调的基础上，为加强和改善财政宏观调控、促进经济平稳较快发展，又出台了一系列税费减免政策，全国财政收入增幅逐步回落。

（四）社会经济关系决定和影响财政分配

1. 生产关系的性质决定财政分配的性质。财政分配关系是生产关系的特定部分，而分配关系的性质是由生产关系的性质决定的。这不仅反映在不同社会制度下，财政分配关系性质的本质区别，而且反映在同一国家的多种经济成分之间，财政分配关系的性质也有重大差别。具体到我国现阶段，国家财政与国营经济、集体经济、私营经济、个体经济、合资经济等各种经济成分之间分配关系的性质也是有区别的。

2. 一定的生产资料所有制形式决定财政分配的形式。对各种非国有制经济，财政一般只能通过税收集中其纯收入的一部分；对于国有经济，财政不仅可以征税，还可以通过上缴利润和资产占有费等形式取得收入。这反映了国家对不同经济成分在财政分配形式上的差别。

3. 生产关系再生产状况制约财政分配的规模。生产关系再生产状况是以其与生产力发展水平的适应程度来衡量的。生产关系再生产状况良好，即适合生产力发展，可以极大地推动生产力发展，进而为扩大财政分配规模创造可靠的物质前提；反之，则只能出现相反的结果。

（五）经济体制及经济运行方式决定财政分配体制及调控方式

1. 经济体制决定财政分配体制。从我国及其他国家的实践看，有什么样的经济体制，必然要求有与其相适应、相配套的财政体制。同样是资本主义国家，由于经济体制的差别，财政体制也会有很大差别。美国的自由市场经济、德国的社会市场经济和亚太式的政府主导型市场经济形成了各自在财政体制以及财政调控方式上的许多差异。我国传统的经济体制决定了财政上的统收统支，而市场经济的建立则要求分级管理的财政体制。

2. 经济运行方式决定财政调控方式。财政分配是在既定的经济运行方式下进行的，因此，财政活动与经济运行方式有着密切的联系。概括地说，经济运行方式包括自然经济、自由市场经济、计划经济和混合经济等多种。在自由市场经济下，财政主要为经济运行创造外部环境和条件，很少对市场直接干预；在计划经济下，财政直接干预企业的生产经营活动；在混合经济下，财政主要以市场为中介，通过影响微观经济主体的利益，间接地对经济过程进行调节，但也通过投资、补贴直接参与一些企业的生产经营活动。

二、财政影响经济

（一）财政分配规模制约经济发展规模

经济发展的规模主要取决于资本形成的规模，而后者在一定时期又取决于投资规模。在国民收入一定的情况下，财政通过介入国民收入的分配过程，可以影响国民收入在投资和消费之间的划分比例，进而制约经济发展的规模。首先，在市场经济条件下，企业是最基本的投资主体，经济发展的规模一定程度上取决于企业的投资能力及其形成的投资规模，而企业的投资能力又受政府税负水平的制约，并与其成反比。可见，财政在国民收入分配中的比例制约着微观经济主体的投资能力，进而制约经济发展的规模。其次，财政投资是社会物质资料再生产中资本形成的重要力量，在财政支出中适当控制消费性支出，可以扩大投资性支出，从而促进经济发展规模的扩大。再次，在国民收入分配格局既定的情况下，财政还可以通过发行公债的方式集中一部分居民手中的资金用于重点建设，从而推动经济的发展。

（二）财政分配制约经济结构、效益和速度

在市场经济中，经济结构的形成是以市场供求关系及相应的价格变化为基本导向的，但财政对经济结构具有重要的调节作用。

1. 财政投资从资金供给方面直接影响国民经济结构的形成。新中国成立以来，我国用于扩大再生产的基本建设投资主要集中于财政手中，财政的基建投资结构直接制约着国民经济的产业结构、部门结构和地区结构的形成。改革以来，形成了多元投资格局，但财政投资具有规模大、集中性高、可控程度高的特点，其投资方向对改善经济结构仍具有重要作用。比如，近几年来，财政加大对基础产业和基础设施的投资力度，极大地促进了我国经济结构的协调发展。

2. 税收、财政补贴等财政变量会影响价格和利润等市场变量，差别税率、税收优惠、财政补贴等会产生对市场资源流向的导向作用，进而对资源配置发挥调节作用。

3. 财政投资支出、社会公共消费支出通过需求对产业结构形成重大影响。产业经济学的理论证明：最终需求和规模的变化是推动产业结构演变的重要动因之一。财政支出必然形成需求，支出的结构不同，会形成不同的需求，投入教育和投入医疗要求的材料和设备肯定是不同的。因此，财政不仅对社会总需求有重要的调节作用，而且对需求结构也有很强的调节力，从而通过需求改变和影响产业结构。

4. 财政促进了经济结构的合理化和国民经济协调发展，可以使经济保持较快的增长速度和较高的效益。

（三）财政分配制约着社会再生产各环节的衔接和协调程度

财政分配形成的购买力是全社会购买力的重要组成部分，它对生产和消费起着联结作用，是衔接和协调再生产各环节的重要因素。首先，财政分配为商品交换提供购买力，从而为生产成果实现交换、进入消费创造条件。其次，财政支出的总量和结构影响着社会购

买力总量和结构与商品供应总量和结构的适应程度，进而影响交换、消费的实现程度和再生产的循环状态。

（四）财政分配促进生产关系的变革、巩固和完善

财政历来都不仅仅是国家用以分配社会产品的工具，同时也是国家作用于经济基础的经济杠杆。财政通过各种税收和拨款以及补贴形式调节各经济成分的收入，调整国家与各经济成分之间的分配关系，促进生产关系的变革、巩固和完善。建国初期，我国曾运用财政税收手段大力发展国营经济和支持合作经济，强化了公有制经济在国民经济中的主导地位，促进了社会主义生产关系的建立和巩固。改革以来，在适应社会主义市场经济的生产关系的变革中，财政也发挥了重要作用。比如对私营企业、个体经济、合资经济的阶段性税收优惠，对国有企业的放权让利等。

思考与练习

一、不定项选择题

1. 财政分配的主体是________。

A. 企业　　B. 国家

C. 财政部门　　D. 社会团体

2. 财政分配与其他分配形式相区别的根本标志是________。

A. 分配主体　　B. 分配对象

C. 分配形式　　D. 分配范围

3. 财政学的研究对象包括________。

A. 财政分配活动　　B. 财政分配关系

C. 财政政策　　D. 财政管理

4. 财政分配的构成要素包括________。

A. 分配主体　　B. 分配客体

C. 分配目的　　D. 分配形式

5. 财政分配的一般特征有________。

A. 国家主体性　　B. 强制性

C. 无偿性　　D. 社会集中性

二、判断题

1. 财政是人类社会发展到一定历史阶段的产物。（　　）

2. 财政孕育于社会剩余产品之中，伴随着剩余产品的出现，财政分配活动随之产生。（　　）

3. 从财政产生、发展的整个历史看，满足社会公共需要的分配活动构成其主要活动历史。（　　）

4. 从经济与财政的关系看，低税负能够带来经济的繁荣。（　　）

5. 财政是国家调控经济及干预社会生活的经济手段。（　　）

三、简述题

1. 如何理解财政的概念及特征？
2. 简述财政与经济的关系。

四、案例分析题

加快健全再分配调节机制

加快健全以税收、社会保障、转移支付为主要手段的再分配调节机制。健全公共财政体系，完善转移支付制度，调整财政支出结构，大力推进基本公共服务均等化。加大税收调节力度，改革个人所得税，完善财产税，推进结构性减税，减轻中低收入者和小型微型企业税费负担，形成有利于结构优化、社会公平的税收制度。全面建成覆盖城乡居民的社会保障体系，按照全覆盖、保基本、多层次、可持续方针，以增强公平性、适应流动性、保证可持续性为重点，不断完善社会保险、社会救助和社会福利制度，稳步提高保障水平，实行全国统一的社会保障卡制度。

1. 集中更多财力用于保障和改善民生。加大对教育、就业、社会保障、医疗卫生、保障性住房、扶贫开发等方面的支出，进一步加大对中西部地区特别是革命老区、民族地区、边疆地区和贫困地区的财力支持。严格控制行政事业单位机构编制，“十二五”期间中央和地方机构编制总量只减不增，减少领导职数，降低行政成本。坚决反对铺张浪费，严格控制“三公”经费预算，全面公开“三公”经费使用情况。“十二五”时期社会保障和就业支出占财政支出比重提高2个百分点左右。

2. 加大促进教育公平力度。合理配置教育资源，重点向农村、边远、贫困、民族地区倾斜。全面落实九年义务教育免费政策，严格规范教育收费行为。进一步完善普通高中、普通本科高校、中等职业学校和高等职业院校家庭经济困难学生国家资助政策，逐步提高补助标准。为家庭经济困难儿童、孤儿和残疾儿童接受学前教育提供补助。切实解决农民工随迁子女平等接受义务教育和参加当地中考、高考问题。

3. 加强个人所得税调节。加快建立综合与分类相结合的个人所得税制度。完善高收入者个人所得税的征收、管理和处罚措施，将各项收入全部纳入征收范围，建立健全个人收入双向申报制度和全国统一的纳税人识别号制度，依法做到应收尽收。取消对外籍个人从外商投资企业取得的股息、红利所得免征个人所得税等税收优惠。

4. 改革完善房地产税等。完善房产保有、交易等环节税收制度，逐步扩大个人住房房产税改革试点范围，细化住房交易差别化税收政策，加强存量房交易税收征管。扩大资源税征收范围，提高资源税税负水平。合理调整部分消费税的税目和税率，将部分高档娱乐消费和高档奢侈消费品纳入征收范围。研究在适当时期开征遗产税问题。

5. 完善基本养老保险制度。全面落实城镇职工基本养老保险省级统筹，“十二五”期末实现基础养老金全国统筹。分类推进事业单位养老保险制度改革，研究推进公务员养老保险制度改革。提高农民工养老保险参保率。健全城镇居民和新型农村社会养老保险制度。建立兼顾各类人员的养老保障待遇确定机制和正常调整机制。发展企业年金和职业年金，发挥商业保险补充性作用。扩大社会保障基金筹资渠道，建立社会保险基金投资运营制度。

6. 加快健全全民医保体系。提高城镇居民基本医疗保险和新型农村合作医疗筹资和待遇水平，整合城乡居民基本医疗保险制度。稳步推进职工医保、城镇居民医保和新农合门诊统筹。“十二五”期末基本医疗保险政策范围内医保基金支付水平达到75%以上，明显缩小与实际住院费用报销支付比例的差距。建立城乡居民大病保险制度，完善城乡医疗救助制度。全面实现统筹区域和省内异地就医即时结算。逐步增加人均基本公共卫生服务经费，提高基本公共卫生服务水平。

7. 加大保障性住房供给。建立市场配置和政府保障相结合的住房制度，加强保障性住房建设和管理，满足困难家庭基本需求。“十二五”期末全国城镇保障性住房覆盖面达到20%左右，按质量标准完成农村困难家庭危房改造1 000万户以上，实现全国游牧民定居目标。

8. 加强对困难群体救助和帮扶。健全城乡低收入群体基本生活保障标准与物价上涨挂钩的联动机制，逐步提高城乡居民最低生活保障水平。提高优抚对象抚恤补助标准。建立健全经济困难的高龄、独居、失能等老年人补贴制度。完善孤儿基本生活保障制度，推进孤儿集中供养，建立其他困境儿童生活救助制度。建立困难残疾人生活补贴和重度残疾人护理补贴制度。

9. 大力发展社会慈善事业。积极培育慈善组织，简化公益慈善组织的审批程序，鼓励有条件的企业、个人和社会组织举办医院、学校、养老服务等公益事业。落实并完善慈善捐赠税收优惠政策，对企业公益性捐赠支出超过年度利润总额12%的部分，允许结转以后年度扣除。加强慈善组织监督管理。

（摘自：国务院批转《关于深化收入分配制度改革若干意见》，2013年02月05日，国务院办公厅）

仔细阅读上述材料，并回答下列问题

1. 什么是初次分配和再分配？各自应遵循的分配原则有什么不同？

2. 运用财政基本理论说明促进收入再分配的途径。

第二章
财 政 职 能

学习要点

- □ 公共需要与私人需要
- □ 公共产品与私人产品
- □ 市场失灵与市场缺陷
- □ 政府职能与活动范围
- □ 财政三大职能

第一节
政府职能与财政职能

一、公共需要与政府职能

（一）公共需要与私人需要

需要是有机体内部生理上或心理上的某种缺乏和不平衡状态。需要反映出有机体活动的积极性源泉，是人进行活动的基本动力。人的各种活动都是在需要的推动下进行的。需要激发人去行动，使人朝着一定的方向，追求一定的对象，以求得自身的满足。同时，人的需要也是在活动中不断产生和发展的，当原来的需要得到满足时，人和周围现实的关系发生变化，又会产生新的需要，人类社会的需要五花八门，但从最终需要来看，可以概括为两大类：一类是社会公共需要，另一类是私人个别需要。例如，人需要吃饭、穿衣、住宿、休息等才能生存，可以通过个人和家庭的途径来实现和满足，如自然经济下长期存在的男耕女织就是解决吃穿的需要。在现代市场经济条件下，由于社会分工的存在，人们可以通过市场购买物品来满足私人个别需要。

公共需要是和私人需要相对应的。社会公共需要是处于一定发展阶段上的社会为维持自身生存和发展必然产生的社会公共职能和事务的需要。它反映着人类作为“集体”存在和发展的需要，或者说人的集体需要。这种需要难以通过个人或家庭的途径予以满足，只能通过政府来解决。

（二）公共需要的特征

相对于个人需要、家庭需要和生产单位的需要而言，社会公共需要具有以下几个特征：

1. 社会公共需要具有社会集合性。社会公共需要既不是人人有份的个人需要，也不是个人需要的数学加总。而是就社会整体而言，为了维持社会正常运行和发展，必须由政府集中执行和组织的社会职能和事务的需要。它具有“不可分割性”，即不能分割开来予以提供和满足。如国防、环境保护等都是其典型例证。

2. 社会公共需要具有共同享用性。为满足社会公共需要而提供的产品和服务由社会成员共同享用，一个或一些社会成员享用这种产品和服务，并不排斥其他社会成员享用。例如，航海中使用的灯塔所发出的光就是一种普照之光，任何一艘过往船只均不可能独自使用这座灯塔并排斥其他过往船只使用它。而为满足个人需要或个别需要提供的产品和服务只能为某个集体或个体享用，排斥其他社会成员对它的占有和享用，具有排他性。

3. 社会公共需要具有“外部性”。外部性即外部效应，是指一个生产者或消费者的活动对其他生产者和消费者带来的利益或损失。根据承受单位受益还是受损，分为外部正效应和外部负效应。在某处建立一座公园使该公园周围的商业、房地产和饮食服务业受益，即外部正效应；企业排出的废气、废水、污染了空气和水源，则是外部负效应。在相互作用的经济单位中，往往并不因为其行为给社会带来好处而获得相应补偿，或因为其行为给社会带来损失而负担成本，这样，就会发生私人成本和社会成本的偏离、私人收益和社会收益的偏离。当市场机制不能解决外部效应产生的利益关系时，就需要政府以社会集中化方式管理。因此，由社会公共需要提供的产品和劳务也带有明显的外部效应的特征。

4. 社会公共需要的项目具有非市场竞争性和非营利性。在市场经济条件下，满足私人需要的产品和劳务具有竞争性和营利性特征。而享用满足社会公共需要的产品和服务往往不需付出代价或者是支付与提供这些产品服务之所费不对称的少量费用，具有非竞争性和非营利性。社会公共需要不可能通过市场提供和满足，只能通过政府来提供。

5. 社会公共需要具有客观性和历史性。社会公共需要的客观性表现在：在任何社会中，社会公共需要都是维持社会存在和发展所必须的条件，是不以人们的意志为转移的客观要求。现代资本主义国家大搞公共福利、普及教育、失业救济，乃是现实的资本主义生产方式所产生的客观要求。就资产阶级贪得无厌的本性而言，决不希望给失业者以救济，给老弱者以资助，但资本主义社会生存和发展的客观需要决定了资本主义国家不得不这样做。

社会公共需要的历史性首先表现在它是一个历史地不断发展变化的范畴。随着社会生产规模的扩大、技术的提高、人们交往范围的拓宽，社会公共需要的内容和范围都在增加和扩大，宇航、环保、义务教育等都是在一定历史条件下产生的。另一方面，也有一些社会公共事务，由于生产力水平的提高和社会进步不再属于社会公共需要了。如一条小型水渠的修建、宗教祭祀等活动，在很多情况下，不再由政府来组织。

社会公共需要的历史性还表现在它总是历史地、具体地存在于特定的社会形态之中。在阶级社会中，国家是社会的正式代表，是社会公共权力机关。因此，社会公共需要历史地、具体地表现为国家职能的需要。

6. 社会公共需要具有层次性。社会本身是一个复杂的系统，它可以分为范围大小不同的若干层次。在国家存在的情况下，一个国家内总是分成若干层级的政府。各级政府都是特定范围的社会代表，执行特定范围的社会公共职能。一般来说，全国性的社会公共需要，如国防、外交等，由中央政府提供；地方性的社会公共需要，如地方公用设施、地方公路等，由地方政府提供，构成了社会公共需要范围的层次性。

按社会公共需要的性质和纯度划分，社会公共需要还可分为纯社会公共需要和准社会公共需要。**纯社会公共需要**包括国防、外交、公安、行政管理以及普及教育、卫生保健、环境保护、基础科学研究等。这些是典型的社会公共需要，其投入全部由财政提供。**准社会公共需要**是部分地具有社会公共需要的特征，又部分地具有私人需要特征的事务。大学教育是这方面的适当例证。大学教育并非全体社会成员都可以享受，由于名额所限，进入大学具有竞争性和排斥性，可以实行收费，从这个角度看，大学教育具有私人需要的特征。但从大学教育为社会培养高级专门人才是任何社会的存在和发展所必需的，因而具有显著外部效应来看，大学教育也应当属于社会公共需要。所以，许多国家的高等教育既有国立，也有私立，国立大学既有付费的，又有免费的。准社会公共需要还包括社会福利和社会保险、大型公共设施、基础产业和自然垄断产业等。

【阅读材料】

公共物品与私人物品

人类社会的需要各种各样，但最终可分为社会公共需要和私人需要。满足这两类需要的商品和服务也可分为两类：公共物品和私人物品。

公共物品，亦称公共产品或公共财货。在人们享用的产品和服务中，如果某一类产品和服务同时具有非竞争性和非排斥性两个特征，这类产品就是公共物品。非竞争性是指当一个人消费某些产品和服务时，并不影响其他人同时消费这种产品和服务，或者说消费者增加不引起生产成本的增加，即多一个消费者引起的社会边际成本为零。非排斥性是指无法阻止人们对一项产品或服务的消费，或者说要阻止人们对某一项产品或服务的消费的成本是无限大的。关于公共物品的典型例子是海洋中的灯塔，增加一些航船并不影响原有航船对灯塔的使用；当然，我们也无法让一些航船看不到灯塔而阻止其对灯塔的使用。还有一个典型例子是国防，它一视同仁地保护了某国的所有人，甚至于人们不得拒绝国防所带来的利益。在社会生活中，政府提供的许多服务带有比较纯粹的公共物品色彩，如外交、治安、环保等。

私人物品是那些具有竞争性和排斥性的物品。它们可以分割开并分别地提供给不同的人，当某些人消费某项产品或服务时，其他人就不可能再享受该产品或服务；同时阻止其他人消费该产品或服务不需要任何代价。极其简单的例子是当一个人买下一种食品并吃掉后，其他任何人就再也无法享用该食品。私人物品可以自给自足，但在市场经济下，通过市场提供私人物品是最有效率和最为普遍的。

公共物品与私人物品是社会产品中的两极。在两极之间，还有大量的物品兼有公共物品和私人物品的性质，因而可称为混合物品或准公共物品。混合物品大致可分为两类：一类混合物品是消费上具有一定竞争性的物品。这类物品由于消费者人数增加，可减少每个消费者受益的数量。比如公路，在一定车流量条件下，车辆的正常通行互不影响，但车流量超过道路道行能力，就会导致拥堵，必须增加执勤或拓宽道路。此类物品也被称为拥挤性公共物品。另一类混合物品是技术上可以排斥他人享用的公共物品。这类物品名义上向社会公众提供，但受益上可以排他。例如，城市中的公园，如果收费，就具有排他性。这类物品也被称为价格排他的公共物品。

（资料来源：哈维·S. 罗森：《财政学》（第4版），中国人民大学出版社2000年版，第57～59页。）

（三）满足公共需要的方式

满足公共需要的方式有公共提供、混合提供、市场提供三种方式。**公共提供**是政府通过税收方式筹集资金用于弥补公共服务成本，免费为公众提供服务。**市场提供**是消费者用自己的收入，通过市场购买获得公共服务。**混合提供**是公共提供与市场提供相结合的方式，即市场以低价提供公共服务，提供者所受到的损失由政府弥补。

1. 纯公共需要的提供方式。纯公共需要，如行政管理、国防、公共卫生、气象预告、防洪设施、环境保护、义务教育和基础科学研究等，这部分公共需要主要表现为外部效益，市场不宜提供或不能提供，只能由政府免费提供。

纯公共需要之所以采用公共提供方式是因为：（1）纯公共需要的外部效益意味着一个人提供或购买这一需要时，不可避免地造成其他人可以免费地享用同样的需要。消费者并不会因自己付费而比他人获得更多的利益，也不会因未付费而比他人获得更少的利益。在这种情况下，消费者就会产生一种期望他人承担成本、自己坐享其成的心理，从而出现“免费搭车”的现象，因而市场无法提供这种服务。（2）政府可以解决市场提供纯公共需要的难题。一方面，满足社会公共需要是政府应承担的职责；另一方面，政府拥有向社会公众征税的权力，税收是补偿纯公共服务成本的最佳方式。

2. 准公共需要的提供方式。事实上，多数公共需要属于准公共需要范畴，如高等教育、应用性科学研究、社会保障、城市供水、交通运输、邮政通信等等。这一类需要或满足需要所提供的产品在消费上具有排他性，但又具有部分的外部效益，兼有私人需要和纯公共需要的双重性质，因而又称为半公共需要。如高等教育，受教育者通过接受教育掌握技能，提高自己在未来社会经济活动中的竞争力，可增加自己的收入与享受生活的能力，这是一种内部效益。但是，这种需要在给受教育者带来利益的同时，还有相当一部分利益通过受教育者外溢给社会，使社会劳动生产率得以提高，使民族文化素养得以提高，等等。再如桥梁、交通运输，它们作为社会共同的生活条件和生产条件，在为特定使用者提供好处的同时，同样还有相当一部分利益通过使用者外溢给社会，使社会再生产活动得以顺利进行，使综合国力得以提高。因此，准公共需要并非一定适合采用市场提供方式，而要依据外部效益大小、社会需要情况和市场反应相机选择合适的提供方式。

当外部效益大到足以使社会成员普遍受益时，公共需要实质上已具有纯公共需要性质时，宜采用公共提供方式。对于外部效益较小或收费负作用小的准公共需要，如城市供电、供水等服务，可采用收费方式提供；对于外部效益较大、社会急需的准公共需要或私人投资不足的准公共需要，可选择半公共提供方式，一部分由政府提供，一部分向接受需要的人收费。当收费时，政府应制定合理的收费标准并严加监管，避免经营者利用垄断地位滥收费或任意提高收费标准，加重居民负担，造成严重的社会问题。

二、政府职能与财政职能

（一）现代政府的职能

自从有了国家，便有了政府。概括起来，现代政府具有以下三个职能：

1. 政治统治职能。国家是阶级矛盾不可调和的产物，是实现阶级统治的工具。马克思主义的国家学说深刻地揭示了国家的本质。由此决定，政治统治是政府的基本职能。尽管现代国家的阶级矛盾似乎没有历史上那么深刻，阶级斗争没有历史上那么尖锐，而且政府的经济作用日益凸现，但国家的政治统治职能并未因此而改变。

2. 社会管理职能。管理职能是政治统治职能的基础。没有有效的社会公共事务的管理，政治统治将难以维持。随着生产力的发展和社会的进步，社会公共事务的内容和范围也在不断增长和扩展，现代政府在社会管理方面的职责和范围也在不断扩展，包括人口资源和环境的管理，社会公共设施的管理，自然灾害的防治，交通运输的管理，文化、教育、卫生、艺术、体育、出版等事业的管理等等。

3. 经济与发展职能。古今中外，历朝历代的政府都或多或少地行使经济管理的职能，但是，国家大规模地、全面地干预经济则是在资本主义经济产生严重危机、凯恩斯主义产生之后。尽管世界各国政府管理和干预经济的范围和深度不同，手段各式各样，但概括起来，政府的经济管理职能主要包括制定经济法规、制定产业政策和技术政策、建设和管理公共经济、实施宏观经济调控、保持经济稳定等。还应指出，国家的经济职能不仅限于一般的管理层面，而且包括推动经济发展。如一些资本主义国家建立国有企业，对私人企业予以补贴；我国长期实施的支援农业措施和正在实施的西部大开发等。

（二）政府活动的范围

在现代社会中，政府活动的范围十分宽广。但从理论上讲，在市场经济条件下，凡是经济单位与个人能够做的事，政府则不必介入，政府的活动范围应限于市场失灵的领域。市场是一种有效率的经济运行机制，但市场功能也不是万能的，经济社会发展中既存在市场根本不能解决的问题，也存在市场可以解决但解决得不够理想的事情。经济学称之为市场失灵和市场缺陷。其主要表现在以下几个方面：

1. 公共物品。由于公共物品的非竞争性和非排斥性，很少有人愿意免费供给，却可能形成“免费搭车”现象。以利益为动机和交换为条件的市场不可能解决公共物品的供应。

2. 外部效应。外部效应是指经济行为主体从事某项经济活动而对他人带来的利益或损失。如上游建水库下游可受益，是外部正效应；造纸厂对河流造成污染，是外部负效应。外部正效应导致利益外溢，经济行为主体成本大于收益，利益无法补偿；外部负效应导致经济行为主体损害外溢或转嫁，经济行为主体获得额外效益，他人承担损害。外部效应也是市场难以克服解决的问题，需要通过政府出面予以解决。

3. 自然垄断。在社会经济中存在一些规模效益递增的行业。如果该行业由一个企业来经营，效益最高；如果有多家企业来竞争，成本反而会增加，效率则会降低。邮政是典型的例子。为此，政府可采用限价或国家垄断经营的方式。

【阅读材料】

外部性的内部化：科斯定理

外部效应之所以使市场失灵，原因在于有些东西的归属没有被确认。科斯定理认为，当交易费用（包括交易过程中耗费的时间、所付出的努力、寻找交易对象、协商、订立合同以及与合同有关的风险所需的现金支付）为零时，政府仅仅通过设定资源使用的权利就可以使外部性内部化。换言之，一旦产权归属明晰，任何行为所产生的好处和坏处就会有一个价格，这样，价格机制就可以发挥作用，社会资源就可以实现有效配置。

例如，假如对一条河流只存在两种竞争性的用途：造纸工厂的一处方便的废物排放场所和养鱼场所。假定造纸工厂和养鱼场对河流使用的既定权利进行交易的交易费用为零。在这种情况下，科斯定理认为，无论河流的使用权属于造纸厂还是渔场，二者是没有差别的。在另一种情况下，双方的讨价还价将使河流的工厂用途和渔场用途得到有效率的配合。

如果工厂获得了污染的权利，如果渔场愿意支付一笔资金，且这笔资金大于由于减少污染而导致的利益损失，那么工厂就有动力减少污染。相反，如果渔场获得了使用无污染河流的权利，如果工厂愿意支付一笔资金，而且这笔资金超过了渔场从污染增加中所遭受的损失，那么，渔场就会放弃部分权利。这种权利的交换将导致资源的有效使用。

实际上，这种交换权利的讨价还价所引起的交易费用并不为零。只有参与交易的人数量很少时，交易费用才接近于零。在这种情况下，那些拥有资源使用权的人才有可能知道谁愿意购买这种权利，并且容易就价格达成一致，以实现外部性的内部化。因而，与科斯定理有关的外部性被称为少数外部性。

（资料来源：大卫·N. 海曼著：《公共财政：现代理论在财政政策中的应用》（第6版），中国财政经济出版社2000年版，第100~101页。）

4. 信息不充分。生产者和消费者均掌握必要的信息是完全竞争市场的一个必要条件。但在现实经济生活中，生产者和消费者对信息的了解都是不充分的。一个生产者要上一个产品，难以掌握全国以至全球对该产品的供求信息；一个消费者要购买一件衬衫也不可能跑遍该城市的所有商店。政府却比私人更有条件和能力了解掌握更多的信息。因此，提供商品供求状况、价格趋势等信息服务是政府要做的事情。

5. 收入分配不公。市场分配遵循要素投入和要素贡献相对称的规则。由于生产条件占有、受教育水平及劳动能力的差异，市场制度形成的分配不可能达到社会认可的公平状态，因此政府的调节成为必要。

6. 失业、通货膨胀和经济波动。由于市场的自发性、盲目性等固有弊端，不可避免地会造成失业、通货膨胀和经济波动，克服市场机制这些固有的缺陷，需要政府的宏观调控，这已为市场制度国家的实践所证明。

（三）财政职能的界定

财政的职能是财政这一范畴所固有的客观功能。财政是政府的经济行为，是政府活动在经济上的实现形式，财政与政府的这种内在联系规定了财政职能范围必须与政府职能范围相适应，财政职能的履行必须为政府职能的实现而服务。

随着经济的发展和社会的进步，国家职能范围的扩张，财政职能范围也在不断扩大，而且财政的运行机制、调节方式和手段对经济调节的深度、广度和力度也在不断加大。在社会主义市场经济条件下，依据政府活动的范围，财政的职能应定位于三方面：其一，财政应该致力于满足政府机器运转的物质需求，其核心是政治、军事、外交、司法、环境保护等各项事业的兴办；其二，财政应该致力于筹措资金满足社会公共事务的需求，即通过税收、非税收入的形成，满足社会发展和生存的需要；其三，财政应该致力于对经济的调节和控制，促进宏观经济稳定及社会稳定，以实现物价稳定、充分就业、经济适度增长、国际收支平衡的宏观经济目标。据此，社会主义市场经济下的财政职能可以概括为三个方面：维持政府机器运转、满足社会公共需要、调节控制社会经济。

第二节

财 政 职 能

一、维持政府机器运转职能

（一）维持政府机器运转职能的含义

正确理解财政的维持政府机器运转职能，首先必须全面、准确地把握政府的两类机构及其相互关系。根据马克思主义国家学说，政府机构可以区分为实施阶级统治的政权机构（政府机器）和执行社会公共事务的管理机构。到了氏族社会末期，社会分裂为经济利益相互对立和冲突的两个阶层（奴隶和奴隶主）。占统治地位的阶级为了维持自己的统治，需要建立统治机器或政府机器，如权力机关、官僚机构、军队、警察、法庭、监狱等，并且使这些统治工具协调而有效地运转起来，保护产权制度，维护法律秩序，抵御外来侵略。政府从它诞生的那一刻起始终首先体现为政府机器。作为政府机构的另一部分——管理机构，则是从氏族组织的公共管理事务中演变并发展而来的。国家取代氏族组织后，如公共工程、宗教活动等公共事务和共同需要依然存在并发展着。这些公共事务的管理是社会各阶级的共同需要，因而管理这些公共事业就需要有一个公共机构。在阶级社会中，这个公共机构无疑由国家来承担。所以，实施社会管理，维护社会共同利益的公共机构是政府机构的又一组成部分。

随着社会经济的发展和进步，社会公共事务的范围和种类日益扩大，如文化教育、科学技术、环境保护、卫生防疫、调节控制经济等等，政府的管理机构也随之扩大，其活动的规模甚至明显超过了政府机器。财政经济学者注意到了这一现象，因而对执行阶级统治的政权机构避而不谈，而把政府机器纳入管理机构之中和社会共同需要的范畴，因而也对财政的基本职能作出不同的界定。其实，管理机构与政府机器是两类性质不同的机构，不可等量齐观。首先，政府机器最能体现国家的本质，是国家的基石，是第一位的。而管理机构则从属于政府机器，是第二位的。这是因为政府机器本身承担了部分管理机构的职责，如警察进行治安管理、法庭审判一般经济案件、权力机关制定经济法律等，更重要的是管理机构的存在与运转须臾离不开政府机器的保护和支撑。其次，管理机构必须服从政府机器，并在行动中保持一致。国家作为社会的政治代表，为了维护其政治统治，不得不承担起社会公共事务管理职责，但是政府所实施的管理活动必须置于阶级统治的利益之下，使社会共同事务服从于统治阶级的根本利益，管理机构的设置和活动范围也必须服从于政权机器的需要。

伴随政府机器的产生，维持政府机器运转的财政职能便应运而生。政府机器的运转，即每一项政治、外交、军事、司法活动等，都需要物质作保障。但政府机器本身不生产任何物质产品，从它诞生之日起，就都需要依据政治权力强迫公民缴纳费用——捐税，以满足自己的物质需求。对财政历史稍加考察，我们会认识到，奴隶社会、封建社会、资本主义社会和社会主义社会由于生产力发展水平不同，社会生产方式不同，阶级及不同社会利益集团之间的冲突方式不同，但有一点是共同的，即维持政府机器运转这一财政的首要的职能没有改变。财政的这一职能始终是财政最基本的职能。

（二）维持政府机器运转职能的客观必要性

首先，财政维持政府机器运转是由于国家及其统治职能的客观存在。国家是人类社会经济发展到一定阶段的必然产物，不以人们的主观意识为转移；实施政治统治，协调和控制阶级冲突是政府必须履行的基本职责。“国家是表示：……为了使经济利益相互冲突的阶级，不至于在无谓的斗争中把自己和社会消灭，就需要有一种表面于社会之上的力量，这种力量应当缓和冲突，把冲突保持在‘秩序’的范围以内；这种从社会中产生但又自居于社会之上并且日益同社会脱离的力量，就是国家。”① 国家及其统治职能的客观存在决定了国家的财政必须筹集一定的社会资源，以维持政府机器正常运转。历史发展表明，财政是政权的主要经济支柱，任何时期、任何政权都需要财政发挥维持政府机器运转的职能。

---

① 《马克思恩格斯全集》，第21卷，人民出版社1972年版，第194页。

其次，财政维持政府机器运转还在于市场缺陷的存在。从经济学角度分析，政府机器所提供的服务如法律、国防、社会秩序等，既不同于私人产品，又不完全等同于普通的公共产品，具有鲜明的特征。其一，消费上的强制性。这种服务一经提供，区域内的所有消费者或公民立即丧失自由选择权，只能接受，不得拒绝消费。比如，一国社会法律秩序建立后，生活在其中的所有公民必须调整自己的行为方式，不得越雷池一步，否则就会受到相应的惩罚。其二，同质服务的不可相容性。市场激励不同经济主体参与市场竞争，提供相同种类的私人产品，社会可能在一定范围限度内也允许甚至鼓励人们提供诸如教育、环境保护、交通医疗卫生等普通公共产品，但绝不容许在同一居民区域由多个主体提供政府机器所提供的各类服务。因为多个主体提供的此种服务相互冲突，不可共存，足以造成社会动荡，并严重损害人们的生命财产。其三，不可分割性和共同享用性。上述特征说明，政府机器所提供的服务不能改由单位和个人提供或经营，只能由政府这一社会的正式代表垄断经营、独家经营，必须通过国家财政弥补市场缺陷，满足政府机器运转的财力需求。

（三）维持政府机器运转职能的主要内容

维持政府机器运转的职能具体可概括为以下两个方面：

首先，运用税收、公债、政府预算等收入手段筹集财政资金。由于政府既要履行政治统治的职责，又要执行社会公共事务，因此，政府筹集财政资金时要统筹考虑政府履行职能的资金需求，一方面要保证政府机器运转必要的财力需求，另一方面也要满足社会公共事务的合理需求。

政府筹集资金时需要处理的核心问题是政府与非政府部门之间的资源分配比例。一个社会的经济资源是有限的。政府占有资源过多，就会减少各经济主体支配的资源，从而影响经济主体的活力，建国以来统收统支的实践已经作了最好的证明；政府集中的资源过少，一方面难以满足政府履行职能的需要，另一方面政府缺乏调节经济的物质力量，同样会造成效率损失。唯有政府占有的资源和经济主体占有的资源达到均衡，才能使整个社会获得最大的资源配置效率。同时，由于社会经济发展水平、社会政治文化条件的变化，社会公共需要的规模也要相应变化，政府支配的资源也发生相应的变化。因此，适时调整资源在政府部门与非政府部门之间的配置，是财政筹集资金时的一项重要任务。我们通常用财政收入占国民收入或国内生产总值的比重来判断和衡量政府占有资源的适合程度。

其次，调节财政资金在政府部门内部的使用结构。现代政府由多种职能部门组成。合理分配和使用资金作为一种客观经济规律，不仅要求在各地区、社会经济各部门、各产业之间合理分配使用资金，而且也要求在政府部门内部各领域之间合理分配使用资金。只有将财政资金合理地安排于政府各部门之间的各项目之上，才能保证政府机器的顺畅运转和社会共同需要的适当满足。由于财力有限，要坚持保证必要、兼顾其他的原则，有序安排财政资金。政府机器运转所必需而又合理的财力需求应安排在第一顺序，优先予以保障，其次依据财力的可能适当满足社会公共事务的财力需求。安排失当，顾此失彼，必然影响政府职能的实现，降低财政资金的使用效率。优化财政资金的使用结构，主要是通过调整政府的活动范围和预算支出中的各种比例关系来实现的。

【阅读材料】

西方经济学家眼中的财政职能

西方经济学家认为，财政具有资源配置、收入分配、经济稳定三项传统职能。

财政的资源配置职能是指政府通过财政收支活动并制定和实施相应的财税政策，将一部分社会经济资源合理地配置于政府职能的各个方面，并影响其他社会经济资源的流向和结构。财政资源配置职能包括对用于满足社会公共需要的资源的直接分配和对全社会资源的宏观调节两方面内容。

财政的收入分配职能是指政府的财政收支活动对各社会成员的收入在总收入中所占份额的影响。政府可以通过税收、转移支付和购买性支出，有计划地调节部门及产业之间、企业之间、地区之间和个人之间的收入分配，实现收入分配目标。

财政的经济稳定职能是政府通过制定、实施和调整财政政策，运用税收、公债、投资等财政手段，调节和控制社会总供给和总需求及供求结构，以实现充分就业、物价稳定、经济增长和国际收支平衡等政策目标的功能。财政稳定经济的主要措施可概括为相机抉择机制、自动稳定机制和其他财政措施。

（资料来源：申长平：《论国家职能与财政职能》，《山西财政税务专科学校学报》，1999 年第 5 期。）

二、满足社会公共需要职能

（一）满足社会公共需要职能的含义

社会公共事务和社会公共需要有广义和狭义两种理解。广义的理解包括政治统治、社会管理和经济调节控制，狭义的理解则指社会管理，诸如水利、交通、文化、教育、卫生、环境保护、社会保障等社会服务。这里从狭义的角度使用社会公共事务和社会公共需要的概念。

需要的满足必须具有满足需要的执行者和手段。在阶级社会，国家是社会的正式代表和“公共权力”机关，具有管理社会公共事务的职责，而国家财政就是满足社会公共需要职能的手段。换言之，财政具有满足社会公共需要职能，即为国家执行社会公共事务、满足社会公共需要提供财力保证。

（二）满足社会公共需要职能的客观必要性

首先，社会共同需要作为处于一定发展阶段上的社会维持自身生存和发展必然产生和形成的社会公共事务的需求，是一种不以人的意志为转移的客观要求。它基于现实的社会经济条件，不以任何人、任何集团的主管好恶为转移，具有客观必然性。研究表明，随着社会经济发展变化，社会公共需要的内容和结构呈现出有规律的演进态势。在经济发展的早期阶段，由于私人资本积累有限，政府公共投资大量集中在交通、通讯、水利等基础设施方面，这部分投资所占比重很大，增长的速度也很快。在经济发展的中期阶段，政府投资仍在继续增加，但教育、卫生等方面的支出开始增加。当经济发展到成熟阶段后，社会公共需要的结构出现显著变化，政府支出的重点从基础设施转向不断增长的教育、卫生保健、环保、文化娱乐等社会服务，并且政府在这些方面支出的增长大大超过其他方面支出的增长。

其次，在市场经济条件下，财政满足社会公共需要还在于市场缺陷的存在。公共卫生、环境保护等典型的社会公共需要具有不可分割性和非排他性两个基本特征。不可分割性是指社会公共集体消费的这种产品或服务，既不能分割供给，也不能分割消费，不可避免地为集体而提供，并由这个集体的全体成员共同享用。非排他性就是一个或某些社会成员享受这些产品或服务并不排斥其他社会成员享用。由此决定了这些产品或服务不能通过市场交易获得，只有政府通过免费的方式提供。另一部分社会公共需要，如高等教育、医疗服务、城市供水、重大科学技术、重大工程项目等，介于私人需要和典型公共需要之间，只有以政府为主导集中提供才能取得最大的经济效益和社会效益，或最大限度地满足人们的需要。

（三）满足社会公共需要职能的主要内容

关于财政满足社会公共需要的职能前文已有所涉及，现仅介绍如下两个方面的内容：

首先，合理地确定社会公共需要的范围和规模。在我国社会主义市场经济条件下，社会公共需要的内容和范围极其广泛，有些需要属于纯公共需要，财政为其提供资金就是责无旁贷的。问题是有些需要介于私人需要和纯公共需要之间，受社会经济发展程度以及民众的偏好等复杂因素的影响，具有很大的弹性和可选择性。比如，高等教育可以向个人收费，也可以由政府免费提供，政府办义务教育可以是 9 年，也可以是 12 年。此类问题需要依据能力标准、效益标准和一定的公共决策程序加以妥善解决。一是解决政府在公共服务领域中错位、越位和缺位问题，真正实现从经济建设型政府向公共服务型政府的转变。某种事业或事务一旦被确认为政府管理的社会公共事务，政府就要建立可持续的财政支持机制。二是确保公共服务供给规模和质量维持在一个合理的水平之上，核心是形成权责统一、职责分明的财力保障体制，使公共服务水平与财政能力同步增长。三是缩小区域间、城乡间公共服务水平差距，逐步实现基本公共服务的均衡化。

其次，在公共服务提供方面，正确处理政府与市场之间的关系。由于市场在公共领域存在失灵现象，应该充分发挥政府这只“有形的手”的作用，确立其在公共服务供给中的主体地位和相应的财政职责，如制定公共服务政策、监管公共服务的生产与提供、通过付费保证基本公共产品和实现公共服务的均等化等。同时，在部分竞争性、经营性强的公共服务领域引入市场机制，由企业或非营利组织提供，实现公共服务总量增长和效率提高。引入市场机制并不等同于公共服务市场。两者是本质不同的做法。前者在以政府为主导的前提下，充分发挥市场的积极作用；而后者则是以市场为主导，必然造成政府卸责和财政缺位。因此，应当明确界定政府和市场的职责，防止公共服务过度市场化的倾向。

三、调节控制社会经济职能

（一）调节控制社会经济职能的含义

财政作为社会经济的一个巨大变量，对社会经济运行过程和结果有着极其重要的影响。一个显著的表现是财政支出规模和结构直接或间接地调节着社会总需求与社会总供给的关系，影响宏观经济稳定；另一个显著表现是财政分配活动直接或间接调节人们之间的利益关系，影响人们的选择和经济地位，如影响人们的投资方向、影响人们之间的收入差距等。因此，财政是干预社会经济生活的重要经济手段，调节控制社会经济成为财政的一项重要职能。

所谓财政的调节控制社会经济职能，是指通过制定、实施和调整财政政策，综合运用税收、公债、投资、政府采购和转移支付等财政手段，调节和控制社会经济运行的过程和结果，以实现经济稳定发展和收入公平分配等政策目标的功能。

（二）调节控制社会经济职能的客观必要性

市场经济越发展，政府对经济的调节和控制越要加强，这是市场经济国家的共同经验。西方市场经济发展的历史证明，市场经济的发展需要政府的调控。当今世界，无论美国式的自由市场经济，德国式的社会市场经济和亚太式的政府主导型市场经济，都是与一定程度的政府调控相联系的，而财政则是经济调控的最基本和最重要的手段。

财政调节控制社会经济的客观必要性在于它能弥补和纠正市场调节的不足与缺陷。

首先，市场虽然是配置资源的基础，是推动经济发展的重要机制，但其自发运行必然导致极具破坏力的周期性的“经济痉挛”，难以实现充分就业、物价水平稳定、国际收支平衡、合理的经济增长率，即实现经济稳定的目标。这是因为：其一，在市场经济中，就业和物价的整个水平是由总需求水平确定的，并与当时的生产能力有关。问题主要在于社会总需求水平是难以控制的。总需求水平是由无数个消费者、厂商及其他单位的开支形成并决定的，他们的开支决策又基于许多难以预测的因素，如过去与现在的收入、财富、地位以及对前景的预测等等，因此就使得社会在任何时期的支出水平既难以准确预测，也不能在总体上把握，从而不可能保证实现充分就业和稳定的物价水平。其二，在市场经济条件下，微观经济主体的趋利动机虽然为经济增长提供了动力，但由于受到近期利益以及信息等条件的局限，难以把握社会需求的长期变动趋势，不可避免地产生某种程度的自发性和盲目性，进而导致萧条—高涨—再萧条的经济运行周期性波动，并在这种被动中以极大的资源浪费来实现经济均衡。为了弥补市场在稳定经济发展方面的缺陷，政府必须借助于包括财政手段在内的各种手段对经济予以调节和控制，使其协调发展和稳定增长。

其次，市场调节是追求效率的，但难以兼顾公平。在市场经济条件下，收入分配客观上通过两种机制来实现：一是市场分配机制；二是政府分配机制。按照商品经济的等价交换原则，客观上要求各种收入应由各生产要素根据社会需求比例投入的数量来决定。因此，要素投入与要素收入相对称是市场经济运行的内在要求和分配规则。换言之，市场是根据人们的“生产能力”和“贡献”来分配的。但是，现实生活中客观上存在着人们的劳动能力、财产占有量等方面的差异，加之受到就业机会不均等、竞争条件不公平等因素的影响，人们通过市场获取的收入存在多寡悬殊的现象。一些丧失劳动能力或失去就业机会的人甚至无法从市场分配中获得维持其生活必需的收入份额。显然，市场分配虽然能够促进效率，但客观上会导致较大的收入差别，失去应有的社会公平。社会一旦出现严重的分配不公，不仅会影响人们的劳动积极性、阻碍生产效率，而且关系到社会的凝聚力和稳定性，甚至导致社会动荡。因此，必须借助于政府为主体的财政分配，对市场形成的分配格局进行矫正，以缓解市场分配形式的矛盾，协调社会分配关系，形成良好的、稳定的社会环境。在我国市场经济条件下，收入分配的基本政策是坚持按劳分配为主体的多种分配方式，既鼓励先进，提高效率，合理拉开收入差距，又防止两极分化，逐步实现共同富裕。这是社会主义的内在的、本质的要求。实现这一公平分配的社会原则，客观上需要财政的干预和调节。因此，协调收入分配成为财政的又一项重要职能。

【阅读材料】

经济稳定的含义

经济学中所说的经济稳定通常包括以下四个方面的含义：

1. 充分就业。就业系指一切用自己的劳动赚取收入以维持自己生活的活动。所谓充分就业，是指一个国家中一切在法定范围内有劳动能力而且愿意工作的劳动者的充分就业。一般用就业率，即就业人口占可就业人口的比率来衡量就业状态。可就业人口是总人口中扣除年龄在法定就业年龄以下的，年龄在法定退休年龄以上的，因伤残、疾病不能正常工作的，有工作能力但不愿意工作的。除此之外，经济结构不断调整，就业结构也在不断变化，任何时期总会有些人脱离工作岗位有待重新选择。因此，许多西方经济学家认为95%左右的就业率应当属于理想就业率。

2. 物价水平稳定。物价水平稳定的理想指标为物价涨幅为零。然而，这个指标是可望不可及的。在商品比价时刻都在调整的经济运行中，物价总水平总体上具有上升趋势，这已为各国实践所证明，但尚未有公认的理论说明。因此，经济学家一般认为，稳定的物价水平就是一定时期内社会可以承受的物价波动水平，并把这一界限定为年增长率不超过3%～5%。

3. 国际收支基本平衡。国际收支基本平衡是指一国在国际经济交往中，其经常项目或者资本项目收支大体保持平衡，不出现大的逆差或顺差。一国的国际收支与国内收支密切联系，一般说来，国际收支不平稳意味着国内收支不平衡并对国内经济造成不利影响。

4. 适度的经济增长。经济增长是经济和社会发展的基本要求，但经济增长速度过快或过慢都会严重影响经济的稳定。因此，保持经济的适度增长也是经济稳定的一项重要内容。

（三）调节控制社会经济职能的主要内容

1. 调节社会总供求关系。经济稳定的目标集中表现为社会总供给与社会总需求的大体平衡。如果社会总供求保持了平衡，物价水平就是基本稳定的，经济增长率也是适度的，充分就业和国际收支平衡也是不难实现的。所以，财政的调节控制社会经济职能的一个重要方面是调节社会总需求，使之与总供给大体平衡。在需求过旺、经济过热、物价上涨时，采取紧缩措施，压缩需求，减缓经济增长速度，使经济增长速度保持在资源条件可能的限度内；在需求不足、经济萧条、市场疲软时，采取扩张性措施，调动闲置资源，推动经济增长。社会总供求的总量与总供求结构之间存在着密切联系。实践证明，社会总供求结构基本平衡是总量平衡的重要条件，社会总供求结构不平衡，即便人为地勉强实现了总量平衡，也不能保证资源的有效利用和合理的经济增长，难以实现经济的稳定。经济结构协调意味着供给品结构适合社会需求结构，经济结构失调则导致供给品结构不适应需求结构。财政不仅可以通过投资、补贴和税收政策等多种安排加快农业、能源、交通等“瓶颈”产业的发展，改善供给结构，而且也可以在一定时期内改善并影响社会需求结构，从而促进社会总供求结构的大体平衡。

财政调节社会总供求关系的主要措施如下：

（1）相机抉择机制。相机抉择机制也被称为相机抉择的财政政策。这种机制的运作在理论上可概括为以下情况：一是在社会总需求大于总供给时，提高税率增加税收，也可以减少支出，或者两者同时并举，通过压缩政府需求和非政府需求来收缩社会总需求，从而稳定经济。二是在社会总需求小于总供给时，或降低税率、减少税收，或增加政府开支，或两者并举，通过减收增支来增加政府需求，刺激非政府需求，其结果是增加杜会总需求，以适应总供给。三是在社会总需求与总供给大体均衡时，选择均衡性财政政策，以维持稳定的社会供求对比状态。这种相机抉择机制，从预算收支方面看，可以概括为赤字、结余和平衡。赤字通常被认为是扩张性的，结余则是紧缩性的，平衡通常被认为是中性财政政策。

（2）自动稳定机制。自动稳定机制是利用累进所得税和转移性支出等能自动地趋于部分抵消社会总需求变化的财政措施或手段。例如，通过累进所得税建立起纳税额与纳税人收入的正向关联，当经济高涨、纳税人收入增加、社会需求趋于过旺时，纳税人适用税率提高可以自动地将纳税人收入的增长部分较多地转移到国家手中，相对减少纳税人的需求，从而抑制社会总需求的膨胀；而在经济萧条、社会需求趋于萎缩时，纳税人收入减少，相应的等级税率降低，纳税人可获得收入的较多部分，以维持其必要的需求，抑制经济下滑速度。再如社会救济，在经济过热、个人收入水平提高、社会需求过旺时，领取救济的人数减少，财政支出相应减少，从而可以抑制社会需求；而在经济萧条、就业率下降、个人收入减少、社会需求趋于萎缩时，接受社会救济的人数增加，财政支出相应增加，从而可以扩大社会总需求。因此，通常把这种具有自动调节功能的财政手段称作“自动稳定器”、“内在稳定器”。

（3）其他财政措施。除上述主要措施外，投资、补贴、税收对总供给结构可以发挥重要的调节作用。有选择地调整和确定投资项目，对某些产业、产品补贴，对某些产业的税收优惠等措施，都可以起到促进这些产业的发展、从而促进经济结构合理化的作用。

2. 调节收入分配关系。财政调节收入分配关系旨在弥补市场分配的缺陷，调节和修正分配结果的。其内容主要包括：

（1）调节部门及产业之间的收入分配。现代市场经济是以社会分工为基础的专业化协作经济，各部门、各产业之间相互依存，客观上存在一定的比例要求并相互制约。但在现实生活中，由于各部门、各产业的特点不同会引起其经营成本及利润率的差距，有些产业和部门会因其所具有的投入小、产出多的客观优势从市场分配中获取较多的收入，有些产业和部门则会由于天然存在投资大、见效慢等特点而获得的报酬较低，还有的产业具有自然垄断而获取高额利润；另外，相当一部分政府部门则完全依赖于财政拨款。按照市场法则，资源将流入利润率较高的部门和产业，进而对产业结构带来不利影响。为了促进国民经济按比例健康发展，必须对各产业和部门的收入水平实施财政调节。

（2）调节企业之间的收入分配。在经济运行过程中，不同产业和部门的企业会由于上述原因取得不同收益，即使同一产业的企业也会由于地理环境等诸多客观因素导致其收益的差别。调节企业利润水平的目的主要在于通过调节，使企业利润水平能够比较客观地反映企业的生产经营管理水平和主观努力程度，使企业在大体相同的条件下获得大体相同的利润。

（3）调节地区之间的收入分配。在市场经济条件下，按照要素投入与要素报酬对等的原则，在经济条件不同的地区之间会形成收入分配不均等的情况，导致居住在不同地区的社会成员所享受的个人福利和社会福利悬殊，使生产要素流向收入高的地区，加剧地区间经济和社会发展的差距。这种差距的存在不符合资源优化配置、社会共同进步、人类福利普遍提高的要求，缩小差距的要求又为市场机制所难为，因此，必须借助政府的力量，通过财政调节来实现。

（4）调节个人之间的收入分配。由于个人的劳动能力、财产占有、就业机会、竞争条件、受教育程度以及所处的行业、部门、企业和地区的不同，市场分配的结果会形成投资者与劳动者之间、不同劳动者之间、就业者和失业者之间、有劳动能力者与无劳动能力者之间收入额的悬殊。这种收入悬殊显失公平，不利于社会经济的稳定和发展，又为市场机制所难以克服，因而需要政府财政来协调。由于行业、部门、企业及地区间的收入差别都会在个人收入分配上得到反映，因此，个人收入分配的调节应是财政调节收入分配的主要内容。

财政调节收入差距主要从两方面入手：一是限制过高收入；二是增加低收入者和无收入者的收入。具体而言，其实现途径包括：

（1）通过税收来实现收入调节。税收是政府执行收入分配职能的主要工具之一，包括通过资源税调节部门、地区由于资源条件和地理环境不同形成的级差收入；通过差别税率来调节不同产业和行业的盈利水平；通过累进的个人所得税、财产税和遗产税调节个人的收入以及个人之间的财富分布，等等。

（2）通过转移支付来实现收入调节。转移支付是通过资源在不同所有者之间的转移而实现支付，一般指以政府为中介的资源转移与支付活动，包括对个人的转移支付和政府间的转移支付两部分。它表现为资金的无偿的、单方面的转移，体现政府的非市场性再分配活动。

对个人的转移支付包括退休保险支出、失业救济支出、生括困难补助、医疗保险支出等等。通过这些支出，实现收入在社会范围内的转移分配，从而使每个社会成员得以维持基本的生活水平和福利水平。

政府间的转移支付又可分为中央政府对地方政府的转移支付和地方上级政府对下级政府的转移支付两部分，主要包括各种财政补助。政府间转移支付不仅可以调节不同地区的收入差距，促进地区经济均衡发展，而且间接影响到对个人的转移支付。

（3）通过购买支出实现收入调节。政府购买支出主要是指政府财政支出中用于支付购买商品的费用支出和用于雇员的工资、津贴支出，前者间接影响个人收入水平，后者则直接影响政府部门工作人员的个人收入水平。

思考与练习

一、不定项选择题

1. 社会公共需要具有空间层次性特征，下面________属于典型的地方性公共需要。

A. 高速公路　　B. 铁路

C. 外交　　D. 城市交通

2. 从产品属性看，政府介入高等教育、应用性研究的原因，是由于这些产品________。

A. 属于公共产品　　B. 属于拥挤性公共产物品

C. 具有外部效益　　D. 具有成本外部性

3. 财政的基本职能可以概括为________。

A. 维持政府机器运转职能　　B. 满足社会公共需要职能

C. 调节控制社会经济职能　　D. 提高企业盈利水平职能

4. 下列属于纯公共需要的是________。

A. 国防　　B. 外交

C. 公安　　D. 基础科学研究

5. 财政经济稳定的关键点是调节________。

A. 社会总供求关系　　B. 货币供求关系

C. 国际收支关系　　D. 财政收支关系

二、判断题

1. 社会公共需要是处于一定发展阶段上的社会为维持自身生存和发展必然产生的社会公共职能和事务的需要。（　　）

2. 社会公共需要与个人需要的界限是确定的，因而，财政分配的范围应该是清晰的。（　　）

3. 社会公共需要总是采取公共提供的方式来满足。（　　）

4. 财政调节社会总供求关系的主要措施是自动稳定机制。（　　）

5. 收入公平与否的衡量指标仅指基尼系数。（　　）

三、简述题

1. 如何理解财政的三项职能？

2. 公共需要的特征有哪些？

四、案例分析题

新一轮改革应重视划清政府和市场边界

十八大报告强调要全面深化经济体制改革，并指出“经济体制改革的核心问题是处理好政府和市场的关系，必须更加尊重市场规律，更好发挥政府作用”。

今年的中央经济工作会议召开在即，新一轮改革措施将逐步推出。总结30多年来的改革经验和教训，审视目前我国经济发展存在的问题和挑战，下一步改革的重点之一应该是划清政府和市场的边界。

当前我国市场经济体制仍不完善。一方面，土地、资金、能源等要素价格尚未完全市场化，政企不分的现象在一些领域和行业仍然存在。另一方面，政府行政许可和审批事项仍然过多，政府及其部门管了许多不该管、管不了也管不好的事。

一些地方政府和部门还在直接干预企业的微观经济活动，甚至包办代替企业的招商引资和投资决策，经济管理方式方法亟待改变；一些政府部门权责脱节、有权无责，出了问题无人负责，有的部门之间职责不清、推诿扯皮，办事效率不高；一些该由政府管的事没有管或者没有管好，市场监管和社会管理体系不健全，公共服务比较薄弱。这些问题影响了市场配置资源的基础性作用，也影响了政府职能的正常发挥。

概而言之，政府与市场关系的不协调主要体现在两个方面：一个是“越位”，即管了不该管的；二是“缺位”，即该管的没管或者没管好。

“越位”的问题近年似乎越发突出。一些地方政府和部门为了追求GDP和财税增长，在招商引资过程中使用大量的土地、财税方面的优惠政策，直接干预企业微观活动；一些地方为了本地区经济的发展，还不当干预金融机构的资金配置。一些地方为了本地区企业的发展，还采取不少地方保护主义政策，如此等等。

由于一些资源垄断现象的存在，当前政府资源配置能力以及对市场干预能力在增强，不当干预行为所产生的扭曲风险在加大。

首先，政府对市场介入过多，会使企业将更多的精力投入到与政府的博弈中去。倘若企业躺在被保护的“温床”上、钟情于政商关系的博弈，势必会失去应对外部竞争的能力。对本地企业的过度倾斜，还使得市场人为割裂，优胜劣汰的市场机制难以发挥，资源配置难以优化。

其次，政府主导经济的发展模式可能产生巨大的债务和金融风险。目前在政府主导的基础设施建设和工业项目中，凭借财政资金、政府信用、金融支持以及土地的级差地租，资金的杠杆效应日益强大。一旦项目无法产生预期效益，将给本已沉重的地方债务雪上加霜，加剧金融系统风险。

最后，我国企业发展已经由追随、模仿阶段向赶超、创新阶段转变，已往政府主导的发展模式需要重新审视。在地方政府推动经济增长的过程中，一些行业和企业经历了快速增长，但也出现了低水平重复建设和产能过剩的现象。如果说在模仿阶段，政府部门大致可以掌握行业发展的趋势和技术路线，国有资本投入钢铁、纺织等传统行业，产生的风险并不大的话，那么在新经济领域，政府贸然介入和干预，可能拔苗助长、适得其反。

近年的实践可以看出，管制越少、市场化程度越高的行业，其国际竞争力往往越强。以互联网这一准入门槛较低、管制较少的行业为例，我国互联网企业在技术与商业模式的创新能力，可以说与国外差距甚微。不仅如此，我国互联网企业的创新还在不断向零售业、金融业渗透，并向传统零售业和金融业发起挑战。

2008 年金融危机后，包括中国在内的世界主要经济体采取了凯恩斯主义式的扩张政策，全球经济复苏取得一定成果。但是，“有形之手”不能替代“无形之手”。实践证明，政府的不当干预和对微观经济的过度管制不仅会降低微观经济运行的效率，而且可能还给宏观经济和金融的稳定运行带来风险。

当然，对“缺位”问题我们也不容忽视。在食品安全、产品质量管理等市场监督方面，“缺位”问题还比较突出；在知识产权保护方面，还有很多工作要做。政府“缺位”严重动摇了消费者信心，影响了企业创新的动力，制约了行业的健康发展。

当前，完善社会主义市场经济体制、促进发展方式转变，需要处理好政府与市场的关系，促进我国政府由管理型政府向服务型政府转变。只有同时解决好了“越位”和“缺位”的问题，真正做到“市场的归市场、政府的归政府”，划清政府与市场的边界，我国未来经济增长才会更有效率，经济发展的步伐才会更稳健。

（资料来源：刘先云：“人民财评：新一轮改革应重视划清政府和市场边界”，人民网，2012 年 12 月 11 日。）

仔细阅读上述资料，回答下列问题：

1. 在现代社会中，政府具有哪些职能？

2. 政府与市场关系的不协调体现在哪些方面？

3. 在市场经济条件下，政府的活动范围有哪些？

第三章 财政支出基本理论

学习要点

- □ 财政支出的含义
- □ 瓦格纳法则
- □ 财政支出结构
- □ 财政支出原则

第一节 财政支出概述

一、财政支出的含义

财政支出，又称“政府支出”或“公共支出”，是政府活动中所发生的成本，实质上是政府对经济资源进行分配和使用的行为和过程。它反映着政府活动的规模、范围和方向。财政支出的含义可以从以下几个方面把握：

1. 财政支出是政府在实现其职能，满足公共需要过程中所付出的成本。政府承担着政治、社会和经济等多项职能，行使每一项职能都需要支配和使用一定数量的经济资源，也就形成了政府支出或财政支出。因此，**财政支出实质上是政府为行使其各项职能而集中分配和使用经济资源的行为和过程。**

2. 财政支出反映着政府活动的规模、范围和方向。财政支出制约着政府职能的实现，政府活动规模、范围和方向的调整无不体现在财政支出的变化上。所以，财政支出的总量及结构是度量政府活动规模、范围、方向的合理而有效的标准。在使用这些标准时，要注意把用于政府职能上的所有的经济资源都计入财政支出，而不论其是否记录在政府的预算支出账户中。在我国，能够准确反映政府规模的财政支出应包括预算支出、预算外与制度外支出与税收支出等。

3. 财政支出作为一种规模巨大的经济变量，是国家调控经济运行的重要手段。通过确定合理的财政支出规模与支出结构，可以使资源在政府与非政府部门之间的配置达到适当均衡，可以使不同种类的公共需要得到满足。作为一种非市场性的再分配手段，财政支出对市场所形成的分配格局具有明显的调节作用，既能够逐步消除地方政府间在公共服务水平和财政能力上的悬殊差距，又能够缩小社会成员的收入差距。同时，作为社会总需求的一个巨大变量，财政支出可以在均衡社会供求关系、保持经济稳定增长以及促进产业结构的调整和优化等方面发挥积极作用。

二、财政支出对社会经济的影响

（一）财政支出对生产的影响

财政支出的方向影响着社会资源的配置效率。对于市场机制有效的领域，财政支出不宜直接介入，否则会降低社会资源的配置效率；对于市场失灵的生产领域，只有财政支出的适度介入才能保证其正常运转，并改善社会总资源的配置效率。依据公共财政的要求，财政支出应该介入的生产领域主要是：一是自然垄断行业，如城市的供水、供电、供气等；二是具有良好外部性的行业，如能源工业、基本原材料工业等，这些行业，需要财政适度投资或补贴才能维持正常的生产水平。财政投资规模影响着社会资源的配置效率。在市场经济体制下，投资总是由政府与市场来完成，财政投资规模偏低，公共生产水平就会不合理地降低；相反，财政投资规模偏高，公共生产水平就会不合理地增加，市场经济的发展也会受到抑制。因此，保持适度的财政投资规模是社会再生产顺利进行的必要条件。

（二）财政支出对交换的影响

财政支出是社会需求的重要组成部分，政府的购买性支出直接形成社会需求，转移性支出也会间接形成社会需求，因此，财政支出的规模对交换产生着重大的影响。通过调节财政支出规模与结构，可以促进社会总供求的均衡，实现整个社会交换活动的均衡协调发展。财政支出为交换所需的部分外部条件的建设提供了资金保证，如城市的公共交通、邮电通讯、市场设施等，没有这些条件，顺畅的交换活动很难实现。

（三）财政支出对分配的影响

财政支出具有非市场性的再分配功能，能在一定程度上改变市场分配的初始状态并解决社会公平问题。财政支出的这种影响主要体现在两个方面：一是对个人的转移支付，通过这类支出，可以使低收入社会成员增强支付能力，维持基本的生活水平；二是对诸如教育、医疗、卫生防疫、公共交通、自然垄断行业的投资和补贴，这类支出可以普遍提高社会成员的福利水平，具有再分配的作用。

（四）财政支出对消费的影响

财政支出对消费的影响主要表现在：（1）财政支出本身产生消费行为，如购买性支出产生了社会消费，转移性支出部分或全部转化为个人消费。因此，财政支出的规模与结构对消费的规模与结构有重要影响。（2）财政支出作用于生产和流通并使其发展和扩大，是扩大消费的直接基础和前提。（3）财政支出影响社会成员所得的国民收入份额，从而也制约社会成员实际的消费份额。

（五）财政支出对就业的影响

政府通过投资性支出直接增加就业岗位。政府通过财政拨款兴修水利、进行基础设施等工程、项目的投资创造大量的就业机会，缓解失业压力。政府通过采购各种商品和劳务的购买性支出，增加对社会商品和劳务需求，刺激企业增加生产，促进企业的投资行为，间接增加就业机会。政府通过各种转移性支出增加社会成员的收入，这些收入按一定的比例转化成消费和储蓄，增加对社会商品和劳务的需求，间接增加就业岗位。

第二节 财政支出的分类

为了适应对财政支出进行管理和研究的不同要求，需要按照不同的标准对财政支出予以分类。

一、按支出功能分类

支出功能分类主要反映政府活动的不同功能和政策目标。我国财政支出按功能分类主要包括：

1. 一般政府服务：支出一般没有具体的受益人，主要包括一般公共管理、国防、公共秩序与安全等。

2. 社会服务：支出具有明确的受益人，主要包括教育、卫生、社会保障等。

3. 经济服务：支出着重于提高经济运行效率，包括交通、电力、工业、农业等。

4. 其他支出：如利息、转移支付等。

我国现行政府支出分类统一按支出功能设置逐步细化的类、款、项三级科目。

1. 类级科目综合反映了政府的职能活动，2009 年分为 19 个大类，它们是：一般公共服务、外交、国防、公共安全、教育、科学技术、文化体育与传媒、社会保障和就业、社会保险基金支出、医疗卫生、环境保护、城乡社区事务、农林水事务、交通运输、采掘电力信息等事务、粮油物资储备及金融监管等事务、国债事务、其他支出、转移性支出。

2. 款级科目反映为完成某项政府职能所进行的某一方面的工作，如“教育”类下的“普通教育”、“职业教育”。

3. 项级科目——反映为完成某一方面的工作所发生的具体支出事项，如“普通教育”款下的“小学教育”、“高等教育” 等。

支出功能分类主要有以下优点：一是能够清晰反映政府各项职能活动支出的总量、结构和方向，便于根据建立公共财政体制的要求和宏观调控的需要，有效进行总量控制和结构调整。二是支出功能分类与支出经济分类相配合，可以形成一个相对稳定、既反映政府职能活动又反映支出性质、既有总括反映又有明细反映的支出分类框架，为全方位的政府支出分析创造了有利条件。三是便于国际比较。支出按功能分类符合国际通行的做法，这种分类方法将各部门和单位相同职能的支出归于同一功能下，不受国家政府组织机构差别的影响，从而有利于进行国际比较。

【阅读材料】

2010年我国政府支出分类科目

依据《2010年政府收支科目分类科目》，我国主要支出科目如下：

一般公共服务支出。它是政府提供一般公共服务的支出。此项支出包括人大事务、政协事务、政府办公厅（室）及相关机构事务、发展与改革事务、统计信息事务、财政事务、税收事务、审计事务、海关事务、人力资源事务、纪检监察事务、人口与计划生育事务、商贸事务、知识产权事务、工商行政管理事务、质量技术监督与检验检疫事务、民族事务、宗教事务、港澳台侨事务、档案事务、共产党事务、民主党派事务、群众团体事务、其他一般公共服务支出。

国土资源气象等事务，此项支出包括国土资源事务、海洋管理事务、测绘事务、地震事务和气象事务。

外交支出。它是财政用于中央外交主管部门、各类驻外机构的支出以及对外援助、对国际组织的缴款等方面的支出。此项支出包括外交管理事务、驻外机构、对外援助、国际组织、对外合作与交流、对外宣传、边界勘界联检、其他外交支出。

国防支出。它是财政用于现役部队及国防后备力量、国防动员、其他国防方面的支出。

公共安全。它是财政用于政府维护社会公共安全方面的支出。此项支出包括武装警察、公安、国家安全、检察、法院、司法、监狱、劳教、国家保密、其他公共安全支出。

教育支出。它是财政用于教育方面的支出，此项支出包括各类大中小学普通教育、成人教育、电教支出，以及各部门举办的职业教育、技能教育等支出。

科学技术支出。它是财政用于科学技术方面的支出。此项支出包括科学技术管理事务、基础研究、应用研究、技术研究与开发、科技条件与服务、社会科学、科学技术普及、科技交流与合作、其他科学技术等支出。

文化体育与传播支出。它是财政用于文化、文物、体育、广播影视、新闻出版等支出。

社会保障和就业支出。它是财政用于社会保障与就业方面的支出。此项支出包括社会保障和就业管理事务、民政管理事务、财政对社会保险基金的补助、补充全国社会保障基金、行政事业单位离退休、企业关闭破产补助、就业补助、抚恤、退役安置、社会福利、残疾人事业、城市居民最低生活保障、其他城镇社会救济、农村社会救济、自然灾害生活救助、红十字事业、其他社会保障和就业等支出。

住房保障支出，此项支出包括保障性住房支出、住房改革支出和城乡社区住宅。

社会保险基金支出。它是由社会保险基金列支的各项支出，包括基本养老保险基金支出、失业保险基金支出、基本医疗保险基金支出、工伤保险基金支出、生育保险基金支出、其他社会保险基金支出等。

医疗卫生支出。它是财政用于医疗卫生方面的支出。此项支出包括医疗卫生管理事务、医疗服务、社区卫生服务、医疗保障、疾病预防控制、卫生监督、妇幼保健、农村卫生、中医药等支出。

环境保护。它是财政用于环境保护方面的支出。此项支出包括环境保护管理事务、环境监测与监察、污染防治、自然生态保护、天然林保护、退耕还林、风沙荒漠治理、退牧还草、已垦草原退耕还草等支出。

城乡社区事务支出。它是财政用于城乡社区事务方面的支出。此项支出包括城乡社区管理事务、城乡社区规划与管理、城乡社区公共设施、城乡社区环境卫生、建设市场管理与监督、政府住房基金支出、土地有偿使用支出、城镇公用事业附加支出、其他城乡社区事务支出。

农林水事务。它是财政用于农林水事务支出。此项支出包括农业支出、林业支出、水利支出、南水北调支出、扶贫支出、农业综合开发支出、农村综合改革、其他农林水事务支出等农林水事务。

交通运输。它是政府用于交通运输方面的支出。此项支出包括公路水路运输、铁路运输、民用航空运输、其他交通运输支出。

资源勘探电力信息等事务，此项支出包括资源勘探开发和服务支出、制造业支出、建筑业支出、电力监管支出、工业和信息产业监管支出、安全生产监管、国有资产监管、支持中小企业发展和管理支出、其他资源勘探电力信息等事务支出。

商业服务业等事务，此项支出包括商业流通事务、旅游业管理与服务支出、涉外发展服务支出和其他商业服务业等事务支出。

粮食安全物资储备事务，此项支出包括粮食安全和物资储备。

此外，还包括金融监管等事务支出、地震灾后恢复重建支出、预备费、国债还本付息支出、彩票事务和其他。

（资料来源：“财政部关于修订2010年政府收支分类科目的通知”，2010年1月25日，财政部网站。）

二、按支出用途分类

在支出功能分类反映政府职能活动的基础上，支出用途分类可反映财政资金是如何使用的，是付了人员工资、会议费，还是买了办公设备等。比如，教师支出列入“教育”和“工薪福利”中，一望可知这笔钱用来干了什么，以及具体用在什么地方。

我国财政支出按用途分类主要包括如下类别：

1. 工资福利支出，包括机关事业单位职工的基本工资、津贴补贴、奖金、住房公积金、提租补贴、购房补贴、社会保障缴费、伙食费、伙食补助费、其他工资福利等支出。

2. 商品和服务支出，包括机关事业单位的办公费、印刷费、咨询费、手续费、水费、电费、邮电费、取暖费、物业管理费、交通费、差旅费、出国费、维修（护）费、租赁费、会议费、培训费、招待费、专用材料费、装备购置费、工程建设费、作战费、军用油料费、军队其他运行维护费、被服购置费、专用燃料费、劳务费、委托业务费、工会经费、福利费、其他商品和服务等支出。

3. 对个人和家庭的补助，包括离休费、退休费、退职（役）费、抚恤金、生活补助、救济费、医疗费、助学金、奖励金、生产补贴、其他对个人和家庭的补助等支出。

4. 对企事业单位的补贴，包括企业政策性补贴、事业单位补贴、财政贴息、其他对企事业单位的补贴等支出。

5. 转移性支出，包括不同级政府间转移性支出、同级政府间转移性支出、不同级预算单位间转移性支出、同级预算单位间转移性支出。

6. 赠与，包括对国内的赠与、对国外的赠与。

7. 债务利息支出，包括国库券付息、向国家银行借款付息、其他国内借款付息、向国外政府借款付息、向国际组织借款付息、其他国外借款付息。

8. 债务还本支出，包括国内债务还本、国外债务还本支出。

9. 基本建设支出，是各级发展与改革部门集中安排的用于购置固定资产、战略性和应急性储备、土地和无形资产，以及购建基础设施、大型修缮等方面的基本建设支出，包括房屋建筑物购建、办公设备购置、专用设备购置、交通工具购置、基础设施建设、大型修缮、信息网络购建、物资储备、其他基本建设等支出。

10. 其他资本性支出，是指除发展与改革部门以外其他部门安排的用于购置固定资产、战略性和应急性储备、土地和无形资产，以及购建基础设施、大型修缮和财政支持企业更新改造所发生的支出，包括房屋建筑物购建、办公设备购置、专用设备购置、交通工具购置、基础设施建设、大型修缮、信息网络购建、物资储备、其他资本性等支出。

11. 贷款转贷及产权参股，包括国内贷款、国外贷款、国内转贷、国外转贷、产权参股、其他贷款转贷及产权参股等支出。

12. 其他支出，包括预备费、预留、补充全国社会保障基金、未划分的项目支出、其他支出。

支出用途分类主要有以下优点：一是体系完整，可从一个侧面较为全面地反映政府活动范围；二是科目充分细化，可充分满足细化预算和强化经济分析的要求；三是可以明细反映包括基本建设在内的所有政府支出情况，能够清晰反映政府各项职能活动支出的总量、结构和方向，便于根据建立公共财政体制的要求和宏观调控的需要，有效进行总量控制和结构调整。

三、按费用类别分类

按费用类别分类，即按照国家职能对财政支出进行分类。以国家职能为标准，我国的财政支出一般分为经济建设支出、社会文教支出、国防支出、行政管理支出、社会保障支出和其他支出六大类。

1. 经济建设支出，主要包括基本建设投资、企业挖潜改造资金、地质勘探费、科技三项费用，简易建筑费、支援农业、城市维护费、物资储备等支出。

2. 社会文教支出，是政府用于文化、教育、科学、卫生、出版、通信、广播、文物、体育、地震、海洋、计划生育等公共事业部门的支出。

3. 国防支出，包括各种武器和军事设备、军事人员给养、有关军事的科研、对外军事援助、民兵建设事业费等支出。

4. 行政管理支出，包括用于立法、司法、行政、外交及党派等方面的支出。

5. 社会保障支出，包括政府用于社会保险、抚恤和社会福利救济等方面的支出。

6. 其他支出。

这种分类方法便于了解政府活动的范围、方向和程度，但不能概括全部支出，也不能适应各种宏观分析管理的需要。

四、按支出经济影响分类

按支出是否获得等值的补偿分类，财政支出分为购买性支出和转移性支出。

1. 购买性支出（也称消耗性支出），是政府直接消耗一部分经济资源的支出，它表现为政府部门及其所属单位按照等价交换的原则，购买商品和劳务的行为。购买性支出包括两个部分：一是购买政府部门及其所属单位日常业务活动所需商品与劳务的支出；二是购买政府部门及其所属单位投资活动所需商品与劳务的支出。从国家职能分类角度看，购买性支出包括国防支出、经济支出、文教卫生支出、国家管理支出等。通过政府资金与市场商品和劳务相交换，购买性支出可以直接形成当期社会需求的一部分，对需求、产出、就业和产业结构产生直接的影响。因此，这类支出在资源配置、稳定经济方面发挥较大的作用。

2. 转移性支出，是政府把一部分财政收入转移给居民、企业、地区和其他受益人所形成的财政支出。这类支出是单方面的无偿的支付，政府既不能从中获得等值的商品与服务，也不消耗国民经济中的经济资源，只是把一部分人、一部分地区、一部分企业的收入再转移给另一部分人、另一部分地区、另一部分企业。从国家职能分类角度看，它包括社会保障支出、国债利息支出、补贴支出、捐赠支出、税收支出和补助支出等。通过收入所有权的转移，转移性支出可以直接影响收入分配，但对需求、产量和就业的影响具有较大的不确性和滞后性。因此，这类支出在公平收入分配方面发挥较大的作用。

这种分类方法对于分析财政支出的经济效应具有重要的意义。一般而言，如果购买性支出的比重在上升，而转移性支出的比重在下降，则说明财政的资源配置作用和经济稳定作用有所增强，收入分配作用相对减弱；相反，如果购买性支出的比重在下降，而转移性支出的比重在上升，则说明财政的收入分配作用有所增强，资源配置作用和经济稳定作用相对减弱。

第三节
财政支出结构

一、政府职能与财政支出结构

市场经济国家，特别是发达市场经济国家，其财政以弥补市场失灵为基础，以满足社会公共需要为特征。财政支出范围和结构体现政府的职能范围，并随着市场发育程度的变化而变化。

市场经济国家的财政支出结构有如下特点：

1. 经济建设支出比重与经济发展阶段相关。各国直接用于燃料和能源、农林牧渔、矿产制造和建筑、交通通讯等主要经济建设支出，美国为4.28%，英国为1.49%，印度为9.53%，印尼为7.47%，泰国为16.12%。前二者为工业化国家，市场发育程度较好，政府干预经济弱，经济建设支出所占比重较低。后三者属于发展中国家，市场发育较差，政府干预经济力度较大。

2. 各国交通、通讯与其他经济支出相比所占比重较大。泰国最高为9.06%，美国最低为0.86%，反映出各国都注重基础设施建设，以促进社会经济发展。

3. 农业所占比重较大，特别是发展中国家，如印度和印度尼西亚农业所占比重超过交通通讯，反映了农业在国民经济中的重要性。

4. 工业化国家社会保障与福利所占比重一般接近或超过30%，发展中国家不足10%。

5. 国防费因各国情况而有所差异，印度最高为15.41%，印度尼西亚最低为3.48%。

6. 一般公务支出除印度外，均不超过15%。

7. 工业化国家卫生费较高，发展中国家较低。泰国教育费较高为17.31%，美国最少为1.8%。但无论如何，各国对教育和卫生都较重视。

8. 环保和住房都占一定比重，印尼最高为13.56%，英国最低为2.24%。

总体而言，各国财政支出均显示出公共财政特征，即社会保障、教育、卫生、国防、一般公务支出较高，经济建设支出，特别是直接经济支出较少，交通通讯所占比重相对较大。由于各国政治、经济体制、文化传统及经济发展水平不同，就某项支出而言，所占比重也存在差异，如社会保障支出。

二、我国财政支出结构

我国传统计划经济体制转向社会主义市场经济体制，其核心内容是培养和完善市场机制，逐步发挥市场在资源配置中的基础性作用。伴随着经济体制的转轨和政府社会管理职能的加强，我国的财政支出结构发生了较大的变化。支出的公共财政属性增强，经济建设支出比重大幅降低，改善和保障民生方面的支出显著增加。2007—2012 年期间，我国各类财政支出都有显著增长，但增幅有较大不同。各类财政支出增长率不同，必然反映在支出结构的变化上，具体数字见表 3－1。

表 3－1　　我国财政按功能类别的支出比重　　单位：%

年份	经济建设和管理	一般公共服务（含外交）	国防	公共安全	教育	科学技术	文化体育与传媒	医疗卫生	环境保护	社会保障和就业及住房	其他
2007	25.75	17.54	7.14	7.00	14.30	3.57	1.80	4.00	2.00	10.94	5.96
2008	28.96	16.03	6.68	6.50	14.39	3.40	1.75	4.40	2.32	10.87	4.70
2009	31.00	12.34	6.44	6.22	13.68	3.60	1.83	5.23	2.53	10.92	6.21
2010	32.02	10.69	5.93	6.14	13.96	3.62	1.72	5.35	2.72	12.80	5.05
2011	31.21	10.34	5.51	5.77	15.10	3.50	1.73	5.90	2.41	13.67	4.86

注：经济建设和管理支出包括直接用于农林水、交通运输、资源勘探、电力信息等事务、商业服务业等事务、粮食安全物资储备事务、城乡社区事务、金融监管等事务、地震灾后恢复重建等支出。

（资料来源：《中国统计年鉴（2012 年）》，中国统计出版社 2013 年版。）

从表中可以看出，我国现行的财政支出结构有如下特点：

1. 经济建设和管理支出比重有所提高。2007—2011 年期间，经济建设和管理支出占财政支出比重，由 2007 年的 25.75% 提高到 2011 年的 31.21%，大幅提高了 5.46 个百分点。这一比重与其他国家相比是比较高的。新增支出重点用于农林水、交通运输、城乡社区、灾后重建，加强宏观调控，改善民生。

2. 行政管理费支出增长过快的势头得到初步控制。2007—2011 年期间，行政管理支出（一般公共服务和公共安全）占财政支出的比重下降，由 2007 年的 24.54% 下降到 2011 年的 16.11%，下降了 8.43 个百分点。但我国行政管理支出占财政支出的比重仍然高于市场经济国家。造成行政管理费不合理占比的最根本的原因是机构和人员编制膨胀，“三公”支出泛滥，导致财政支出结构不合理，加重了财政负担。

3. 国防费明显偏低。2007—2011 年期间，我国国防支出占财政支出比重逐年下降，2008 年我国国防费支出为41 796 027万元，占财政支出的比重仅为 6.68%，低于美国、印度和泰国。从绝对数来看，我国国防经费列在美国、日本、英国、法国和德国之后，只占美国的 5%，日本的 30%。我国国防经费占 GDP 比重低于韩国的 2.8%、印度的 2.7%，只有 1.28%。国防费偏低，影响了国防现代化建设的进程，不利于维护我国国防安全和国家利益。

4. 社会保障类支出增长较快。2007—2011 年期间，我国社会保障类支出占财政支出比重由 2007 年的 10.94%，提高到 2011 年的 13.67%，提高了 2.73 个百分点。这一水平总体上高于发展中国家，但远低于工业化国家。随着我国人口老龄化程度的加深以及工业化、城镇化发展，社会保障类支出需要进一步增加。

5. 教育与科技投入仍不能满足“科教兴国”战略的需要。教育投入不足一直是制约我国教育事业发展的“软肋”，早在1993年，中共中央、国务院发布《中国教育改革和发展纲要》就提出，国家财政性教育经费支出占GDP比例要达到4%。但是由于我国经济发展模式转换缓慢、财政支出结构调整难度大，这一目标在2012年末才勉强实现。我国财政科技投入增长较快，2010年财政科技投入为4 114亿元（含其他功能支出中用于科学技术的支出），比2009年增长27.6%，财政科学技术支出占当年国家财政支出的比重为4.58%。但是我国总体研发投入强度还不高。2009年我国研发投入强度虽然达到了1.7%，但与世界领先国家3%左右的水平相比仍有较大差距，需要进一步增加科技投入，特别是增加基础研究和应用研究支出。

三、财政支出结构的调整与优化

不断调整与优化财政支出结构，是提高财政支出使用效益的重要途径。从财政支出结构发展变化的一般规律看，财政支出应随着一国经济的发展和经济体制模式的转换，作出相应的调整。从政府职能的角度看，财政支出又必须符合一定时期国家的发展战略和政策目标。因此，一国财政支出结构是否合理，主要看其能否适应经济发展水平以及经济体制和政治经济变化的要求。

目前，我国经济正处于转型时期，面临着两个相互制约、相互促进的重大转变，即经济增长方式的转变和经济体制的转轨。一方面，我国正在加速完成工业化，并积极向工业现代化方向发展，出现了从传统的粗放型增长方式向现代化的集约型增长方式的转变；另一方面，我国从传统的计划经济向社会主义市场经济转轨。这两个转变，成为近期影响我国财政支出结构调整方向的现实因素。

一是提高城乡居民收入，扩大居民消费需求。促进调整国民收入分配格局，增加财政补助规模，提高居民特别是中低收入者消费能力，增强消费对经济增长的拉动作用。增加农民补贴，提高主要粮食品种最低收购价水平，增加农民收入。不断提高城乡居民最低生活保障标准，增加企业退休人员基本养老金，提高优抚对象等人员抚恤补贴和生活补助标准。努力扩大就业，实行最低工资制度，提高低收入者劳动报酬。

二是加大对教育和科研的投入，优化教育科研支出的内部结构。加大财政对教育和科研的支持力度，提高财政支出中教育经费、科研经费的比重，确保教育支出的稳定增长。财政性教育支出、科研支出的增长速度应当高于同期财政经常性收入的增长速度，如此才能确保我国科教兴国战略的实施，提高国民素质与国际竞争力。优化教育科研支出的内部结构，提高资金使用效益。教育方面，基础教育基本上属于公共产品，它可以提高全民族素质，提供并保证义务教育是一国政府不可推卸的责任，其经费应全部由国家承担；高等教育和职业教育是“准公共产品”，更多地具有私人产品性质，费用主要应由受教育者个人承担，财政只负担一部分经费。在科研支出方面，基础科学研究具有纯公共产品的特征，其成果为社会所共享，不能作为商品出售，因此其经费应全部由财政负担；应用研究与技术开发是“准公共产品”，具有直接的经济应用价值，在专利制度下可以作为商品出售，财政不应负担经费，或酌情负担一部分，并将其逐步推向市场。

三是增加社会保障类支出，提高社会保障能力。提高社会保障类支出的比重，增加社会保障制度社会化。随着我国人口老龄化程度的加深以及失业下岗职工的增加，各级政府应不断加大对社会保障支出的投入力度。与此同时，还要加强我国社会保障体系的社会化建设，把原来隐藏在各单位财务活动中的社会保障支出显化出来，转由政府统一征缴资金，统一列入预算，统一管理起来。进一步完善社会保障制度。全面推行医疗保险改革，完善失业救济，我国的社会保障制度应当彻底打破城乡、所有制和劳动者身份的界限，提高社会保障水平，扩大社会保障覆盖面。

四是要加大对公共卫生的投入，建立完善的公共卫生体系。我国公共卫生支出应当在明确政府在该领域的职责的基础上，合理确定公共卫生支出的规模和结构，特别注重加大对农村及城镇弱势群体的转移支付力度，确保公共卫生支出的公平性。按照全国性公共品和地方性公共品的划分，明确中央政府和各级地方政府的职责范围，建立合理的公共卫生支出体系。一方面，越是基本的公共卫生项目，其管理级次应当越高，可由中央或省级财政承担，而特需的公共卫生项目，可由市、县财政承担；另一方面，外部性较强、全国性的公共卫生项目可由中央财政负担，并着重扩大中央财政转移支付规模，而对地方性的公共卫生项目，应主要由地方财政负担。

合理确定公共卫生支出的规模和结构，首先要从总量上提高公共卫生支出的比例。着重扩大对农村公共卫生投入规模，保证农村公共卫生的政府投入。一些地方病的死灰复燃和“非典”、“禽流感”等疫情的爆发明显地暴露了我国的卫生防疫及社会保障体系的不健全。因此，应当进一步增加农村公共卫生投入，设立贫困地区公共卫生专项资金，加大农村卫生基础设施建设力度，压缩一般项目支出，保证疫苗接种、学校卫生、孕产妇保健等重点项目的资金供给。同时，建立对农村公共卫生特别是重大突发性疫情的防御体系和公共卫生用品的储备体系，这种体系的建立直接需要中央财政支持，并设立专项资金。

五是加大生态环境保护的投资力度，实现可持续发展。生态环境是经济社会发展的重要基础，实现生态的可持续发展已成为许多国家发展经济的首要前提。因此，建立生态环保型效益经济已成为我国未来经济的发展方向。政府要以资源节约和综合利用为重点，加强生态环境保护，在鼓励社会投入的同时加大财政支出力度，继续支持天然林保护工程的实施，启动生态系统恢复工程和环境综合治理工程，使生态环境质量有所提高。环境保护支出是代表社会共同利益和长远利益的支出，也是现代市场经济条件下财政支出结构中一项重要内容，环保资金要用来加强环境的综合治理，控制工业化带来的环境污染，实现人与自然的和谐发展。

六是大力支持区域协调发展和经济结构调整，推动经济发展方式转变。增加中央对地方转移支付，加大对革命老区、民族地区、边疆地区、贫困地区的支持，实行进一步支持西部大开发的财税政策，推动全面振兴东北地区等老工业基地，大力促进中部地区崛起，积极支持东部地区率先发展。加大对科技创新的支持，促进重点行业企业提高自主创新能力。增加中小企业特别是小企业发展专项资金，推动技术创新、结构调整、扩大就业。大力推进节能减排、淘汰落后产能，支持战略性新兴产业发展。改革资源税制度，全面推进矿产资源有偿使用制度改革，健全排污权有偿取得和交易制度，扩大排污权交易试点，促进资源节约和环境保护。

【阅读材料】

2012年我国中央预算主要民生支出项目安排情况

教育支出3 781.32亿元，增长16.4%。其中，中央本级支出1 028.87亿元，对地方转移支付2 752.45亿元。落实促进学前教育发展的一系列政策措施，重点支持中西部地区和东部困难地区，补助150亿元，增长48.1%。完善农村义务教育经费保障机制，推进农村义务教育薄弱学校改造，实施农村义务教育教师特设岗位计划和中小学教师国家级培训计划，促进义务教育均衡发展，安排资金1 057.54亿元。在集中连片特殊困难地区实施农村义务教育学生营养改善计划，安排奖补资金160亿元。免除城市义务教育学生学杂费，支持进城务工人员随迁子女公平接受义务教育，安排资金82亿元。继续加强职业教育基础能力建设，逐步实行中等职业教育免费制度，安排资金256.8亿元，增长91.7%。健全家庭经济困难学生国家资助政策体系，补助206.97亿元。推进“985工程”、“211工程”等，大力支持地方高校发展，安排资金1 352.5亿元，增长24%。

医疗卫生支出2 035.05亿元，增长16.4%。其中，中央本级支出83.31亿元，对地方转移支付1 951.74亿元。将新型农村合作医疗和城镇居民基本医疗保险的财政补助标准增加到每人每年240元，并适当提高报销水平，补助1 050亿元，增长37%。完善国家基本药物制度，深化基层医疗卫生机构综合改革。健全城乡基本公共卫生服务经费保障机制，继续实施基本公共卫生服务项目和艾滋病、结核病等重大传染病防治，安排资金358亿元。加快推进以县级医院为重点的公立医院改革试点。支持做好城乡医疗救助工作，安排资金114.83亿元。

社会保障和就业支出5 750.73亿元，增长21.9%。其中，中央本级支出570.63亿元，对地方转移支付5 180.1亿元。从7月1日起实现新型农村和城镇居民社会养老保险制度全覆盖，补助771亿元。继续提高企业退休人员基本养老金水平，健全企业职工基本养老保险省级统筹制度，补助2 173.73亿元。

住房保障支出2 117.55亿元，增长23.1%。其中，中央本级支出374.4亿元，对地方转移支付1 743.15亿元。加强保障性安居工程建设，适当扩大农村危房改造范围并提高中央财政补助标准，扎实推进游牧民定居工程建设，安排资金1 787.46亿元，增长24.8%。

农林水事务支出5 491.45亿元，增长14.8%。其中，中央本级支出427.44亿元，对地方转移支付5 064.01亿元。大力推进小型农田水利重点县建设，适当提高建设标准和补助标准，加强中小河流治理、小型病险水库除险加固和山洪地质灾害防治，安排农业农村基础设施建设支出1 654.46亿元。完善农作物良种补贴政策，增加农资综合补贴、农机购置补贴规模，扩大农业保险保费补贴区域和品种，进一步加大造林补贴力度，安排资金1 693.38亿元。加大农业科技投入，改善农业科技创新条件，支持现代种业发展和基层农技推广体系建设，促进农业科技成果转化与技术推广，安排资金101

亿元，增长53%。以粮食主产区和产粮大县为重点，加强农业综合开发，安排资金290.12亿元。全面落实草原生态保护补助奖励政策，安排资金150.58亿元。大幅增加综合扶贫投入，其中财政专项扶贫资金安排372.86亿元，增长18.7%，提高农村贫困地区和贫困人口自我发展能力。深入推进村级公益事业建设一事一议财政奖补，完善村级公益事业民办公助机制等，补助248亿元。

节能环保支出1 769.1亿元，增长9%。其中，中央本级支出63.44亿元，对地方转移支付1 705.66亿元。推进重点节能工程建设，加强重点领域节能，加大节能产品惠民工程实施力度，淘汰落后产能，强化重金属污染防治和农村环境综合整治，推进城镇污水处理设施配套管网建设，安排节能减排资金1 069.19亿元，增长13.3%。巩固天然林保护、退耕还林、退牧还草成果，安排资金474.56亿元，与上年持平。加快发展新能源、可再生能源和清洁能源，推进能源清洁化利用，大力支持循环经济发展，安排资金141亿元。积极应对全球气候变化，支持落实控制温室气体排放行动目标。

（资料来源：摘自《关于2011年中央和地方预算执行情况与2012年中央和地方预算草案的报告》，中华人民共和国网站，2013－1－12。）

第四节
财政支出规模

衡量财政分配规模，通常采用两个指标，即财政收入总规模与财政支出总规模。财政支出规模是政府在一定时期内分配和使用的社会经济资源的总量。财政支出规模体现了政府满足社会公共需要量的程度，反映了政府对社会经济生活的干预程度。因此，财政支出规模及其发展变化趋势是财政学研究的核心问题之一。

一、财政支出规模的理论界定

财政支出规模的理论界定，是指通过分析某一财政年度内特定的社会公共需要量与财源状况，来确定财政支出总量的客观合理的数量界限。财政支出规模界限分为最低界限和最高界限。

（一）最低界限

财政支出规模的最低界限为“量出为人”部分，即政府维持原有公共消费水平所必不可少的财力需要，如在行政事业经费中，用于原有机构和人员的开支，维持其正常活动所需的费用等。具体而言，财政支出的最低限量分为消费性维持支出与积累性维持支出两个部分。**消费性维持支出**是指政府用于维持社会原有人口及新增人口原有消费水平的支出，包括维持政府部门及其所属单位原有职工原有工资水平的开支，也包括维持社会总人口原有公共消费水平的支出。**积累性维持支出**是指政府为了满足新增人口的公共需要而增加的投资支出。财政支出的最低界限既不取决于人们的主观愿望，也不取决于当年的经常性财政收入，而是由社会特定的社会公共需要量以及社会、经济、政治等多种因素综合作用而形成的。已经形成的财政支出总量一般是难以改变的。因此，我们也可以粗略地把上年的财政支出总量作为当年支出规模的最低界限。

在界定财政支出的最低界限时，应解决支出的“越位”与“缺位”的问题。我国现有的财政职能是从计划经济的体制中演变而来的，具有明显的体制转轨时期的过渡性特征。从社会主义市场经济的要求看，财政支出既存在“越位”，也存在“缺位”。所谓“越位”，是指应当由企业或社会负担的开支而由财政承担，从而形成财政上的沉重包袱。所谓“缺位”，是指应当由财政予以解决的资金而推向了企业或社会。因此，在理论上确定财政支出的最低界限时，应该让财政支出“归位”，剔除那些不应该由政府承担的开支，而重新估算那些必须由政府承担的开支。

（二）最高界限

财政支出规模的最高界限为当年可供政府支配的财政收入总额，主要包括经常性财政收入、预算外收入、国内公债收入、国外借款收入、上年结余等。财政收入是财政支出的前提和基础，“量入为出”是不可超越的界限。

财政支出规模的具体界限应在最低界限与最高界限的区域内，结合政府活动范围、社会经济运行情况、人口增长速度、国外经济政治形势等具体因素确定。

在界定财政支出规模的界限时，可以引入财政支出的边际倾向与财政支出的弹性这两个工具来加以分析。**财政支出的边际倾向，即财政支出增加额占国民生产总值增加额的百分比**。经济体制较为稳定的国家，历史地、具体地形成了财政支出的边际倾向，以此作为参数，有利于界定财政支出的总量。我国正处于体制转换中，收入分配秩序较为混乱，年度间财政支出的边际倾向变化较大。因此，在运用这一工具时，要根据实际情况对参数值进行适当调整。**财政支出的弹性，是指财政支出增长率与国民生产总值增长率之间的比值**。它与财政支出边际倾向相配合，可以共同作为界定财政支出规模的参数。应当说，在弹性限度内界定的财政支出规模，在一定条件下是可取的。

二、衡量财政支出规模的两类指标

衡量财政支出规模通常采用两种指标：一是绝对量指标；二是相对量指标。

财政支出的绝对量指标是指一国在一定时期内（通常为一个财政年度）财政支出的价值总额，即财政支出总额或绝对额。比如，2011 年我国财政支出 103 874.43 亿元，比 2010 年增加 20 772.92 亿元。可见，这一指标能直观地、具体地反映一定时期内政府财政支出的现状和变化情况。一般而言，人们提及财政支出规模时，是指财政支出的绝对额，它是政府部门编制国家财政预算和控制财政支出规模的重要指标之一。

财政支出规模的相对量指标，即财政支出占 GDP 或 GNP 的比重，是指一国在一定时期内的财政支出总额与国内生产总值（GDP）或国民生产总值（GNP）的比率，通常用百分比表示。比如，2011 年我国 GDP 为 472 115 亿元，财政支出的相对量指标为 22.0%。财政支出规模的相对量指标，反映了国民生产总值、国内生产总值中政府集中和分配的程度，表明了社会资源在政府部门与非政府部门之间配置的基本比例。通过分析、比较不同时期、不同国家间财政支出比重，更有助于对一国财政支出规模的了解与把握。

需要指出的是，衡量财政支出规模的两个指标，无论是绝对量指标，还是相对量指标，都有其局限性，在使用这两个指标时，有以下两个问题应引起特别关注：

1. 通货膨胀。2011 年我国财政支出约为 1980 年的 89 倍，如果剔除通货膨胀的影响，仅增长了 16.25 倍。显然，按绝对量指标衡量财政支出规模，会使人们对政府的实际规模产生误解，特别是通货膨胀显著的时期。因此，在统计上有必要对绝对量指标进行修正，从而剔除通货膨胀的影响。

2. 用这两个指标衡量财政支出规模时，有时会得出两个矛盾的结论。比如，我国财政支出的绝对量从 1980 年的 1 228.83 亿元增加到 2011 年的 103 874.43 亿元，这说明我国财政支出规模在不断扩大，但是另一方面，财政支出占 GNP 的比重却由 1980 年的 27.2% 下降到 2009 年的 22.6%，表明我国财政支出的相对指标正在缩小，政府对经济的干预有所减弱，而市场在资源配置中的基础性作用在不断加强。这是两个相互矛盾的结论，大多数处于转型时期的国家都有类似的情况。在这种情况下，绝对量指标更能反映财政支出规模的变化程度。

三、财政支出规模的发展趋势

从长期看，无论是绝对量，还是相对量，各国的财政支出规模均显现不断增长的趋势。不过，财政支出的增长并不是以同一速率上升的，而是有时增长较快，有时较慢，有时甚至下降，表现为短期波动的特征。

自由资本主义阶段，财政支出规模很少，增长速度也较慢。那时，资产阶级提倡个人自由，主张国家采取放任政策，国家职能基本上限于维护统治、维护社会公共秩序，在经济、文化、社会等方面少有作为。但是，自从进入垄断资本主义阶段，随着国家干预经济程度的加深和凯恩斯主义的形成，财政支出规模与日俱增。有时政府由于财政困难而谋求支出节减，也曾收到一定的效果，但总体上不能遏制财政支出规模持续增长的历史趋势，如表 3-2 所显示的那样。

表 3-2　　美国州、地方与联邦政府支出　　单位：10 亿美元

年　份	总支出	1990 年美元*	占 GDP 的比重（%）
1929	10	93	9.9
1940	61	187	18.4
1950	137	338	21.3
1960	317	584	31.3
1970	545	1 208	34.1
1975	890	1 365	32.6
1980	1 403	1 663	34.9
1990	1 847	1 847	33.4
1995	2 193	1 998	34.3

资料来源：［美］哈维·S. 罗森：《财政学》（第 4 版），中国人民大学出版社 2000 年版，第 15 页。

说明：* 用 GDP 缩减指数转换为 1990 年美元数。

如表3-2所示，1929—1993年，美国的财政支出由100亿美元增加到21 930亿美元，64年间增长了218倍，年均递增率为8.79%。若以1990年美元计算，1929年、1993年的财政支出分别为930亿美元、19 980亿美元，64年间增长了20多倍，年递增率为4.91%。与此同时，美国财政支出的相对规模也在不断提高，由1929年的9.9%提高到1993年的34.4%，这意味着1929年全部社会资源由政府配置的比率尚不足10%，而到了1993年，政府配置资源的比重已超过了1/3，64年间美国政府配置资源的比重增加了近2.5倍。同时，其他发达国家的支出比重也明显提高。如表3-3所示，英国财政支出的比重由1900年的14.4%提高到1991年的39.0%，91年里增加了近1.7倍。

表3-3　部分国家财政支出占GDP的比重　单位：%

年　份	加拿大	瑞　典	英　国
1900	9.5	n. a.	14.4
1910	11.4	n. a.	12.7
1920	16.1	n. a.	26.2
1930	18.9	15.9	26.1
1940	23.1	19.2	30.0
1950	22.1	19.9	39.0
1960	29.7	17.7	31.9
1970	31.2	21.3	33.2
1980	37.8	29.3	41.8
1991	44.7	32.6	39.0

资料来源：[美] 哈维·S. 罗森：《财政学》(第4版)，中国人民大学出版社2000年版，第127页。
说明：n. a. 表示没有数据。

从实行市场经济的发展中国家看，也有类似的支出不断膨胀的趋势。1979—1988年，发展中国家财政支出占GDP的比重平均增长了27.5%，其中，巴西增长69.10%，菲律宾增长33.6%。

新中国建立以来，我国财政支出总额有了巨额增长，1952年财政支出为172.07亿元，到2011年已增加到103 874.43亿元，59年间增长了603倍，年均增长率为11.46%。但是，由于经济体制改革，我国财政支出规模又呈现出明显的阶段性波动特征。以1980年为界限，前期，我国财政支出规模无论是绝对量还是相对量，都表现出稳定增长的态势，1950—1980年，财政支出绝对量从172.07亿元增加到1228.83亿元，财政支出占GDP的比重也从25.34%提高到27.2%，多数年份的支出比重达到30%以上；后期，我国财政支出总额继续呈现出增长的趋势，但财政支出比重却出现了由下降到上升的现象。1980—1996年为下降期，支出比重从1980年的27.2%下降到1996年的11.71%。1996年以来，支出比重开始逐步回升，2011年回升至22.0%。

四、瓦格纳法则

19世纪80年代，德国柏林大学财政经济学家阿道夫·瓦格纳（Addph Wanger,

1835—1917）提出公共支出不断增长的理论，并强调公共支出不断增长是不可避免的长期历史趋势。后人称之为“公共支出不断上升规律”（Law of Rising Public Expenditures）或“瓦格纳法则”（Wanger's Law）。由于瓦格纳将财政支出增长与国家活动的扩张联系在一起，有人将瓦格纳法则又称为“政府活动扩张法则”（Law of Expending State Activity）。

瓦格纳认为，财政经济活动是为筹集完成国家职能所必需的物质财富。因此，财政支出活动必然伴随着各个时期的国家任务、国家活动范围和种类来确定。瓦格纳在分析研究了工业革命以来西方各国经济与财政所发生的变化后指出，在社会经济日益工业化的过程中，国家职能的内涵与外延都在不断扩大，为国家实现各项任务提供财力的财政支出也必然出现有规律的扩大趋势。他的结论是：一国政府的财政支出与其经济增长之间存在着函数关系，政府职能的扩大与国家所得的增加存在着函数关系，财政支出不断增长是不可避免的长期历史趋势。瓦格纳还预言，在以后 50～100 年间，社会工业化水平将持续上升，人民将对政府施加更大的政治压力，迫使政府在工业化过程中更多考虑社会公益，财政支出将会持续扩大。

瓦格纳还论述了决定这一趋势的政治因素和经济因素。**政治因素**主要是指随着工业化的发展，日益扩大的市场以及市场当事人之间的关系会更加复杂，市场关系的复杂化引起了对商业法律和契约的需求，从而要求政府增加财政支出，建立治安和法律设施，以维护社会秩序和保持经济的有效运行。**经济因素**主要是指随着工业不断发展，人民要求政府采取措施，调节和管理经济，并促进社会公共福利的增长。其主要经济因素是：（1）在工业化进程中，随着都市化和人口居住密集等现象的出现，对那些具有较大外部效益的行业，由于规模与技术要求等级的原因，私人企业不愿意或不能够进行生产经营，要求政府进行调节和管理。(2）随着产出的增加，人们要求政府提供文化教育、卫生与福利等公共服务，包括通过转移支出进行收入再分配，这必然引起财政支出的增加，瓦格纳认为，这些项目的公共支出增长将会快于 GDP 的增长。

英国经济学家皮考克（Peacock）和怀斯曼（Wiseman）在瓦格纳分析的基础上，根据对 1890—1955 年英国财政史的研究，提出了财政支出增长过程中的替代效应。他们认为，英国财政支出之所以能在绝对量和相对量上不断增长，是因为替代效应在发挥作用。

皮考克和怀斯曼认为，政府倾向于扩大支出规模，以向公民提供更多的公共产品，而公民却不愿意多纳税。因此，政府在决定预算支出数额时，不能超过公民“可容忍的税收水平”。在正常情况下，“可容忍的税收水平”与财政支出及经济增长同步增长并不矛盾。即在社会经济发展的正常时期，经济增长引起收入增长，税收收入在税率不变的情况下也将增长，从而使财政支出能随着经济同步增长。在社会经济发展的非正常时期，财政支出与经济同步增长的常规将被打破，如战争、自然灾害、政局动荡、经济危机，它们都要求财政支出急剧增长，在关系到社会国家存亡的危机时刻，尽管政府的税收水平超过或远远超过公民“可容忍的税收水平”，但公民们仍愿意接受。皮考克和怀斯曼把这个过程称为替代效应，即在社会动荡时期，新的税收水平替代原来的税收水平，财政支出替代私人支出。但危机过后，财政支出并不能下降到原来的财政水平，这样，财政支出增长就实现了一个大的跳跃，从而呈现出“进二退一”的渐进增长规律。

美国著名财政学家马斯格雷夫和经济学家罗斯托则从经济发展的不同阶段来寻找和解释财政支出增长的原因。他们关于财政支出增长的理论被称为“经济发展阶段的财政支出增长理论”。他们认为，在经济发展的不同阶段，财政支出增长的原因不同。在经济发展的早期阶段，政府要为经济发展提供道路、运输设施、环境卫生系统、法律秩序、健康教育以及其他用于人力资本的投资等，政府投资在社会总投资中所占比重较高，政府在这些方面的投资对于促进经济进入发展的中期阶段是必不可少的。在经济发展的中期阶段，政府投资只是私人投资的补充，但已开始将支出重点转移到收入分配上。在经济发展的后期，政府支出的重心从基础设施的投资支出转移到不断增长的教育、健康、福利、环保、住宅建设等项支出上，政府转移性支出显著增长并超过购买性支出。

【阅读材料】

政府应具有多大的规模？

政府规模应该多大才算合适？这是一个所有社会都应提出并通过政治制度进行解决的问题。在民主国家里，政府活动的水平通过投票、立法部门的政治相互作用以及领导人之间的谈判决定。在非民主国家内，政府干预的水平由独裁者或掌握政治权力的委员会决定。

在中央计划经济体制下，苏联的政治领导通过复杂的经济计划决定生产何种产品。计划制定者确定的价格并非通过市场上供求的自由相互作用确定；与此相反，政治上的考虑控制了资源配置决策，政府偏好于生产军事产品、提供军事服务及发展重工业。在计划制订者的眼里，消费品和消费者服务的地位较低，消费者通常会发现政府的商店里商品稀缺——在苏联解体前，食品短缺是一种非常普遍的现象。与具有庞大的市场部门的混合经济相比，苏联的体制缺乏灵活性。苏联经济中的价格很少成为影响生产产品的动力所需的信号。1997 年，俄罗斯以及苏联的许多加盟共和国的经济努力是将经济活动转移到分散化的市场上去，但大多数经济活动仍由政府控制，而且许多工人仍在政府经营的企业内受雇。

世界上绝大多数主要工业化国家都是混合经济国家。在混合经济里，政府活动的范围大为不同。1995 年，经合组织（OECD）22 个成员国的政府部门的支出占国民生产总值的比例上至 66%（瑞典），下至 15%（韩国）。美国政府部门的支出占国内生产总值的比例约为 1/3，因此，我们可以认为美国的政府活动处于中等水平。

在那些政府开支数额巨大的民主国家里，大部分政府开支用于社会保险计划。这一点在斯堪的那维亚半岛国家的综合性健康与社会保险计划中体现得最为明显。上述计划包括家庭补贴、高额的事业与残疾保险。这些范围广泛的计划有时降低了工作以及有效使用资源的动力。20 世纪 90 年代，瑞典经济面临低速增长的难题，瑞典已采取措施削减社会支出以及用于向此类支出提供资金的高额税率，其目的在于努力刺激陷于停顿的经济。

表3－4显示了20世纪90年代中期经合组织21个国家以及美国政府支出占国民生产总值的比例。

表3－4　　1995年政府当期支出占国内生产总值的比例　　单位：%

国　家	政府支出占国内生产总值的比例	国　家	政府支出占国内生产总值的比例
瑞　典	66.40	西班牙	42.60
丹　麦	61.10	葡萄牙	42.50
芬　兰	56.30	联合王国	42.30
荷　兰	52.80	爱尔兰	40.40
希　腊	52.70	捷克斯洛伐克共和国	42.30
比利时	53.30	瑞　士	36.70
法　国	50.90	澳大利亚	36.20
意大利	49.50	冰　岛	34.40
奥地利	47.80	美　国	32.20
加拿大	46.70	日　本	27.00
德　国	46.70	韩　国	15.30

资料来源：大卫·N. 海曼：《公共财政：现代理论在财政政策中的应用》（第6版），中国财政经济出版社2000年版，第11、12页。

五、财政支出规模的影响因素

财政支出规模增长的原因应从影响支出的需要和收入可能性的各种因素中去寻找，这些因素归纳起来主要有以下几种：

（一）经济因素

经济因素主要包括经济发展水平、经济体制模式和国家干预经济的程度等。

1. 经济发展水平。决定财政支出不断增加的首要经济因素是经济发展水平，特别是人均收入水平。一方面，经济发展水平具体地决定了一国财政支出的规模和结构，马斯格雷夫和罗斯托经济发展阶段的财政理论已具体地分析了经济不同发展阶段对财政支出规模和支出重点转移的影响；另一方面，经济发展水平规定了财政支出的前期——财政收入的基本界限，随着产出的增加，财政收入源泉扩大，即使组织财政收入的制度不作调整，财政收入总额也会增加；如果提高税率或扩大税基，财政收入的增长幅度会超过GDP的增幅。国民收入的增加为政府收入的增加提供了前提，也为财政支出的扩大提供了物质保证。现代国家税收制度的完善，征收管理的加强，特别是公债制度的广泛应用，在很大程度上助长了支出规模的膨胀。

2. 经济体制模式。处于同一经济发展水平的不同国家，在相似的外部环境下，财政支出的相对规模和结构有时会呈现显著差异，这时起决定作用的因素是经济体制模式的差异。经济体制模式的显著差异，集中体现在政府高度集权的计划经济与自由竞争的市场经济这两种模式上。前者，大部分资源和经济决策权集中在政府部门，政府在经济活动中发挥着主导作用；后者，在资源配置和经济决策方面更多地重视，发挥市场机制的作用。这两种模式的差异对财政支出的相对规模与结构造成了显著的影响，前者，财政支出占GDP比重均高于后者；在支出结构上，前者政府投资比例较大，购买性支出比例较高，大多不低于后者。实行市场经济的国家尽管在具体经济模式上存在差异，但转移性支出都占较大比重，甚至超过购买性支出。大多数市场经济国家则选择了混合型经济模式，如美国的自由市场经济，德国的社会市场经济和亚太式的政府主导型市场经济，形成各自在财政支出的相对规模与结构上的许多差异。

3. 国家干预经济的程度。在自由竞争资本主义时期，经济的运行主要依靠"看不见的手"自行调节，因而财政支出中很少有经济项目。经济支出在财政支出中占据重要地位是在1929—1933年的世界经济危机之后。当时以美国为首的西方国家，在凯恩斯主义的影响和指导下，政府干预经济的程度显著增加，政府用于经济方面的财政支出也在不断增长。如今，政府职能被定义为：资源配置、收入分配和稳定经济，政府对经济影响的深度和广度比100多年前发生了重大的变化，满足政府干预的财政支出也有巨大增长。以美国为例，1929年美国财政支出占GDP的比重仅为9.9%，而1993年达到了34.4%；与此同时，其他发达国家的支出比重均上升到超过1/3，有的国家甚至超过了1/2。

（二）政治因素

政治因素对财政支出规模的影响主要体现在三个方面：政府机构的规模、行政效率、国内政局与国外局势。

1. 政府机构是履行政府各项职能的机构，随着政府职能的不断扩张，政府设置的机构就会增加，原有机构的规模会扩大，各种办公设施及公职人员就会相应增加。这样，财政支出中人员经费和办公经费必然会增加。同时，随着科学技术的进步，政府机构运作的成本会显著增加，比如，在古代，政府机构的办公用品极其简陋，而在科学技术高度发达的今天，政府机构的办公用品逐步实现了电子化、信息化，政府机构提供相同或相近的公共服务所需的财政支出与以前相比显著增加。

2. 行政效率也是影响财政支出的重要因素。一个结构合理、配置科学、程序严密、制约有效的权力运行机制有利于提高财政资金的使用效果，并相对减少政府经费开支。相反，如果一国的权力机构缺乏必要的制度、法律约束，腐败盛行，机构臃肿，效率低下，政府支出必然会增加。

3. 国内政局与国外局势对于财政支出影响，在介绍皮考克和怀斯曼关于财政支出的替代效应理论时已作了阐述，政局动荡和国外局势紧张会引起财政支出规模的超常规增长。

（三）社会因素

社会因素，如人口状况、社会文化背景在一定程度上影响着财政支出的规模，其中，人口状况，如人口增加、人口年龄结构等是最主要的因素。人口增加和寿命延长与上述经济因素、政治因素的影响是重合的，它主要决定文化教育、医疗保健支出、住宅支出、社会福利支出，以及司法、警察、行政管理等方面的支出。随着人口增加和人口老龄化问题的加重，这些支出在规模上都呈膨胀趋势。

第五节

财政支出原则

财政支出原则是指导政府分配和使用财政资金的基本准则，是与财政职能密切相关的一个范畴。**财政的基本职能表现在**：将稀缺资源均衡地配置在政府部门与非政府部门之间，保证双方都能获得合理的供应；将政府控制的经济资源均衡地配置到各类用途之间，以实现社会净效益的最大化；通过对社会收入与财富的再分配，使社会分配状况趋于公平；通过调节社会供求关系，促进经济均衡地发展，并保持物价稳定和就业充分。因而，处理财政支出问题所依据的基本准则应有以下四个方面：即合理确定政府部门所控制的资源总量，做到量入为出与量出为入相结合；将政府资源均衡地在各类用途之间进行配置，做到统筹兼顾、全面安排、保证重点；使支出利益在各地区、社会各成员之间的分配达到适度的公平状态；财政的各项支出都应以获得最大的社会效益为前提。

一、量入为出与量出为入相结合的原则

量入为出与量出为入是指导财政支出的两个重要原则。

量入为出原则，古已有之，但在指导当今各国财政支出活动中仍有重要意义。所谓量入为出原则，是指依据适当数量的财政收入为转移，来安排财政支出，它要求政府把财政支出的规模限定在国家权力机关批准的收入总量允许的范围内，以收入规模制约支出规模，杜绝政府随意超支的现象。量入为出原则是资源稀缺规律的客观要求。与社会需求相比，资源的供给总是有限的；与之相对应，社会公共需要是无限的，而政府每提供一定量的产品或服务都需要有相应的支出。因此，社会对财政支出的需求是无限的，而在一定时期内，资源的有限性决定了政府所能取得的财政收入总是有限的。换言之，对财政支出的需求大于收入是一种正常的现象，解决收支矛盾的唯一办法只能是实行量入为出的原则，把政府支出限定在财政收入总量允许的范围内。我国是一个发展中国家，财政收支矛盾十分突出，一方面国家财力有限，影响了财政支出对社会各项事业的支持力度；另一方面，又存在着支出效益不好、浪费严重以及供养负担过重的问题。要解决财政收支矛盾，除了完善财政支出管理制度外，最主要的是坚持量入为出原则。

量出为入原则，是指以合理的财政支出需要框定财政收入。它要求财政支出能够保证政府履行职能所必需的资金需求，以支出规模制约收入规模。量出为入原则是有效配置资源，实现社会效益最大化的内在要求，也是实现政府职能的客观需要。政府与市场作为资源配置的两种方式，都拥有自身的比较优势，但又存着自身难以克服的缺陷。因此，在资源配置中，必须统筹兼顾，在政府与市场之间适当地配置资源，以充分发挥两者的比较优势，实现社会利益的最大化。在政府职能确定的条件下，政府对

资源的需求量有确定一个客观合理的界限，这个界限就是政府部门与非政府部门对资源使用的边际效益相等。因此，在一定时期内，政府履行职能对财政支出有一个客观合理的需要量，财政收入的最低数量不能低于这个需要量，在这种情况下，应坚持量出为入的原则。

量入为出原则与量出为入原则反映了两种不同的理财观，两者的出发点和立足点是不同的。在量入为出的情况下，财政收支平衡的基础是收入，称为收入制约平衡论；在量出为入的情况下，平衡的基础是支出，称为支出制约平衡论。同时，两者又是辩证统一的，都以财政收支平衡为目的，都是财政支出的重要原则，因此，两个原则在指导财政支出活动中具有不同的意义和作用，应结合起来运用。

坚持量入为出与量出为入相结合的原则应注意以下方面：首先，在确定一定时期财政分配总规模时，既要考虑政府实现其各项职能对资金的最低需要，量出为入，又要考虑国民经济的承受能力，量入为出，在两者兼顾的基础上，确定合理的财政分配规模。在实践中，切不可片面强调量入为出或量出为入，而应将两者有机地结合起来。其次，在收入规模既定的前提条件下，必须坚持量入为出原则，不搞赤字预算。若不顾财政收入规模和结构的客观限制，只凭主观愿望一味扩大财政支出规模，勉强兴办不具财力和条件的项目，其结果必然导致政府财政收支失衡。

二、公平原则

公平有经济公平与社会公平之别。经济公平是与市场分配机制相联系的一个范畴，基本含义是要素贡献与要素收入相一致，它是在平等竞争的条件下由市场机制实现的。社会公平的基本含义是同等情况，同等对待；不同情况，不同对待。前者属于横向公平，即同等级别之间的公平；后者则属于纵向公平，即不同级别之间的公平。社会公平的核心是强调地区间、居民间的收入差距限定在人们可以接受的范围内，是通过政府分配机制实现的。社会公平以伦理公平为基础，同时又是对市场分配的结果所进行的某种程度的修正。所以，从本质上说，社会公平是更高层次的公平。

财政支出作为政府分配机制的重要手段，承担着实现社会公平的重要使命。因此，应根据公平的原则安排财政支出。**财政支出的公平原则是指支出产生的利益在地区间、居民间的分配结果达到公平的状态，能恰当地分别符合不同居民的需要。**财政支出的公平原则通常又称“受益能力的原则”（Principle of Ability to Recieve），即在安排财政支出时，根据居民对于财政支出利益的需求程度是否相同，也就是根据不同居民受益的能力是否相同，政府根据各类居民的情况分别给予相应的利益，以改善社会分配状况。

在社会主义市场经济条件下，财政支出的社会公平目标主要应通过转移支付制度来实现。一是建立健全社会保障制度，如社会保险、社会救济等，按受益能力的大小，对收入较少和较贫困的居民提供较多的补助，对收入较多的居民则少补助或不补助。二是建立完善的政府间转移支付制度，有效调节地区间的财政收入能力和支出需要，促使地区间财政能力和公共服务水平大致均等。如通过无条件的不配套拨款（一般性补助）消除不同地区间在财政收支平衡能力，特别是支出水平上的悬殊差距；又如，通过专项拨款消除不同地方政府在公共服务水平上的悬殊差距。

三、效率原则

财政支出效率是关系到财政可支配资源的有效利用问题。当然，市场在资源配置过程中具有基础性作用，我们假定市场对资源的配置是有效的，那么社会资源就应当全部由市场配置。问题是在提供公共产品和服务方面，市场机制效率却受到种种限制，难以充分发挥市场对资源的配置效率。

如前所述，在市场经济条件下，提供私人物品满足个人需要是通过价格机制经由私人部门提供的。按照效率准则实现资源最佳配置，但是，市场在提供公共物品满足社会公共需要的资源配置方面却使市场机制效率的实现面临着困境，因此，公共产品和服务所需资源只能通过特定的预算安排或政治程序经由财政的资源配置来实现，这样，资源配置的组合就在私人部门和财政部门之间进行。

财政支出效率应当包括两方面的含义：财政支出的边际效率与财政支出本身的效率。从理论上讲，要实现社会资源在公共部门与私人部门的合理配置，就必然要求用于公共部门的资源使用的边际效率应等于该资源用于私人部门时的边际效率。换言之，同等资源在用于公共部门或用于私人部门中，其边际效率之比至少要等于1。若财政部门资源使用的边际效益大于该资源用于私人部门的边际效益，则表明可以增加对公共部门的使用可以获得更大的效益；反之，则应减少财政部门对资源的使用。

财政支出效率，即公共部门的资源配置的效率衡量问题。首先，需要选定一个更为可行的效率标准。因为公共产品和服务更具外部经济特征，并且，财政支出所追求的目标与私人部门所追求的经济利益最大化目标不同，任何财政支出均应以公共福利最大化为效率目标。这样，财政支出的效率衡量标准理应是——社会净效益（或净所得）最大化；即当改变资源配置时，社会的所得要大于社会的所失，其差额越大越好。财政支出应当符合上述效率标准，财政支出所取得的各种效益，包括经济效益和社会效益的总计，应当大于聚财过程中对经济所形成的代价或成本，也就是要取得效益剩余或净效益。

思考与练习

一、不定项选择题

1. 从支出功能看，教育主管部门的活动经费，应列入________。

A. 一般公共服务支出　　B. 教育支出

C. 行政费用　　D. 社会文教支出

2. 我国财政支出分类表中，国债还本付息应列入________。

A. 一般公共服务支出　　B. 基本建设支出

C. 挖潜改造支出　　D. 国债事务

3. 行政事业单位的差旅费应列入支出用途分类表中的________。

A. 工资福利支出　　B. 商品和服务支出

C. 对各人和家庭的补助　　D. 转移性支出

4. 属于购买性支出的是________。

A. 工资福利支出　　B. 社会保障支出

C. 对各人和家庭的补助　　D. 转移性支出

5. 测度政府规模的最有效指标是________。

A. 预算支出　　B. 预算收入

C. 财政支出　　D. 财政收入

6. 公共消费性支出的属性有________。

A. 公共性　　B. 最基本的财政支出

C. 非生产性支出　　D. 消极性支出

7. 在我国支出功能分类表中，应列入一般公共服务支出的是________。

A. 发展与改革事务　　B. 共产党事务

C. 国债事务　　D. 城乡社区环境卫生

8. 转移性支出的主要用包括________。

A. 调节收入分配　　B. 发挥经济内在稳定器作用

C. 提高社会福利水平　　D. 优化资源配置

9. 将财政支出增长描述为“阶梯式”、“非连续式”的理论可归纳为________理论。

A. 瓦格纳规则　　B. 替代效应

C. 经济发展阶段论　　D. 福利论

10. 产品提供方式包括________。

A. 公共提供　　B. 混合提供

C. 市场提供　　D. 其他

二、判断题

1. 转移性支出在稳定经济方面可发挥较大作用，而购买性支出则在收入分配方面发挥较大作用。（　　）

2. 财政支出形式的选择，应与政府职能范围和经济体制的变迁相适应。（　　）

3. 财政收入规模比财政支出规模更能反映政府规模。（　　）

4. 依据马斯格雷夫的“经济发展阶段的财政支出增长理论”，我国现阶段财政支出的重心在收入公平分配方面。（　　）

5. 一般而言，转移性财政支出比重体现着一国的经济发展水平。（　　）

6. 在经济发展的早期，转移性财政支出比重低于购买性支出。（　　）

7. 量入为出与量出为入体现了两种不同的理财观，两者所追求的目标是不同的。（　　）

8. 财政支出的绝对量指标与相对量指标，总能一致地反映政府规模的变化情况。（　　）

三、简述题

1. 简述我国财政支出分类的主要内容和优点。
2. 简述瓦格纳法则简述。
3. 简述政府支出过程中公平原则。

四、案例分析题

2012 年全国公共财政支出情况

2014 年 1～12 月累计，全国公共财政支出 125 712 亿元，比上年增加 16 464 亿元，增长 15.1%。分中央和地方看，中央财政支出 64 148 亿元，其中，中央本级支出 18 765 亿元，比上年增加 2 251 亿元，增长 13.6%；对地方税收返还和转移支付 45 383 亿元，比上年增加 5 462 亿元，增长 13.7%。地方财政用地方本级收入、中央税收返还和转移支付资金等安排的支出 106 947 亿元，比上年增加 14 214 亿元，增长 15.3%。

财政支出均衡性进一步提高。12 月份，全国财政支出 20 817 亿元，占全年支出的 16.6%，比 2011 年（18.6%）、2010 年（20.3%）分别下降 2 个和 3.7 个百分点。其中，中央本级支出 1 813 亿元，占全年支出的 9.7%，比 2011 年（11.3%）、2010 年（10.8%）分别下降 1.6 个和 1.1 个百分点；地方财政支出 19 004 亿元，占全年支出的 17.8%，比 2011 年（19.9%）、2010 年（22.4%）分别下降 2.1 个和 4.6 个百分点。

民生等重点支出得到切实保障。1～12 月累计，教育支出 21 165 亿元，比上年增加 4 667 亿元，增长 28.3%；科学技术支出 4 429 亿元，比上年增加 601 亿元，增长 15.7%；文化体育与传媒支出 2 251 亿元，比上年增加 358 亿元，增长 18.9%；医疗卫生支出 7 199 亿元，比上年增加 769 亿元，增长 12%；社会保障和就业支出 12 542 亿元，比上年增加 1 432 亿元，增长 12.9%；住房保障支出 4 446 亿元，比上年增加 625 亿元，增长 16.4%（其中保障性安居工程支出 3 123 亿元，增长 19.7%）；农林水事务支出 11 903 亿元，比上年增加 1 966 亿元，增长 19.8%；城乡社区事务支出 9 020 亿元，比上年增加 1 399 亿元，增长 18.4%；节能环保支出 2 932 亿元，比上年增加 291 亿元，增长 11%；交通运输支出 8 173 亿元，比上年增加 675 亿元，增长 9%（上年用车辆购置税安排的公路等基础设施建设支出增加较多，基数较高）。

（资料来源：财政部：《财政收支情况》，中国财政部网站。）

仔细阅读上述资料，并回答下列问题：

1. 文中涉及的基本民生项目有哪些？
2. 比较民生项目与其他项目支出的规模和水平，并简要进行评价。
3. 分析进一步优化财政支出结构的途径。

第四章 财政支出的内容

学习要点

- □ 购买性支出
- □ 转移性支出
- □ 社会保障
- □ 政府投资
- □ 财政支出效益
- □ 财政决策的民主化

第一节 购买性支出

一、公共消费性支出

（一）公共消费支出的含义与性质

公共消费性支出是政府用于社会公共消费方面的支出。公共消费属于社会成员的集体消费，具有明显的不可分割性，其消费方式适合采用公共提供。因此，公共消费是财政存在的主要依据之一。在财政支出项目中，属于公共消费性支出的主要有行政管理、国防、教育、科学、卫生等公共事业费。公共消费性支出具有以下特点：（1）属于公共性支出。公共消费性支出满足的是社会共同需要，属于公共产品或公共服务的范畴，具有显著的公共性特点。因此，财政拨款应是公共消费支出的主要资金来源。（2）属于最基本的财政支出。公共消费性支出主要用于解决政府部门及其所属机构的日常开支，是政府提供行政管理、国家安全、文教等基本服务的物质基础。因此，在安排财政支出时应予优先考虑。

（3）不形成资产，属于一种非生产性的、消耗性的支出。

公共消费性支出在经济性质上属于非生产性支出。其依据是马克思关于生产性劳动与非生产性劳动的科学理论，即凡是直接从事物质资料的生产、直接创造物质财富的劳动就是生产性劳动；其他劳动为非生产性劳动。显然，从事行政、公共事业部门的劳动为非生产性劳动，它们并不直接生产出物质资料，也不直接创造出物质财富。因此，政府用于满足公共消费的支出属于为非生产性支出，它的使用不会形成任何资产。公共消费性支出为非生产性支出，并不意味着这些支出与物质财富的创造毫无关系。事实上，这些支出在社会再生产中有着其他支出无可替代的作用，或者可以为社会生产提供有利的外部条件，或者可以促进劳动生产率的提高。比如，教育支出可以提高劳动者的素质，卫生支出可以保障劳动者身体健康，科研支出可以有力地推动生产力水平的提高，等等。

（二）公共消费性支出的主要内容

1. 行政管理支出。**也称国家管理支出，是政府为维持社会秩序和提供公共服务而安排的支出**。它是进行政权建设、保证国家管理机构正常运转的物质基础。因此，行政管理支出是财政支出的基本内容之一。

行政管理支出主要包括权力机构支出、行政支出、公共安全支出和外交支出。其中，**权力机构支出**是财政用于各级人民代表大会（议会）的各项经费支出；**行政支出**包括党政机关经费、行政业务费、干部培训费以及其他行政业务费；**公共安全支出**是财政用于政府维护社会公共安全方面的经费开支，此项支出包括武装警察、公安、国家安全、检察、法院、司法、监狱、劳教、国家保密、其他公共安全支出；**外交支出**包括驻外机构经费、出国费、外宾招待费和国际组织会费等。

行政管理支出按用途划分，可以分为人员经费与公用经费两大类。人员经费包括行政管理机构工作人员的基本工资、补助工资、其他工资、职工福利费和社会保费等；公用经费包括公务费、小型设备购置费和修缮费、业务费等。

行政管理支出具有下列特点：第一它提供的是纯公共物品和服务，具有显著的非竞争性和非排他性，财政拨款是其的主要资金来源。第二，具有消费性和连续性。

2. 国防支出。**国防支出是指国家财政用于国防建设、军队方面的费用**，包括国防费、国防科研事业费、民兵建设及专项工程和其他支出等。国防是典型的纯社会公共需要，提供国防安全是政府的一项基本职能。因此，国防支出是主权国家捍卫其领土完整和主权独立所不可缺少的开支。

3. 文科卫支出。**也称社会支出，是财政用于文化、教育、科学、卫生等事业的支出的统称**。它主要包括文化事业支出；教育事业支出；科学技术支出；卫生事业支出；其他支出，如体育、计划生育、地震、海洋、通讯、广播电视等事业支出。文科卫支出由经费支出（事业费）和投资支出两部分构成，其中，事业费支出属于公共消费性支出。

文科卫事业费支出内容中，文化事业费支出主要包括文化部门所属的图书馆、各种展览馆、纪念馆经费，各类艺术表演团体、群众文化机构经费以及干部培训费和其他文化事业费；教育事业费包括国家教育部门举办的初等、中等、高等及各类中小学及幼儿教育经费、教师进修费和业余教育经费；科学事业费主要包括中科院、社科院、科委和科协事业费，各级科研、科技情报机构经费以及上述各科研机构所属单位的科研活动、技术论证、科学奖励、干部培训及其他科学事业的经费；卫生事业费主要包括保健和防疫经费、药品检验机构经费、妇幼保健经费以及其他卫生事业费；其他事业费支出，包括广播电视事业费、体育事业费、计划生育事业费，等等。

若按支出的具体用途划分，文科卫事业费也分为人员经费和公用经费。

文教卫支出具有如下特点：第一，它提供的是纯公共物品或混合物品，但主要是混合物品。如医疗卫生支出中公共卫生防疫支出提供纯公共物品，而疾病医疗支出则提供混合物品，再如体育支出中群众体育支出属于纯公共物品范畴，而竞技体育属于混合物品或私人产品范畴。第二，成本补偿较为复杂，其中纯公共物品成本主要应由财政拨款补偿，而混合物品成本则应由政府和消费者按照一定比例共同分摊。第三，具有部分的人力资本投资性质，是一种积极的支出。

（三）公共消费性支出的管理

随着经济体制的转轨和政府职能的转换，我国财政的公共性特征日益突出。这一点，在公共消费支出上体现得尤为明显。因此，公共消费支出已成为影响财政收支状况的一个极其重要的因素。国家在保证行政事业单位对经费的合理需要的同时，应该加强管理，提高支出使用效益，以更好地满足社会公共消费。

1. 逐步规范公共消费支出的范围。我国现在的公共消费支出范围，也是从大包大揽的计划经济中变迁来的，同样存在着一个“缺位”与“越位”的问题。因而，解决这一问题，是加强公共消费支出管理的一个重要方面。按照公共需要的理论，公共消费支出范围包括纯公共需要与准公共需要两个方面。纯公共需要是容易界定的，相应的公共消费支出范围也容易规范，主要应包括行政管理、国防、义务教育、基础研究、卫生保健等项目的经费开支。它是我国公共消费支出保证的重点。实践中，难以界定清楚的是准公共需要的具体项目，它缺乏一个客观的、可操作性的评判体系。我国公共消费支出的“缺位”与“越位”的问题，也主要发生在这一领域。就目前而言，我国可以首先把那些明显有条件进入市场的经营性事业单位，如行政事业单位所属的应用研究机构、出版社、培训中心、杂志社等，以及一些具有民间性质的协会、研究会、学会等，逐步推向社会，由市场去配置资源，不再由国家财政解决其经费开支。

2. 推行定员定额管理，改进预算分配办法。**定员定额是确定行政事业单位人员编制和财务收支限额的合称。**定员，又称“定编”，是指由国家编制主管部门根据行政事业单位的性质、职能、业务范围和工作任务所下达的人员配置标准。行政机关单位定员一般根据精简的原则和各地的经济情况、人口多少、区域大小以及性质业务的需要，确定人员编制。事业单位定员，一般有两种情况：一是根据单位工作任务的繁简、机构类型大小，分别规定人员编制，如科学研究所等，这种方法类似于行政机关；另一种是按照特定的业务计算单位或服务对象所规定的定员比例确定人员数额，例如学校教职工。

定额。又称“收支定额”，是指财政部门对行政事业单位机构在一定时期内有关人力、物力、财力的补偿、消耗或利用方面所规定的各种经济限额，包括收入定额和支出定额。

定员定额管理是行政事业单位财务管理的基础，它也是财政安排和控制行政事业单位经费的重要依据。长期以来，我国预算定额的测算缺乏科学量化的支出标准的支持，使得定额标准缺乏合理性和可操作性，同时也没有形成覆盖公共消费性支出的完整的定额体系，各单位自己组织收入所安排的支出也没有包括在支出定额内。因此，财政在安排行政事业单位的经费时，一直采取了基数法。基数法使一些原有的不合理的支出得以保留，而一些新的合理的支出需要则难以得到满足，导致支出结构不合理，支出对象之间的利益不均衡。这种状况，降低了公共消费性支出的使用效益。

因此，我国需要制定科学合理的定员定额标准，在此基础上，推行“零基预算”，通过科学的定员定额标准来重新确定行政事业单位的经费分配。

3. 改进财务管理办法。针对行政事业单位的业务性质，我国采取了不同的财务管理办法。

对行政预算单位实行收支统一管理，定额定项拨款，超支不补，结余留用的预算管理办法。行政单位的各项收入和支出必须全部纳入单位预算统一管理，统筹安排使用，预算外收入和其他收入应当首先用于弥补经常性支出不足和必要的专项支出。行政单位年度预算执行中，财政部门核定的财政预算拨款收入和从财政专户核拨的预算外资金收入原则上不予调整。行政单位结余不提取基金，全额转入下年使用。这种管理办法，有利于保证行政单位所必需的经费开支，也有利于将行政单位置于人民代表大会和审计机关的全面监督之下，提高行政效率，防止以权谋私。

对事业预算单位实行“核定收支、定额或者定项补助、超支不补、结余留用”的管理办法。**核定收支**，是指财政部门根据事业单位的特点、事业发展计划、单位财务收支状况以及财政政策和财力可能，核定事业单位年度预算收支规模。**定额或者定项补助**是指财政部门确定对事业单位的补助标准和补助数额。**定额补助**是指根据事业单位收支情况，根据补助标准确定一个总的补助数额，如对高等院校实行生均定额补助等；**定项补助**则是根据事业单位收支情况，确定对事业单位的某些支出项目进行补助。超支不补、结余留用，是指补助数额一经确定，一般不再调整，各单位自求平衡，结余可留归单位继续使用。

“核定收支、定额或定项补助、超支不补、结余留用”的管理办法，有利于增强事业单位的预算管理责任，但也存在着不容忽视的问题。主要表现在两个方面：（1）单位之间财力很不均衡，预算外收入多的单位，仍可获得财政补助，从而有能力增加事业投入，改善单位职工福利；而预算外收入很少、甚至没有的单位，却无力办到。这种状况，降低了部分事业单位的能力和服务水平。（2）不少单位在银行多头开户，把应进入财政专户的预算外资金分散或转移到单位其他账户，自收自支或坐收坐支，逃避了财政监督，影响了预算外资金的使用效果。因此，需要改进事业单位的财务管理办法。目前，不少地方开始试行综合财政预算，统筹安排事业单位的预算内、预算外和其他收支，建立了统一、完整的政府预算。这不失为强化预算单位财务管理的一种有益的尝试。

二、投资性支出

（一）投资性支出的含义和性质

投资是投资主体为获取预期效益而投入资本形成资产（资本品、存货、居民住宅等）的经济活动。社会总投资一般可以区分为政府投资与非政府投资。

政府投资，即投资性支出，是指国家财政用于增加固定资产和物资储备等项目的支出。我国投资性支出包括生产性投资支出和非生产性投资支出。生产性投资按财政支出项目包括生产性基本建设支出、增拨流动资金、挖潜改造资金和科技三项费用以及支援农村生产支出。基本建设支出也分为生产性支出与非生产性支出两部分，生产性支出主要用于基础产业投资，非生产性投资支出主要用于国家党政机关，社会团体，文教、科学、卫生等部门的办公用房和住宅建设。

投资性支出与社会消费性支出在性质上同属于购买性支出，但两者之间存在着明显的差异。最大的区别在于前者的使用能最终形成固定资产、流动资产和国家物资储备等，增加社会财富，而不是消费掉。投资性支出的这种性质，使其成为社会进步、经济增长的重要推动力。因为它不仅增加供给，改善供给结构，而且可以刺激有效需求，拉动经济增长。(1) 投资性支出首先能够调节需求，对产出产生乘数效应，即政府投资的变化可以被成倍地放大为产出的变化。所以，投资性支出是调节供求总量平衡，实现经济稳定增长的重要手段。在经济增长缓慢时，增加政府投资可以刺激经济增长；在经济过热、出现通货膨胀时，减少政府投资降低经济增长速度。(2) 政府保持适度的投资规模、合理的投资结构可以改善供给结构，为社会经济的发展和人民生活水平的提高创造物质基础。

（二）政府投资的特点

与非政府投资相比，政府投资具有如下特点：

1. 政府投资追求社会净效益的最大化。政府投资与非政府投资有着不尽相同的评价体系。非政府投资所关注的是内在效益（微观效益）与内在成本，追求的是内在净效益的最大化。而政府投资所考虑的是社会效益与社会成本，追求的是社会净效益的最大化。二者目标的差异，可用下列公式概括：

非政府投资：内在净效益 = 内在效益 - 内在成本

政府投资：社会净效益 = 社会效益 - 社会成本

= （内在效益 + 外在效益） - （内在成本 + 外在成本）

2. 政府投资更侧重于外部效益明显的领域。由于投资目标的差异，政府投资与非政府投资的领域也明显不同。非政府投资主要活动于竞争性、盈利性领域；政府投资则侧重于外部效益明显的领域。外部效益是指产品或服务给所有者以外的其他人带来的好处。例如，教育不仅使受教育者得到好处，同时也使整个社会受益。外部效益意味着，从事该活动的投资人将无法从自己的生产经营中收回全部成本，这将导致非政府投资尽可能地少涉及外部效益明显的项目。因此，有理由认为，尽管政府可以对竞争性、盈利性领域进行投资，但必须负责对外部效益明显的项目提供投资。这也是政府与市场进行合理分工的一般原则。在市场经济条件下，政府投资应主要用于外部效益明显的项目。

3. 政府投资具有规模优势。政府财力集中、资金雄厚，且资金来源又多半是无偿的，可投资于大型项目和长期项目。而市场既追求盈利，又财力相对弱小，难以承担规模巨大的建设项目，一般主要从事短期性投资。

（三）政府投资的范围

政府投资的范围，即政府投资在社会总投资中的比重以及投资的领域和项目，世界各国不尽相同。这主要是由经济发展阶段和经济体制模式决定的。

一般而言，发展中国家经济发展更多地依赖于政府投资，政府投资的领域不仅包括社会基础设施，而且也涉及一些竞争性领域。而发达国家则将注意力逐步转移到收入分配和社会福利方面，转移性支出明显上升并超过了购买性支出，政府投资的范围相对有限。同时，经济体制模式的不同，又会扩大政府投资范围的差异。在实行计划经济的国家，投资以政府为主导，非政府部门只发挥补充作用，政府投资的比重较大、范围广；市场经济体制下，非政府投资发挥基础性作用，政府投资比重较低，发挥“拾遗补缺”的作用，投资的范围也相对有限。

按照外部效应的显著性划分，政府投资的范围可划分为：（1）满足纯公共需要的项目。满足纯公共需要的项目，是外部效应的一种极端情形，其在消费上具有完全的非竞争性和非排他性，如国防、行政、基础科学研究等。因此，它是政府特有的投资领域，在选择投资项目时应予优先考虑。（2）满足准公共需要的项目。满足准公共需要的项目主要包括社会基础设施、自然垄断产业、基础工业、农业、重大科研项目、新兴产业和公益性基础项目等。它们或为共同生产条件和流通条件，或为共同的消费条件，或为经济增长的推动力量，具有显著的外部性。这些项目种类繁多，所需资金十分巨大，投资回收期又较长，私人资本不愿意或无力介入，应主要由政府进行投资，同时也应引导私人参与投资。（3）竞争性盈利性项目。竞争性盈利性项目具有排他性和竞争性，是非政府部门的主要投资领域，但对其中的重点项目，财政可以有选择地给予适当扶持。

（四）政府投资的重点

1. 公用事业。**公用事业，是指城市中为公众提供日常公共服务的经营性事业的总称**，包括电力、煤气、暖气、自来水、排水、城市交通（公共汽车、地铁、轮渡和出租汽车等）、邮电通信、电话、环境保护等。

公用事业属于公共需要，具有如下特点：服务的公共性和为生产服务与生活服务的两重性；经济效益、社会效益和环境效益的综合性；经营上的自然垄断性。

公用事业体现着一个城市整体的服务功能，反映着城市现代化的程度。公用事业的迅速发展，对于加快城市经济文化发展、增进城市居民福利发挥直接的推动作用；同时对于改善投资环境、引进人才和资金，也具有重要意义。

但是，公用事业的公共性与自然垄断性，决定了公共事业不能完全由市场满足：（1）公用事业中属于纯公共需要的部分，如路灯、消防、绿化、环境保护、道路维护等，市场不能配置资源，需要政府来满足；（2）公用事业中的自然垄断行业，如自来水、煤气、电力等，如果完全采取市场生产、市场提供的方式，经营者就会利用其对市场的控制力，以公众利益为代价谋求自身利益，从而造成较大的效率损失。实践证明，反垄断措施不是治理自然垄断的良策，公共生产、公共提供是纠正自然垄断弊病的较好选择。（3）公共事业中可以由市场提供的部分，如城市交通，仍需政府适当介入，并保持一定的控制力，以向公众提供价廉质优的服务。这里，也涉及收入公平分配、拥挤、环境保护等诸多复杂的问题。

因此，公共事业是政府投资的重点之一。在适度引进市场机制的条件下，政府应确保公用事业的资金需要。公用事业具有较强的地域性，其资金需要应主要由地方政府满足；同时，对于落后区域，中央政府应给予适当补助。

目前，我国财政对公用事业的投资主要体现在城市维护费、专项支出上，内容包括道路、桥涵、给水、排水、污水处理、防洪堤坝、供气、供热、城市交通管理、消防、路灯等项公共设施的维护费；园林、苗圃、公共绿地、风景绿地等园林绿化维护费；中小学校舍维修补助费；公共厕所、清扫垃圾、街道洒水、扫雪等公共环境卫生补助费；城市其他公用事业和公用设施的维护费等。随着经济的发展、改革的深入，政府应加大这方面的投资力度，以支持公用事业的迅速发展，为国民经济和社会发展及满足居民生活和社会共同需要，创造良好的发展环境和条件。

2. 基础产业。**基础产业是承载国民经济运行的基础设施、基础工业。**它制约着社会经济的发展水平。

基础设施主要包括交通运输、港口、桥梁、机场、水利、通讯和城市排水、供水、供气、供电等设施。基础设施为整个再生产过程提供"共同生产条件"，具有不可分割性、外部性和共用性。因而，基础设施属于准公共需要的范畴，其资本的形成需要长期、大量、连续的投入。这些特点决定了基础设施很难由个别资本来完成，因而需要发挥政府投资的作用。尤其是经济发展的初期，没有政府强有力的介入，这些公用资本是难以形成的。马斯格雷夫曾对此作过深入研究，"在发展的早期阶段，公共资本形成是尤其重要的。为了开发国家并使自然资源与市场相联结，就必须提供交通设施，需要作为私人部门生产性资本形成之先决条件的公路、铁道和港口设施；改良的农业技术需要灌溉；机械的使用需要最起码的技术技能等。所有这些类型的投资，其受益基本上是外在的，因而必须由公共部门及地方或中央政府来提供。"我国正处于完成工业化并向工业现代化过渡的时期，社会经济对基础设施的需求非常旺盛，发达的资本市场又远未形成。因此，基础设施是我国现阶段政府投资的重点之一。目前，在财力有限的情况下，政府投资应集中力量解决制约社会经济发展的"瓶颈"部分：大型公共设施、全国骨干交通运输网络、港口、机场、桥梁、城市基础设施、农业基础设施、环保设施等。

基础工业主要包括能源工业和基础原材料工业。基础工业属于资本密集型产业，具有投资大、建设期长、回收期长，但收益稳定的特点；同时，基础工业又是处于产业部门的上游，为其他产业部门提供能源和基本原材料，其产品价格的变动具有很强的连锁效应。基础工业的上述特点表明：基础工业的产业关联性较为显著，它制约着其他产业的发展水平；基础工业需要适度超前发展；在资本市场尚未充分发育或经济发展初期，民间资本难以大量进入，需要政府投资进行强有力的干预。

从现阶段看，我国买方市场的格局已基本形成，能源与基本原材料短缺的问题已初步得到解决。但是，在资本市场尚未充分发育的情况下，政府投资仍需继续介入，以使基础工业得到适度超前发展。我国政府投资介入的重点是：大型项目，如电力、石油及化工材料、天然气、煤炭、钢材等新建项目；原有能源和基本原材料基地的技改项目。

3. 新兴产业。**新兴产业是以最新科技成果、最新技术、最新工艺为基础的知识密集型和资本密集型的一个产业群体。**在工业经济时代，新兴产业主要包括信息技术、生物技术、新材料技术、新能源技术、环保技术、海洋工程技术和航空空间技术等七大产业。

新兴产业属于资本、技术密集性行业，具有高风险、高投入、开发周期长的特点。众所周知，市场机制不能将用于创新的社会资源自动调节到社会最优水平，这是市场失灵的结果。尤其是构成新兴产业基础的高新技术，属于准公共需要的范畴，具有显著的外部效应：高昂的、必须长时间连续投入的研发费用由创新者承担，而创新本身带来的收益却大量外溢，不能为创新者所独享。同时，高新技术在产业化过程中巨大的资金投入和市场风险，也制约着新兴产业的成长。比如，半导体制造业中的一条生产线就需要数亿，甚至数十亿美元。因此，世界各国都在不同程度上对新兴产业进行资助，用“社会理性”代替“市场理性”。这一点，即使是在发达国家，也不例外。比如，战后美国 R&D（research and development）中，有 1/3 ~ 2/3 是由联邦政府提供的；再如，日本在其微电子技术和计算机初创时期，R&D 费用也是主要由政府提供，而且在以后的建设时期，从研究到生产，政府都给予了大量补助。我国是一个发展中国家，资本市场也不完善，政府更应该将新兴产业作为一个投资重点，在财力上给予适当支持。

发展新兴产业必须慎重，要循序渐进，避免急于求成的错误。现阶段，我国政府投资应实行重点突出的使用政策。要慎重选择一些制约经济发展的、对提高国民经济素质有显著作用的重大项目和重点技术领域，进行集中扶持，并以此带动产业结构的调整和升级，促进传统产业的改造。如何选择，有赖于财政决策的民主化与科学化。

4. 政策性金融机构。**财政投融资**是商业性投融资的对称，**是指以国家信用为基础、以配合执行国家特定社会经济政策为目的，严格按照国家规定的业务范围和经营对象而运作的一种特殊的金融活动。**

财政投融资是一种政策性很强的投融资活动，具有以下几个主要特征：（1）政策性，即财政投融资是政府的投资、融资活动，它服务于政府的某种特殊的产业或社会政策目标或意图。（2）有偿性，即在一定时期内有条件让渡资金的使用权，不仅要求收回本金，通常还要收取一定的使用费。（3）以政府信用为基础筹集资金，可以根据需要灵活掌握筹资规模和资金结构。（4）优惠性，即以比商业银行更优惠的利率、期限等条件提供贷款。

财政投融资可以将政府融资的良好信誉与金融投资的高效运作机制有机地结合起来，因而，更有助于实现国家某些特定的财政经济政策。为此，自从 20 世纪 30 年代以来，世界各国纷纷建立了财政投融资制度，并将其作为政府实施宏观调控的重要手段。财政投融资制度的建立和完善，拓宽了政府投资资金的运用渠道。政府向社会效益明显且具有盈利能力或盈利前景的产业或项目，主要包括基础产业、新兴产业、住宅、扶贫、农业项目开发等领域，可以采用财政投融资的形式，以提高财政资金的使用效果。

我国已相继建立三家政策性金融机构负责执行财政投融资业务。国家开发银行是一家以国家重点建设为主要融资对象的政策性投资开发银行，主要办理国家重点建设（包括基本建设和技术改造）政策性贷款及贴息业务；中国农业发展银行主要承担国家粮棉油储备、主要农副产品合同收购、农业开发等方面的政策性贷款；国家进出口信贷银行主要是为大型成套设备进出口提供信贷，为成套机电产品出口信贷提供贴息及出口信用担保。上述三家银行不以营利为主要目的，主要是为了贯彻或配合政府的特定社会经济政策或意图。它们所投资项目具有风险高、投资期限长、规模大的特点，市场资本难以介入或不愿介入。因此，政策性金融机构也是政府投资的重点之一。投资的具体内容包括：向政策性金融机构提供资本金以及弥补政策性金融机构的亏损。

第二节

转移性支出

一、社会保障支出

（一）社会保障制度的含义

社会保障制度是政府或社会向退休、失业、丧失劳动能力者和低收入者，以及遇到其他变故而出现经济困难的社会成员，提供金钱或物质资助，以保证其最低生活需要的基本制度。

社会保障制度作为一种经济保障形式，是生产社会化与专业化不断发展的产物。一般认为，始创社会保障制度的是德国的俾斯麦政府，它于19世纪80年代通过了人类历史上第一个社会保障法，规定对工人在受伤、残疾和年老时支付一定数额的保险金。此前，社会保障仅有一些非规范化的具体保障措施，如慈善机构的施舍，政府的赈济灾民等等，而没有制度化的社会保障。以后，英国在1908年，法国在1910年，先后通过了社会保障法。到了20世纪30年代，经济危机已经威胁到资本主义制度的时候，美国等国纷纷建立了社会保障制度。现今发达国家的社会保障制度已经十分完整和稳定，已形成相当大的规模。

从世界各国的实践看，社会保障制度有三个基本特征：（1）社会保障制度是由政府依法集中管理、在全社会范围内实施的。西方国家的具体管理社会保障项目的机构很多，既有政府机构，也有民间团体和私人企业。但从总体上看，社会保障制度是由政府集中管理的，从资金来源、运用的方向，直至保障的标准、收支的程序，大都有明确的法律规定。（2）社会保障制度的受益人是遇到生、老、病、残、失业等急需资助的社会公民，具有受益的选择性。（3）社会保障制度是社会经济发展的“安全网”与“稳定器”，是政府调控经济运行的重要手段。

（二）社会保障制度的内容

社会保障制度主要包括社会保险、社会救济、社会福利和优抚安置。

1. 社会保险制度。**社会保险是国家以立法手段对劳动者在生育、年老、患病、残疾、失业时给予的资助，是现代社会保障制度的核心。**社会保险具有如下基本特征：社会保险属于强制保险，由国家通过立法形式采取强制行政手段加以实施；社会保险资金来源于社会保险基金，保险费用由国家、企业（雇主）、个人三方共同承担；受保人领取保险金的数额与个人过去缴纳的保险费存在着一定程度的对应关系，但不存在严格对等的数量关系；享受社会保险需符合特定的条件，如达到退休年龄、失业、患病等；是否有资格享受社会保险与收入水平无关。

社会保险的主要项目包括：（1）养老保险。它向达到退休年龄的劳动者支付养老金，主要目的是确保老年劳动者的生活权利。（2）医疗保险。它向患病职工（包括离、退休职工）提供一定的医疗费用，有时，职工的直系亲属也可享受一定的医疗补助。（3）伤残保险。它向未达到退休年龄但却失去劳动能力的职工支付伤残补助金。（4）失业保险。它向破产企业职工、濒临破产企业精简的职工、企业辞退的职工以及被终止或解除劳动合同的职工，支付待业救济金和医疗补助费。（5）工伤保险。它向患病职工支付病假工资、医疗费、伤残补助等津贴，其待遇标准一般均高于非因工负伤的职工。此外，还有生育保险、丧葬补助、死亡保险等。

2. 社会救济制度。**社会救济，是政府通过财政拨款，向生活确有困难的城乡居民所提供的财政资助**。社会救济是最低层次的社会保障，其目的是维持居民最低生活水平。在我国，社会救济的主要内容有：对无依无靠又无生活来源的孤、老、残、幼的生活接济；对无固定收入和生活困难居民的接济补助；对受灾、贫穷地区居民的生活补助等。

3. 社会福利制度。社会福利有广义与狭义之分。**广义的社会福利**是国家和社会在法律和政策范围内兴办的各种公共福利设施、社会服务和福利性物质帮助，以增进群众福利，改善公民物质文化生活的社会性制度。它包括各种津贴（副食品补贴、物价补贴、交通费、洗理费、报刊费、取暖费等）、职工福利、社会福利设施（社会福利院、敬老院、托儿所等）、社会服务等项目。社会福利通常采用货币、实物、社会服务、教育与职业训练等多种形式。**狭义的社会福利**是政府和社会对盲聋残哑和鳏寡孤独等社会成员提供的各种资助，如对孤儿院、养老院、精神病医院、戒毒所等社会福利院及福利工厂、盲聋哑学校的补助（下文采用狭义的定义）。

4. 社会优抚制度。社会优抚是国家和社会按照规定，对法定的优抚对象提供无偿资助，以确保其一定生活水平的特殊社会保障制度，具有褒扬和优待抚恤安置的性质。社会优抚的对象主要包括对社会有功人员、退役军人、残疾军人、烈军属等。

（三）社会保障支出的内容

社会保障支出是与社会保障制度密不可分的，它为社会保障制度的实施提供了财力保证。社会保障一般由政府与某些社会组织共同提供，与此相对应，社会保障支出也分为政府安排的社会保障支出与社会组织安排的保障支出。政府安排的社会保障支出（以下简称社会保障支出）属于转移性支出，是社会公共需要的重要组成部分。

1. 西方国家的社会保障支出。西方国家的社会保障支出又称为社会保证支出，大体上分为社会保险支出与社会救济支出。

西方国家社会保险支出一般有下列各项：（1）退休金，凡参加保险的职工在退休后，都按照退休前工资的一定比例，按期发给退休金。个体工商业者则按照退休前一定年限内的平均纯收入，发给退休金。政府公务人员退休金，则不属于社会保险的范围。（2）医疗津贴，这是对参加社会保险者所给予的医疗补助费。（3）残废补助金，包括丧失劳动力补助和工伤补偿等。（4）失业补助金，对参加社会保险的失业者，在一定期限（一般为半年至一年）内，发给规定数量的失业补助金；如果逾期仍未就业，则由政府另行救济。由于推行社会福利政策以及人口的老龄化问题，社会保险支出已成为西方发达国家的第一位支出，在国内生产总值中占有相当比重。

社会救济支出在西方国家财政支出中的比重不大，主要是贫穷救济金，是对在“贫困线”以下的家庭的救济；这些家庭或个人，一般是没有参加社会保险或虽有保险但不够维持生活的。西方国家的社会救济支出一般可以分成三类：（1）维持最低生活水平的贫穷救济，包括无收入或收入低于政府划定最低标准的，以及保险受益不够维持生活的居民的救济。（2）因特殊不利条件而陷于贫困的家庭的救济，包括对多儿童家庭的津贴，对一般年老以及因其他原因丧失劳动能力的居民的津贴，对一般老年人和儿童的医疗津贴，对一般低收入居民的住房津贴等。（3）实物救济，例如对全年收入在一定数额以下的家庭发给免费食物券（如美国）。

2. 我国的社会保障支出。我国的社会保障支出由社会保障和就业支出以及社会保险基金支出两部分支出。

社会保障和就业支出是财政用于社会保障与就业方面的支出。此项支出包括社会保障和就业管理事务、民政管理事务、财政对社会保险基金的补助、补充全国社会保障基金、行政事业单位离退休、企业关闭破产补助、就业补助、抚恤、退役安置、社会福利、残疾人事业、城市居民最低生活保障、其他城镇社会救济、农村社会救济、自然灾害生活救助、红十字事业、其他社会保障和就业等支出。

【阅读材料】

近五年社会保险基金收支情况

2011 年全年五项社会保险（不含其他社会保险基金支出）基金收入合计 24 043 亿元，比上年增长 5 220 亿元，增长率为 27.7%，基金支出合计 18 055 亿元，比上年增长 3 236 亿元，增长率为 21.8%，结余 5 988 亿元。其中，城镇基本养老保险基金总收入 16 895 亿元，比上年增长 25.9%，其中征缴收入 13 956 亿元，比上年增长 25.6%。各级财政补贴基本养老保险基金 2 272 亿元。全年基金总支出 12 765 亿元，比上年增长 20.9%，年末基本养老保险基金累计结存 19 497 亿元。城镇基本医疗保险基金总收入 5 539 亿元，支出 4 431 亿元，分别比上年增长 28.6% 和 25.2%，年末城镇基本医疗统筹基金累计结存 4 015 亿元（含城镇居民基本医疗保险基金累计结存 497 亿元），个人账户积累 2 165 亿元。全年失业保险基金收入 923 亿元，比上年增长 42.1%，支出 433 亿元，比上年增长 2.2%，年末失业保险基金累计结存 2 240 亿元。

单位：亿元

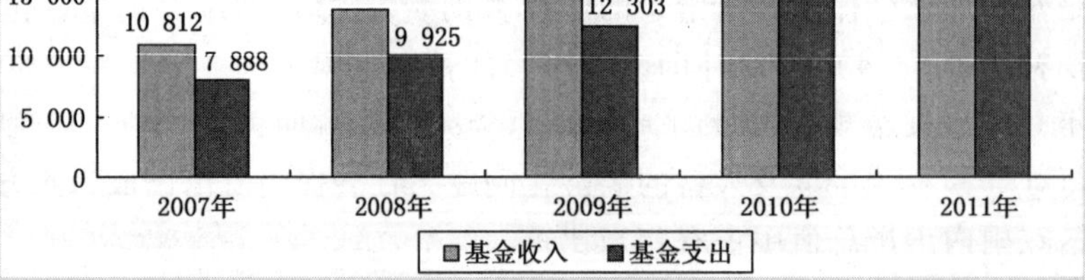

（资料来源："2011 年度人力资源和社会保障事业发展统计公报"，中华人民共和国人力资源和社会保障部网站。）

社会保险基金支出。它是由社会保险基金列支的各项支出，包括基本养老保险基金支出、失业保险基金支出、基本医疗保险基金支出、工伤保险基金支出、生育保险基金支出、其他社会保险基金支出等。

（四）我国社会保障体系的改革和建设

从1985年开始，我国着手变革单一的国家保障模式，20世纪90年代中后期城镇职工养老保险、失业保险、医疗保险和城市居民最低生活保障制度取得了突破性进展，初步形成了与社会主义市场经济体制相适应的社会保障体系。2006年党的十六届六中全会提出，把到2020年建立和完善覆盖城乡居民的社会保障体系作为建设社会主义和谐社会的重要目标，以此为标志，我国社会保障制度步入以统筹城乡、覆盖全民为目标的新的历史阶段。

“十一五”时期，是建国以来社会保障体系建设发展最快的时期，覆盖城乡居民的社会保障体系框架基本形成。公布了《中华人民共和国社会保险法》，修订了《工伤保险条例》。2012年建立了覆盖城乡的城市居民基本养老保险制度和新型农村社会养老保制度，全面建立企业职工基本养老保险省级统筹制度，建立并全面实施城镇居民基本医疗保险制度，新型农村合作医疗制度和城乡医疗救助制度普遍实施，职工基本医疗保险制度进一步完善。建立和实施农村最低生活保障制度、城市生活无着的流浪乞讨人员救助制度，完善了灾害救助、临时救助等制度，社会慈善、社会捐赠、群众互助等社会扶助活动和志愿服务活动制度化建设取得明显成效。社会保障覆盖范围从城镇扩大到农村，从国有企业扩大到各类用人单位，从职工扩大到灵活就业人员和城乡居民，越来越多的人享有了基本社会保障，并解决了一批历史遗留的突出问题。

1. 城镇养老保险制度与城乡居民养老制度。从1991年起，我国逐步建立了城镇职工基本养老保险与企业补充养老保险和职工个人储蓄性养老保险相结合的养老保险制度，改变了养老保险完全由国家、企业包下来的办法，基本养老费用由国家、企业、个人三方共同负担，实行社会统筹和个人账户相结合的模式。1997年国务院颁布《关于建立统一的企业职工基本养老保险制度的决定》，决定按职工工资的11%建立个人账户，其中个人缴费部分逐步由4%提高到8%，企业缴费率一般不超过企业工资总额的20%，养老金支付分为两个部分，即基础养老金和个人账户养老金，个人缴费年限累计不满15年的，退休后不享受基础养老金待遇，其个人账户储存额一次性支付给本人。1998年，我国企业职工基本养老保险实行了省级统筹，确保了企业离退休人员基本养老金的按时足额发放。截至2011年末全国参加城镇基本养老保险人数为28 391万人，比上年末增加2 684万人。其中，参保职工21 565万人，参保离退休人员6 826万人。

2008年以来，为了妥善解决城镇老年居民老有所养问题，进一步完善社会保障体系，广州、贵州等市按照个人缴费和地方政府资助相结合、待遇水平与经济发展水平和财政承受能力相适应的原则，为没有享受定期养老待遇的城镇老年居民，建立城镇老年居民社会养老保险制度。这是我国向全民社保目标迈出的历史性一步。2009年，国务院决定开展个人缴费、集体补助、政府补贴相结合及社会统筹与个人账户相结合的新型农村社会养老保险试点。建立健全农村社会养老保险制度，对于统筹城乡社会发展、解除农民养老后顾之忧、提高农民消费预期、促进经济发展、维护农村社会稳定将会发挥重要作用。

2. 城镇职工基本医疗保险制度与城乡居民医疗保险制度。1998 年 11 月国务院发布了《关于建立城镇职工基本医疗保险制度的决定》，规定建立覆盖城镇所有用人单位所有职工的社会统筹和个人账户相结合的基本医疗保险制度，用人单位个人的缴费率分别为 6% 和 2%，同时要求医疗机构实行医、药分开核算，理顺医疗体制。

2002 年 10 月，中国政府作出《关于进一步加强农村卫生工作的决定》，我国农村试行新型农村合作医疗制度。新型农村合作医疗制度是由政府组织、引导、支持，农民自愿参加，个人、集体和政府多方筹资，以大病统筹为主的农民医疗互助共济制度，是农民互助共济、共同抵御疾病风险，实现“无病早防、有病早治、大病保险”的医疗制度。到 2012 年底，新型农村合作医疗制度覆盖了全国乡村。

2007 年 7 月国务院下发《关于开展城镇居民基本医疗保险试点的指导意见》，2012 年在全国城镇也全面实行城镇居民基本医疗保险制度。

3. 失业保险制度。1993 年我国颁布了《国有企业职工待业保险规定》，对 1986 年起步的待业保险制度进行了完善，形成了我国失业保险制度的雏形。1994 年以后，国家把实施再就业工程与建立失业保险制度结合起来，逐步构建起来覆盖城镇全部职工，基金三方合理负担，救济与再就业紧密结合的新型失业保险制度。从实践看，我国的失业保险制度主要有以下几个方面特点：失业保险面逐步拓宽，部分城市已拓宽到集体单位职工、外商投资企业的中方职工、私营企业的雇员等；建立起失业保险基金由国家、用人单位、个人三方合理负担的格局，企业与个人的缴费率为 2% 和 1%；失业保险基金的使用，既重视解决失业下岗人员的基本生活困难，又努力促进失业职工实现再就业。

截至 2011 年末全国参加失业保险人数为 14 317 万人，比上年末增加 941 万人。其中，参加失业保险的农民工人数为 2 391 万人，比上年末增加 401 万人。年末全国领取失业保险金人数为 197 万人，比上年末减少 12 万人。全年共为 64.4 万名劳动合同期满未续订或提前解除劳动合同的农民合同制工人支付了一次性生活补助。全年失业保险基金收入 923 亿元，比上年增长 42.1%，支出 433 亿元，比上年增长 2.2%。年末失业保险基金累计结存 2 240 亿元。

4. 城乡居民最低生活保障制度。1993 年，上海市城市居民最低生活保障线出台，拉开了我国建立城市居民最低生活保障制度的序幕。1997 年我国正式开始建立城市居民最低生活保障制度。城市居民最低生活保障制度的保障对象是家庭人均收入低于当地最低生活保障标准的持有非农业户口的城市居民，主要包括三类人员：一是无生活来源、无劳动能力、无法定赡养人或抚养人的居民；二是领取失业救济金期间或失业救济期满仍未能重新就业，家庭人均收入低于最低生活保障标准的居民；三是在职人员和下岗人员在领取工资或最低工资、基本生活费后以及退休人员领取退休金后，其家庭人均收入仍低于最低生活保障标准的居民最低生活保障金的。城市居民最低生活保障标准，按照当地维持城市居民基本生活所必需的衣、食、住费用，并适当考虑水电燃煤（燃气）费用以及未成年人的义务教育费用确定。制定城市居民最低生活保障标准的依据主要包括：（1）维持居民的最低生活需求所需要的物品的种类和数量；（2）生活必需品所需要的费用；（3）市场综合物价指数，尤其是生活必需品的价格指数；（4）居民的平均实际收入和消费水平；（5）经济发展状况和财政收入状况；（6）其他社会保障标准。

为了稳定、持久、有效地解决全国农村贫困人口的温饱问题，2007年7月国务院发出《关于在全国建立农村最低生活保障制度的通知》，决定2007年在全国建立农村最低生活保障制度。农村最低生活保障对象是家庭年人均纯收入低于当地最低生活保障标准的农村居民，主要是因病残、年老体弱、丧失劳动能力以及生存条件恶劣等原因造成生活常年困难的农村居民。农村最低生活保障标准由县级以上地方人民政府按照能够维持当地农村居民全年基本生活所必需的吃饭、穿衣、用水、用电等费用确定，并报上一级地方人民政府备案后公布执行。目前农村低保制度已全部建立起来。全国农村、城市最低生活保障标准如表4－1、表4－2所示。

表4－1　　2012年农村低保9月份省级标准

区划代码	地　区	标准（元/人、年）	低保支出数（万元）	区县数量
11	北京市	5 119.38	66 552.0	13
12	天津市	4 440.00	44 400.0	10
13	河北省	1 802.04	329 774.0	183
14	山西省	1 734.47	201 199.0	116
15	内蒙古自治区	2 761.62	251 307.6	91
21	辽宁省	2 433.70	243 369.7	100
22	吉林省	1 696.37	118 746.0	70
23	黑龙江省	1 503.61	183 440.6	122
31	上海市	5 160.00	46 440.0	9
32	江苏省	4 173.36	492 456.0	118
33	浙江省	3 859.95	339 676.0	88
34	安徽省	2 073.06	238 401.4	115
35	福建省	2 023.45	163 899.6	81
36	江西省	2 001.47	218 160.0	109
37	山东省	2 149.53	354 673.2	165
41	河南省	1 380.92	233 375.1	169
42	湖北省	1 468.29	154 170.2	105
43	湖南省	1 676.44	231 349.0	138
44	广东省	2 492.43	276 660.0	111

续表

区划代码	地　区	标准（元/人、年）	低保支出数（万元）	区县数量
45	广西壮族自治区	1 348.73	151 057.5	112
46	海南省	2 840.00	59 640.0	21
50	重庆市	1 961.05	74 520.0	38
51	四川省	1 473.81	268 232.8	182
52	贵州省	1 629.16	146 624.6	90
53	云南省	1 631.14	218 572.2	134
54	西藏自治区	1 600.00	116 800.0	73
61	陕西省	1 849.98	196 098.0	106
62	甘肃省	1 452.20	126 341.4	87
63	青海省	1 532.89	68 980.0	45
64	宁夏回族自治区	1 317.64	28 988.0	22
65	新疆维吾尔自治区	1 410.75	148 128.8	105

表 4－2　　城市最低生活保障标准表（各省）

编制单位：标准　　2012 年 9 月　　金额单位：元/月

区划代码	地　区	平均低保标准	低保支出计数（万元）	区县数量
11	北京市	520.00	8 320.00	16
12	天津市	520.00	8 320.00	16
13	河北省	327.36	62 854.00	192
14	山西省	301.50	36 783.00	122
15	内蒙古自治区	395.07	40 692.50	103
21	辽宁省	365.07	40 157.80	110
22	吉林省	283.79	19 865.00	70
23	黑龙江省	280.48	39 548.00	141
31	上海市	570.00	9 690.00	17
32	江苏省	431.11	52 595.00	122
33	浙江省	457.74	42 112.00	92

续表

区划代码	地　区	平均低保标准	低保支出计数（万元）	区县数量
34	安徽省	327.01	37 606.00	115
35	福建省	301.13	26 198.00	87
36	江西省	337.07	37 078.00	110
37	山东省	352.79	59 974.00	170
41	河南省	264.57	47 622.20	180
42	湖北省	317.80	34 005.00	107
43	湖南省	295.15	40 730.30	138
44	广东省	299.86	37 483.00	125
45	广西壮族自治区	264.01	29 569.50	112
46	海南省	316.19	6 640.00	21
50	重庆市	305.00	12 200.00	40
51	四川省	263.11	49 464.60	188
52	贵州省	307.67	27 690.20	90
53	云南省	278.08	37 262.90	134
54	西藏自治区	399.59	29 170.00	73
61	陕西省	347.72	37 902.00	109
62	甘肃省	240.00	20 879.70	87
63	青海省	247.22	11 371.90	46
64	宁夏回族自治区	246.36	5 420.00	22
65	新疆维吾尔自治区	241.32	27 752.30	115

资料来源：民政部规划财务司。

在完善社会保障制度的同时，我国加强了对社会保障的管理。1998 年我国在劳动部基础上组建了劳动和社会保障部，原来由劳动部管理的城镇职工社会保险，人事部管理的机关事业单位的社会保险，民政部管理的农村社会保险，各行业部门统筹的社会保险，以及卫生部门管理的医疗保险，均统一由劳动和社会保障部管理。统一的、权威性的社会保障行政机构，改变了原来政出多门、管理分散、缺乏统一管理的混乱状况。1998 年，我国又将基本养老保险基金纳入了财政账户，实行收支两条线管理，强化了对基本养老保险金的监管。

【阅读材料】

在争议与期待中起航——美国新医改

2010 年 3 月 21 日晚，美国国会众议院以 219 票赞同、212 票反对的微弱优势通过奥巴马医疗保险改革法案，这次医改是美国从 1965 年医疗保障计划开始实行以来最重大的一次改革，意味着美国医疗保障历史从此被改写。

一、美国推行新一轮医改的原因

美国医疗保险体系长期以来遭人诟病。首先，美国是当今世界唯一没有建立全民医保制度的发达国家，至今仍有 5 600 万人被排除在医保体系之外。其次，医药费用，对个人和政府都成为较大负担。再次，影响美国整体经济的发展。对企业而言，它为职工投保的负担越来越重，增加了企业的生产成本，影响企业在国际市场上的竞争力。最后，保险公司为了控制费用和达到盈利的目的，对于赔付方面做的手脚也非常多，出现了很多被拒保、拒付的情况。相对于中国的“看病贵”、“看病难”，美国主要是“看病贵”，即美国医改主要是要解决政府和个人的医疗费用负担越来越重的问题。

二、美国新医改的目标和主要内容

美国新一轮医改法案有两个目标：一是向全体国民提供一份高质量、负担得起的医疗保险，改善医疗体系作为公共产品的公平性。奥巴马政府希望从 2013 年起，医疗保险能够覆盖到所有的美国人。其二是降低医疗保险保费，至少使之不再增加，或者上涨幅度受到控制。

具体改革内容包括：

扩大医疗保险覆盖面。为原本无力购买医疗保险的家庭提供税务优惠以鼓励其参保，放松现有的穷人医疗救助保险和州立儿童医疗保险的加入资格标准，对儿童实施强制性医疗保险，即所有家庭必须让孩子至少参加一种医疗保险。要求大中型企业必须给职工购买医疗保险，或者给职工补助让他们自己在市场上购买医疗保险，对不愿意向雇员提供健康保险的大中型企业课税。政府对小企业为职工提供医疗保险给予补助。新设“小企业健康税务优惠计划”，推进小企业为员工团购医疗保险，在这一计划下，小企业为其员工参保费用的 50% 将以退税的形式返还。

新设“国民健康保险交换项目，资助美国民众和中小企业购买医疗保险，帮助那些没有医保或想换医疗保险的个人购买新的负担得起的医疗保险。加强对保险业的监管，要求保险公司必须接受所有申请者，不允许保险公司因为健康因素而拒绝客户，也禁止把保费和年龄以及健康状况等相关因素挂钩。

降低成本，提高效率。推广标准化的电子医疗信息系统，给患者提供更好的治疗。确保医疗机构为患者提供尽可能好的医疗服务，包括预防和慢性病管理服务；对社区医疗中心投资 110 亿美元。改革市场结构以促进竞争，增加保险和医药市场。联邦为雇主提供再保险，降低灾难性疾病医疗费用。美国政府将对老年人在购买“圆圈缺口”药物（即处方药使用时药品定价和医保报销价格之间的差价部分）时给予50%折扣，填补老年人保健计划中处方药使用的“圆圈缺口”。

（资料来源：涂洪谊：《在争议与期待中起航——美国新医改》，江西省社会保险管理中心网，jxsi. gov. cn/news/sndt/，2010年4月12日。）

二、财政补贴支出

（一）财政补贴的概念

财政补贴，是指国家为实现特定政策目标，在一定时期内向特定企事业单位或居民的某些指定项目所提供的补助。财政补贴的概念应从以下几个方面理解：

1. 财政补贴的主体是国家，财政补贴的项目、对象、数量、期限、环节以及形式等，都是由国家各级政权确定的。其他任何部门或单位对其内部职工所提供的补助或津贴都不能定性为财政补贴。

2. 财政补贴是一种转移性财政支出。首先，财政补贴属于财政支出。在我国的预算账户上，有的财政补贴直接冲减财政收入而在预算收入账户上反映，如企业亏损补贴；有的财政补贴则直接计入预算支出账户，如价格补贴；有的财政补贴则既不计入收入账户，也不计入支出账户，如税收优惠（税收支出）。但是，不论财政补贴在预算账户上如何处理，或是否处理，从最终结果看，所有的财政补贴都形成国家财政资金的运用；从性质上看，都属于财政支出范畴。其次，财政补贴属于转移性支出。财政补贴是对特定企事业单位或居民的无偿资助，从政府角度看，任何形式的财政补贴，都不会为政府换回任何商品或服务；从接受补贴的对象看，无论以什么形式得到财政补贴，都能增加其实际收入。可见，财政补贴是以转移性支出对国民收入进行的再分配。

3. 财政补贴与相对价格的变动有着密切联系，是由政府对市场价格进行干预后所产生的一种财政支出。为此，有人把财政补贴索性称为价格补贴，并将财政补贴定义为：政府用以弥补由消费者所支付的价格与生产者所承担的成本之间的差额。

4. 财政补贴的目的是通过调节社会成员的物质利益关系，改善资源配置结构、供给结构和需求结构，借以达到促进经济发展和保持社会稳定的效果。

综上所述，财政补贴是国家以转移性支出形式对国民收入进行的一种再分配活动，是政府调控社会经济运行的一个重要手段。

（二）财政补贴的特征

1. 政策性。财政补贴的依据是国家一定时期内社会、政治、经济的政策，财政补贴的项目、对象、数量和期限都决定于国家政策的需要，具有较强的政策性。国家的政策是多方面的，既有经济方面的，也有社会方面的。因此，财政补贴既可以调节资源配置结构、需求结构、供给结构和价格结构等，也可以协调社会各种关系，保持社会稳定。

2. 灵活性。财政补贴的政策性，使其成为国家可以直接控制的一个比较灵活的经济杠杆。财政部门可以依据不同时期国家特定的政策需要，灵活调整和优化补贴对象、补贴标准、补贴数量、补贴期限与补贴方式。

3. 时效性。财政补贴的时效性决定于国家政策的时效性。随着社会经济形势的变化，政策的效力会递减，乃至最后丧失；与此相配套的财政补贴项目就会失去作用，因此，具体的财政补贴项目具有时效性和临时性。

4. 无偿性。财政补贴属于转移性支出，企事业单位或居民个人无论以何种形式得到补贴，都可以依法自行支配使用，无需偿还。

（三）财政补贴的分类

1. 按财政补贴的性质分类。可区分为价格补贴、亏损补贴、职工福利补贴、财政贴息和税收支出。

价格补贴，是指国家为弥补因价格体制或政策原因造成价格过低而给生产经营者带来损失而支付的补助。在我国，价格包括粮棉油价格、平抑物价补贴、肉食价格补贴和其他价格补贴。其中，粮棉油价格补贴通常占价格补贴的80%左右，是目前主要的价格补贴。

企业亏损补贴，是指国家对亏损企业所提供的补贴。企业亏损补贴分为政策性亏损补贴和经营性亏损补贴两类。政策性亏损补贴，是国家对政策允许发生一定亏损的企业所提供的补贴，其目的是贯彻国家的产业政策和消费政策。经营性亏损是国家对企业因经营不善发生的亏损所给予的财政补贴。随着现代企业制度的建立和完善，我国企业经营性亏损补贴已大为减少了。

职工福利补贴，是指国家向行政事业单位职工所提供的各种福利性补助，如房租补贴、冬季取暖补贴、交通费补贴等。

财政贴息，是指国家财政为企业支付部分或全部贷款利息，其目的是贯彻国家的产业政策。

税收支出，是指各种税收优惠措施。

2. 按财政补贴的对象分类。可区分为对生产者的补贴、经营者的和消费者的补贴三种。对生产者的补贴，如对农用化肥、农药、农机农具、塑料薄膜等的补贴，将补贴给予生产企业；对经营者的补贴，如粮食储备费用补贴、粮食价差补贴、外贸亏损补贴，将补贴给予流通企业；对消费者的补贴，如对城镇居民煤气、水、电、暖等的补贴，将补贴直接给予消费者。

在一般情况下，给谁补贴谁受益。但也有些补贴的接受者与受益者是不一致的。例如，对农用化肥、农药、农机农具、塑料薄膜等的补贴，从形式上看，生产企业是受益者，但最终受益者还是农民。

3. 按补贴的方式分类。可分为明补和暗补。

明补，有称直接补贴方式，是国家将补贴款项直接支付给受补者。它主要发生在消费环节，如职工福利补贴、副食品补贴等。

暗补，是指国家通过各种渠道将补贴款项间接给予受补者，受补者只能从消费支出中受益，消费越多，享受的补贴利益就越多。它主要发生在生产、流通环节，如农用生产资料补贴等。

4. 按补贴的渠道分类。可分为退库、列支、抵补和税收支出。退库，是采取冲减财政收入的方式进行财政补贴，我国企业亏损补贴采取这种形式。列支，指将该项补贴支出列入财政支出预算。抵补，补贴款项抵补企业的财政上缴任务。

三、税收支出

（一）税收支出的概念与性质

税收支出的实践早已有之，但税收支出一词直到20世纪60年代后期才被提出。1967年，美国财政部税收政策助理、哈佛大学教授斯坦莱·S. 萨里（Stanleg S. Sarrey）第一个使用了税收支出这个词。1968年，美国财政部根据美国税收实践，首次提出了税收支出概念，并公布了美国的第一个税收支出预算。1973年，萨里教授在其著作《税收改革之途径》一书中，第一次对税收支出从理论上加以阐述。1979年，萨里与另一学者桑利认为，美国的所得税制由两个制度要素构成，第一个制度要素是正规税制，它规范所得额、纳税期限、纳税人、税率等税收基本要素，以便有效取得税收收入；第二个制度要素由税收优惠等特殊规定组成，它与正规税制结构相背离，是为了发挥税收的调节功能。

目前，绝大多数西方发达国家都编制了税收支出表，把税收支出分析应用到预算制度和税收制度中；许多发展中国家也在逐步接受税收支出的概念，并试图编制自己的税收支出表。我国对税收支出引进的时间较短，尚没有编制税收支出预算。

由于各国经济发展水平和税收制度的差异，不同国家对税收概念的表述也并不一致。美国从政府税收收入损失这一角度出发，在《1974年预算改革法案》将税收支出定义为"由于联邦税法中那些允许特殊的免税、宽免、从毛收入中扣除项目、特殊抵免、优惠税率或税负的递延等项目所造成的税收收入上的损失。"经济合作与发展组织重视税收支出的社会经济作用，将税收支出的概念表达为："为实现经济和社会目标，通过税收制度而发生的政府支出。"法国关注税收支出是否有效减轻特定纳税人的税收负担，认为"税收的法规或行政措施所规定的优惠项目，只要减少了国家的税收收入，并减轻了纳税人的税收负担，就可以认定为税收支出。"

从以上各国对税收支出的界定可以看出，**税收支出是政府为了实现特定的社会经济目标，通过税收法律条款，以主动放弃部分税收收入的形式而向特定纳税人提供的无偿性资助**。可见，税收支出是政府的一种隐性支出，在性质上属于财政补贴性支出。

税收支出应从以下三个方面来理解：

1. 税收支出是一种特殊形式的财政支出，属于财政补贴范畴。税收支出是政府通过放弃税收收入的条款而形成的财政支出，不同于直接财政支出。直接财政支出作为最基本、最主要的支出形式，通常记录在收支账户（一般只记录实际的收支数），属于显性支出，而税收支出只是直接财政支出的补充形式，一般不在收支账户上反映，属于隐性支出。

2. 税收支出作为政府实现特定社会经济目标的一种手段，侧重于调节国民经济的微观领域，其调节对象为特定的纳税人和应税产品。也就是说，税收支出是在微观领域，对特定纳税人以减少税收负担的方式照顾或激励其生产或消费活动。

3. 税收支出是与税收制度相联系的一个分配范畴。任何国家的税收制度都设置了各种税收优惠条款，正是将这些优惠条款付诸实施，才形成了税收支出。因此，税收支出具有法制性，一国税收支出的规模，与税收制度的结构存在着密切的关系。

（二）税收支出的形式

根据世界各国税收支出的实践，税收支出一般有税收豁免、纳税扣除、税收抵免、优惠税率、延期纳税、盈亏相抵等形式。

1. 税收豁免。税收豁免，在我国的税收实践中称之为减免税，是指在一定时期内免除某些纳税人或纳税项目应纳税款。税收豁免有部分豁免与全部豁免之分。部分豁免就是免除纳税人或纳税项目的部分应纳税款；全部豁免则是免除全部应纳税款。一般而言，税收豁免属于定期税收优惠，税法中规定了豁免期，到期则应恢复征税。

税收豁免按税种划分，一般分为关税与货物税的税收豁免和所得税的税收豁免；按受益对象划分，一般分为地区性税收豁免，如我国对经济特区、经济开发区、经济不发达边远地区税收减免优惠政策；行业性税收豁免，如对农业、重点行业的税收减免优惠；新办企业的税收豁免，对新办企业给予一定的税收豁免期是国际惯例，这个豁免期通常被称为"税收假日"。

由于税收豁免能够补充和解决正规税制所不能解决的问题，可以照顾社会经济生活中的某些特殊情况，实现调节经济和促进经济发展的目的，因此，税收豁免是最重要税收支出的形式，为绝大多数国家所采用。

2. 纳税扣除。纳税扣除是指准许纳税人从课税对象中扣除一些符合要求的特殊项目，以减轻其纳税负担。扣除额的确定，有定额扣除与比例扣除两种方法。在实行累进税制下，扣除额可以降低纳税人的适用税率，有效减轻其实际税负。

3. 税收抵免。税收抵免就是指允许纳税人从其应纳税额中减去法定数额，纳税人实际缴纳的税款等应付税额减去可抵免数额。常见的税收抵免主要有两种：投资抵免和国外税收抵免。投资抵免的目的在于刺激投资，促进资本形成，增加生产潜力，主要做法是允许纳税人将一定比例的新设备按购置成本，冲减其当年应纳所得税额。这实际上是政府用税款承担了部分设备购置成本，是对投资的一种补助。因此，投资抵免常被称为投资津贴。国外税收抵免主要是为了避免对跨国纳税人的重复征税，允许跨国纳税人用其在非居住国已纳税款冲减其在国内应纳税总额。

4. 优惠税率。优惠税率是对特定纳税人或某种特定行为采用较一般税率低的税率征税。优惠税率按某适用的期限可以分为长期和短期。长期优惠税率一般属于法定优惠，短期优惠税率多是属于暂时性给予的特定优惠。例如我国增值税中对粮食、食用植物油给予13%的低税率，这属于长期的优惠税率；而企业所得税中为照顾中小企业负担而设立的27%、18%两档税率，就属于短期优惠税率。

5. 延期纳税。延期纳税，即递延纳税，是指允许纳税人把应纳税款延期缴纳或分期缴纳。延期纳税实际上是纳税人当期税负向后延迟，纳税人因此而获得时间价值，相当于从政府取得一笔无息贷款，而政府损失的是相应的利息。延期纳税可以适用于各种税收，一般都用于税额较大的税种上。加速折旧和准备金制度实际上也属于延期纳税。加速折旧是指固定资产每期计提的折旧费用，在使用的早期提得多，在后期提得少，从而加快了折旧速度。从税收角度看，加速折旧实际上把费用提前，从而导致折旧前期纳税少，折旧后期纳税多，但总体上总税负未变，只是税款延期缴纳。准备金制度是指税法允许企业在某种损失还未发生前就预先计提一笔资金准备来弥补将来可能的损失，实际上也是一种把将来的损失提前计入损益，本质也是税款延期缴纳。

6. 盈亏相抵。盈亏相抵是指允许纳税人以某一年度的亏损，抵消以后年度的盈余，以减少其以后年度的应纳税款；或是冲减以前年度的盈余，申请退还以前年度已纳的部分税款。一般而言，盈亏相抵都有一定的时间限制，只适用于所得税。例如，我国外商投资企业所得税法就规定：外商投资企业在中国境内发生年度亏损时，可以用下一年度的所得弥补；下一年度的所得不足以弥补的，可以逐年延续弥补，但最长不得超过五年。

税收支出有多种形式，除上述几种，还有起征点、税前还贷、优惠退税等。需要指出的是，各种税收支出形式都有其特定的适用范围，在实际运用中，应结合本国的国情和特定的社会经济目标加以选择。

（三）税收支出的预算控制

1. 对税收支出进行预算控制的意义。硬化预算约束，将税收支出的范围和规模控制在国家财力所能承受的限度之内；便于权力机关和全社会对财政支出进行全面控制和监督；有利于在税收支出与直接财政支出之间选择最佳的财政资助形式；有助于政府考核各种税收优惠的实施效果，从而有利于优化税收支出结构，提高减免税金的使用效果。

可以说，税收支出预算与直接财政支出预算，同为政府预算中不可或缺的内容。一个不加预算控制的税收支出，不仅会降低税收支出的使用效果，而且有可能侵蚀税收制度，给财政平衡带来巨大压力。1994 年分税制前，我国财政收支失衡的一个重要原因，就是地方政府的减免税项目失控，导致国家财政收入遭受大量损失。美国国会在 1974 年预算法案中也承认：一个不包括税收支出的预算控制过程是一个根本没有控制的预算。只控制直接支出的增长来改善财政状况，将是纸上谈兵。同时，未加预算控制的税收支出也难以考核其实施效果，进而影响了政府的政策效应。

2. 税收支出预算控制的方法。从西方国家的实践看，税收支出预算控制的方法大体归纳为三种类型：

（1）非制度化的临时监督与控制。非制度化的临时监督与控制是指政府决定以税收支出的形式对某一部门或行业提供财政补助时，才对其放弃的税收收入进行估价并加以控制。这种方法并没有形成统一的、系统的制度。经济合作与发展组织中的许多国家采取这种方法。

（2）重点项目的预算控制。重点项目的预算控制是指国家只对那些比较重要的税收支出项目规定编制定期报表，纳入国家预算程序，但并不建立独立的税收支出体系。意大利、葡萄牙和英国等少数几个国家采用这种方法。使用这一方法的理由是：对于一项特定的税收减免，有时很难区分是属于税收支出，还是属于正规的税制结构；在实践中，连续完整地估价税收支出成本也是不大可能的；在税收支出统一账户之内，对于一些项目的归类也非常困难。因此这些国家仅就重要的税收减免项目编制定期报表进行分析和控制。

（3）全面的预算管理。全面的预算管理是指对各种税收支出项目严格规定统一的税收支出账户，按年度定期编报，连同主要的税收支出成本的估价，附于年度预算报表之后，建立了规范的税收支出预算。加拿大、美国、澳大利亚、奥地利、法国和西班牙等国家采用这种做法。编制统一的税收支出账户，主要出于以下几个原因：税收支出应同直接支出一样进行同样的评估和预算控制；统一的税收支出账户，便于政府在直接支出和税收支出之间加以选择，有利于提高财政支出的使用效益；避免轻易地用直接支出取代税收支出，有利于政府控制直接支出的范围和规模。

3. 建立适合我国国情的税收支出预算。我国几乎所有的税种都附加有税收优惠条款，但尚未开始税收支出预算的建立工作。因此，建立适合我国国情的税收支出预算应采取循序渐进、由易到难的方法。

（1）认真分析和研究每一税种的税法条款，把散见于现行税收法规的各种税收优惠项目逐条、系统地开列出来。

（2）确定正规税制，鉴别税收支出项目。税收支出是对正规税制结构的背离，要界定税收支出项目首先要确定正规税制，然后对各项税收优惠条款进行鉴别，以判明此项税收优惠是否属于税收支出。

（3）对税收支出项目进行归类，形成与预算支出项目的对照关系。

（4）在做好上述准备工作之后，可以先选择几个主要税种和重点项目，对税收支出成本（税收支出造成的国家税收收入损失）进行测算，编制较为正规和系统的税收支出预算表。待条件成熟时，再编制统一的税收支出账户，建立起完整的税收支出预算。

第三节 财政支出管理

一、财政支出决策

财政决策作为一种经济决策，是指对财政分配事项作出决断，也就是对财政发展战略目标、财政规划、政策法令、规章制度等作出的决定和选择。

财政决策的基本内容包括三项：（1）决定支出项目的种类。显然，不同种类的支出项目会给不同的社会群体带来不尽相同的支出利益；支出项目的选择结果，总是会牺牲一部分人的利益去满足另一部分人的利益。因此，人们总是希望政府能多提供与自己切身利益相关的产品或服务。如何确定支出项目的组合方式，便成为财政决策的一项重要内容。（2）决定支出项目的成本分摊方式。一般有两种分摊方式可供选择，一是按受益原则，即按人们从支出项目中获得的利益多少来分摊成本，受益多则多缴税或多缴费，受益少则少缴税或少缴费；二是按负担能力原则，即按社会成员的实际负担能力的大小来分摊成本，能力大的人多缴税或多缴费，能力小的则少缴税或少缴费。具体分摊方式表现为税费形式的选择；纳税人、课税对象和税率等事项的选择；收费标准、缴费对象等事项的选择。（3）决定支出规模。根据已定的支出项目的种类和成本分摊方式，确定合理的支出规模，以实现社会净效益的最大化。

从财政支出看，财政决策的结果规定了一定时期内的支出规模、支出结构和支出管理制度。因而，科学的财政决策，对于提高财政支出使用效益具有决定性作用。

（一）公共选择理论

公共选择理论是西方福利经济学的一个分支，产生于20世纪中期，主要代表人物有肯尼思·阿罗、詹姆斯·布坎南、戈登·塔洛克等。公共选择理论将微观经济分析方法应用于政治决策，来分析和说明政治选举制度是如何选择或决定各项公共决策，以及如何改革政治程序，以改进决策的效果。现代西方财政学通常利用公共选择论来说明财政收支规模与结构的决定问题，它构成现代西方财政理论的重要内容。

按照公共选择理论，在民主社会中，公共决策机制可区分为直接民主决策和间接民主决策。

1. 直接民主决策。直接民主决策是指公共决策通过所有选民“一人一票”的表决方式来决定，每个人的决策权都是平等的。直接民主决策的决策原则又分为全票通过原则和多数票通过原则。

全票通过原则要求所有决策都必须一致同意。全票通过原则所产生的决策结果，可能符合效率和公平准则。但是，在现实中，谋求一个全体一致通过的方案几乎是不可能的，既耗费大量的资源，又延误时间或错过机会，也难以产生结果。因而，在直接民主决策中，全票通过原则一般不被采用，而最常见的是多数票通过原则。

多数票通过原则是指被表决的方案只要获得多数票，即可获得通过。“多数”在实际运用中通常有简单多数（1/2）和2/3多数两种，重要的方案需取得2/3以上的选民的同意，不重要的方案只需获得简单多数。多数票通过原则下，如果选民具有单峰形偏好（选民将需要表决的方案加以排序，只出现一个极值）时，可以获得投票表决结果；如果选民具有多峰形偏好，则会出现投票决策困境，如循环投票、不诚实投票和舞弊等问题。诺贝尔经济学奖获得者肯尼思·阿罗认为，在民主社会里，不可能找到一种投票程序，可以既解决投票困境，又能使所有个人的偏好转换为一种社会偏好。这就是所谓的阿罗不可能定律。但是，从世界各国的实践看，多数票通过原则仍然是一种较为有效的决策机制。

2. 间接民主决策。间接民主决策是现代社会中典型的公共决策机制，它由全体选民先投票选出一定数量的代表，并授权这些代表来作出公共决策。在间接民主决策中，选民、政治家和管理者对决策过程产生不同的影响。选民通过选举程序产生他们的代表，选民代表即为政治家。政治家的责任是代表选民进行公共决策，但目标是当选或连任。为此，政治家一般按大多数选民的意愿提出施政方案或作出公共决策，倾向于扩大公共支出规模，并用发行公债代替税收，以取得选民的信任和投票。管理者是政治家聘任的执行政策的人，他追求本部门规模最大化，并对政治家的决策和政策的实施产生重要的影响。

公共选择理论对我国财政实践具有一定的借鉴意义：（1）进行财政决策时，应满足尽可能多的人的利益，这是衡量财政决策有效性的重要标准。（2）财政决策的有效性在很大程度上依赖于决策机制的具体设计。因此，不断改进财政决策机制，是提高财政决策水平的关键所在。（3）必须建立制约有效的权力运行机制，使财政决策沿着制度化、法制化、规范化的轨道运行，把决策失误和腐败行为降低到最低程度。

（二）我国财政决策的科学化

财政决策的科学化有着非常丰富的内涵。根据公共需要的理论，财政决策的科学化主要包括三个方面的内容：一是依据效率的原则，确定合理的支出规模，使公共需要得到适当满足；二是依据公平的原则，在众多公共需要之间合理安排财政支出，使支出产生的利益在地区间、居民间的分配结果达到公平的状态，能恰当地分别符合不同群体的需要；三是财政决策要充分考虑经济稳定增长的要求，要把财政分配活动与经济运行状态有机地结合起来，在此基础上确定的支出规模与支出结构更符合公平与效率的原则。

在实践中，财政决策的科学化总是与决策的制度化、法制化联系在一起的。正如公共选择理论所述，决策需要通过一定的政治程序来进行。在我国，人民代表大会制度就是这样的政治程序，人民可以通过这一政治程序来表达对财政分配的意见，并决定财政支出规模和支出结构。改革开放以来，我国财政决策逐步走上了制度化与法制化的运行轨道，使财政决策真正体现人民的利益。这一改革成果，集中体现在我国 1995 年 1 月 1 日开始实行的《中华人民共和国预算法》（以下简称预算法）上。《预算法》具体地规定了预算管理职权和预算监督权，强化了预算的法律约束力。

《预算法》明确了各级人民代表大会的预算管理职权：审查、批准预算草案及预算执行情况的报告；改变或者撤销各级人民代表大会常务委员会关于预算、决算的不适当的决议。《预算法》同时明确各级人民代表大会常务委员会的预算职权：监督预算的执行；审查和批准预算的调整方案；审查和批准预算；全国人民代表大会有权撤销国务院制定的同宪法、法律相抵触的关于预算、决算的行政法规、决定和命令，有权撤销省、自治区、直辖市人民代表大会及其常务委员会制定的同宪法、法律和行政法规相抵触的关于预算、决算的地方性法规和决议；地方各级人民代表大会常务委员会有权撤销本级政府和下一级人民代表大会及其常务委员会关于预算、决算的不适当的决定、命令和决议。

《预算法》同时也明确了预算监督权：各级人民代表大会及其常务委员会对本级和下级政府预算、决算进行监督；各级人民代表大会和县级以上各级人民代表大会常务委员会有权就预算、决算中的重大事项或者特定问题组织调查，有关的政府、部门、单位和个人应当如实反映情况和提供必要的材料；各级人民代表大会和县级以上各级人民代表大会常务委员会举行会议时，人民代表大会代表或者常务委员会组成人员，依照法律规定程序就预算、决算中的有关问题提出询问或者质询，受询问或者受质询的有关政府或者财政部门必须及时给予答复；各级政府应当在每一预算年度内至少两次向本级人民代表大会或者其常务委员会作预算执行情况的报告；各级政府监督下级政府的预算执行；下级政府应当定期向上一级政府报告预算执行情况；各级政府财政部门负责监督检查本级各部门及其所属各单位预算的执行，并向本级政府和上一级政府财政部门报告预算执行情况；各级政府审计部门对本级各部门、各单位和下级政府的预算执行、决算实行审计监督。

针对支出制度改革明显滞后的种种弊病，我国从 2000 年开始，采取了一系列加强预算管理制度改革的重大措施，主要包括建立先有预算后有拨款制度；推行部门预算；细化预算科目；提前编报预算；推行政府采购制度；建立国库制度；强化预算外资金管理。这些改革措施，将有利于提高财政支出的使用效益，有利于人民代表大会对预算资金的分配和使用情况进行审查监督。

二、政府采购制度

（一）政府采购的含义及其特征

1. 政府采购的概念。政府采购是各国的普遍行为，但由于各国具体情况的不同，决定了政府采购资金来源的不同，政府采购的主体范围、政府采购的模式也各不相同。因此，政府采购在国际上并无确切统一的定义，世界各国都结合本国的实际情况，从资金来源和采购实体两方面进行界定。世界贸易组织的《政府采购协议》中将政府采购定义为：成员国的中央政府、次中央政府采购、租赁、有无期权购买货物、服务、工程，及公共设施的购买营造。

我国的政府采购主要强调两点：一是由各级财政供应经费、实行预算管理的单位，不仅仅是政府机关，还包括权力机关、司法机关、检察机关以及政党组织、社会团体和事业单位等等。二是政府采购涉及的资金，不仅有预算内资金，还有大量的属于财政性资金的预算外资金。

一般而言，可以将**政府采购表述为：政府及其所属机构，为了提供公共服务，在财政监督下，以法定方式和程序，购买货物、工程和服务的活动。**

结合国内外实践，政府采购的内涵应从如下几个方面去把握：

（1）政府采购的主体。政府采购的主体范围有宽有窄。有些国家规定的主体范围窄一些，仅指政府部门及其所属的公共事业单位；有些国家的范围宽一些，还包括为满足社会公共需要，政府投资设立，从事经营性活动的国有企业（即所谓的“特殊法人”），以及特许经营公用事业的私营企业。

我国法律规定的采购人包括各级国家机关、事业单位和团体组织，不包括公益性或投资性国有企业。其中，国家机关包括国家权力机关、国家行政机关、国家审判机关、国家检察机关、军事机关等。事业单位是指政府为实现特定目的而批准设立的事业法人。团体组织是指各党派及政府批准的社会团体。

（2）政府采购的资金来源。政府采购资金一般都是指财政性资金，有些国家仅包括国家财政预算拨款和官方贷款等。但有些国家也包括各类性质的公共基金，诸如各类政府组织和民间组织的基金会、彩票和其他形式的集资，超出了财政性资金的范围。

我国政府采购资金为财政性资金。根据现行财政管理制度，财政性资金包括财政预算资金和预算外资金。财政预算资金是指年初预算安排的资金和预算执行中财政追加的资金。预算外资金是指政府批准的各类收费或基金等。采购人的采购项目含有财政性资金，则属于政府采购范围；采购人全部用非财政性资金开展的采购活动，则不属于政府采购范围。非财政性资金主要是指事业单位和团体组织的自有收入，包括经营收入、捐赠收入、不用财政性资金偿还的借款等。

（3）政府采购的对象。我国政府采购的对象与其他国家比较相似，分为货物、工程和服务三大类，只是采购的重点有所不同。其中，货物是指各种形态和各种类型的物品，包括有形和无形物品（如专利），固体、液体或气体物体，动产和不动产。工程，是指建设工程，专指由财政性资金安排的建设工程（不包括网络工程、信息工程等与土建无关的工程项目），涉及采购人因自身工作以及提供社会公共服务需要而采购的各类建设工程，包括适合人类居住的工程项目，即建筑物，以及非人类居住需要而建造的公共工程项目，即构筑物。工程的采购行为不仅仅指新建，还包括改建、扩建、装修、拆除、修缮以及环境保护。服务，是指货物和工程之外的采购项目，包括专业服务、技术服务、信息服务、课题研究、运输、维修、培训等。

（4）政府采购的目的。政府采购非私人采购。私人采购是为了生产、转售和营利。政府采购管理者没有私人采购需要的动机。政府采购不是为卖而买，而是为了加强支出管理，提高财政资金使用效率，更好地提供公共产品，满足社会公共需要。

2. 政府采购的特征。相对于商业采购、家庭采购，政府采购具有如下特点：

（1）资金来源的公共性。政府采购的资金来源为财政拨款、预算外资金及由财政偿还的公共借款，这些资金的最终来源为纳税人的税收和政府公共服务收费。在财政支出中具体表现为采购支出，即财政支出减去转移支出后的余额。政府采购的资金来自于由纳税人的税收形成的公共资金，而私人采购资金来源于采购人。资金来源的不同决定了政府采购与私人采购在采购管理、采购人员责任等方面有很大的区别。实际上，正是采购资金来源的不同才将政府采购与私人采购区别开来。

（2）采购主体的特定性。我国《政府采购法》规定的采购主体包括实行预算管理的政府机关、事业单位和社会团体组织。尽管各国确定的政府采购主体范围有所不同，有些国家仅指政府机构，更多的国家包括部分社会团体，还有一些国家，如瑞典、日本等，还包括部分企业。但无论政府采购主体的范围大小如何，其主体的性质都有别于社会其他采购主体。

（3）采购活动的非商业性。采购活动的非商业性，是指政府采购不以营利为目的，即政府采购的目的不是为卖而买，而是通过采购为社会提供公共物品和服务，不具有商业目的。正因为如此，用于非营利目的的采购活动很容易滋生滥用资金和贪污腐化现象。所以各国都建立了政府采购制度，对政府采购行为进行严格的管理，保证采购过程的公开、透明以及效率性。但政府采购的非商业性不等于采购行为的非商业化，政府采购在一般的情况下都要按照市场规则进行商业化运作，采购者与供应者之间结成的关系是地位平等的主体之间的关系。

（4）采购对象的广泛性。由于政府职能的广泛性和公共需要的多层次性、多样性，政府采购对象品种繁多，凡政府为社会提供公共服务所需的一切产品和服务都应包括在内。有形产品与无形产品，价值高的产品与价值低的产品，民用产品与军用品，标准化产品与非标准化产品，制成品与原材料、半成品，国产品与进口品都可以成为政府采购的对象。为了方便统计和管理，我国《政府采购法》、世界贸易组织的《政府采购协议》、联合国国际贸易法委员会的《示范法》按采购对象的性质分为货物、工程和服务。

（5）采购行为的政策性。财政支出是国家调控经济的一个重要政策手段，而作为支出管理的一个重要环节的政府采购，必须遵循国家政策的要求，包括最大限度地节约财政资金、购买本国产品、保护民族工业、扶植中小企业、鼓励科技创新等政策及配合实现国家其他经济政策等。如果说私人采购以近期或长远利润最大化为出发点，政府采购则是以实现公共政策为主要出发点。政府采购从最初开始计划的制订到合同的履行，都要体现政府的政策。不仅如此，政府采购是一种政府行为，每一个项目都要列入政府预算，凡获得批准的就必须按批准的内容进行采购，采购主体不能随意进行更改或变动。

（6）采购方式、程序的法定性。政府采购不是一般性的购买行为，不是普通的一手钱一手货的交易，而是需要通过一套完整的采购方式、程序来完成的。政府采购方式、程序是由《政府采购法》规定的，与民商法中的任意性规则要求的买卖方式、方法不同，《政府采购法》规定的采购程序主要是非任意性规则。因此，政府采购主体在从事政府采购时必须严格按照政府采购法律规定的方式、程序进行，法制化管理是政府采购最大的特征之一。

（7）采购过程的透明性与公平性。政府采购与商业采购不同，不具有商业秘密性。政府采购的有关法律和程序都是公开的，采购过程也是在完全公开透明的情况下进行，一切采购活动都要记录，所有的采购信息都是公开的，没有秘密可言。政府采购活动的公平性是以公开透明性作为保证的。"公平、公开、公正"的"三公"原则一直都是现代市场经济中的重要准则，也是经济环境和秩序健康运行的保证。政府采购在这方面应起到率先垂范的作用。

（二）政府采购制度的含义及主要内容

为规范政府采购行为，提高财政支出使用效率，政府就需要制定或认定有关政府采购的政策、方法、程序、管理等一系列规则和惯例。这些规则和惯例的总称就是政府采购制度。政府采购制度作为财政管理制度的重要组成部分，在西方国家已确立200余年。我国政府采购制度产生于20世纪90年代中后期。2002年6月全国人大通过《中华人民共和国政府采购法》，为我国各级政府采购活动规定了统一的规则、程序和方法。该法的颁布和实施，标志着我国政府采购开始步入法制化轨道。

政府采购制度不同于政府采购。政府采购是指具体的采购过程，一国政府部门及政府机构为实现其政府职能和公共利益，使用公共资金获得货物、工程或服务的行为；而政府采购制度是规范政府采购行为的一种公共采购管理的制度，是政府采购健康发展并充分发挥作用的基础和保障。政府采购制度由下列内容构架而成：

1. 政府采购法律法规。美国和欧盟在公共采购方面都制定了基本法律，并在基本法律原则的指导下制定了实施条例。美国联邦政府的采购法律明确分为基本法律和实施细则，实施细则必须遵守基本法律确立的基本制度和原则。欧盟各国的采购立法也都是以《指令》为基础的，尽管各国可以在某些程序性问题上有不同的规定，但也必须符合欧盟法律总的原则。

2. 政府采购的目标、原则。从世界范围来看，各国政府采购制度的建立都以促进政府采购经济有效的目标及其他具体的社会经济目标的实现作为其根本使命。同时，各国政府采购法律又都规定了采购过程中应遵循的一般原则，包括采购的透明度原则、竞争性原则、公平性原则等。这些原则贯穿在整个采购程序中，成为管理政府采购活动的灵魂。

3. 救济程序。在制度的某些方面受到损害，出现"失灵"的情况下，完善而有效的救济程序是保证制度健康运行的重要保障，各国都在其采购法律中规定了这种程序，允许采购双方通过司法的、行政的手段对不正当的采购行为提出质疑。同时由于采购活动的特殊性，救济程序更重视协商、仲裁和调解手段的重要性，以避开对簿公堂的麻烦。

4. 采购程序。一套以招标程序为主适应各种采购环境的完整的采购程序十分必要。各国政府有关采购的法律都对政府采购的主要方式作出了明确规定，将招标采购方法作为政府采购的首选方法，规定在一般情况下采购机构必须采用。同时考虑到公开招标方法并不是在任何情况下都适用的采购程序，并规定了它们适用的条件，从而既保证了政府采购的竞争、公开、公平等原则，又最大限度地促进了政府采购经济有效目标的实现。

5. 采购模式。各国的政府采购模式不尽相同，有的实行集中采购模式，有的实行分散采购模式，有的实行集中与分散相结合模式。

6. 对本国市场的保护措施。和其他目标一样，对本国政府采购市场的保护是一国政府采购制度的一项政策目标。各国都通过其政府采购立法对其政府采购市场进行保护。美国至今仍执行着1993年制定的《购买美国产品法》，国内产品优先是美国政府采购政策中的一条重要原则。即使参加了《政府采购协议》的国家，在政府采购中采购外国产品的数量也极为有限。统计表明，在美、日、加、西欧13万特别提款权（SDR）以上的政府采购中，外国产品所占比重都不高，加拿大为21%，日本为16%，美国为9%，西欧只有1%。可见，即使在对政府采购有国民待遇承诺的国家，大量采购的仍然是本国的产品。

三、国库集中收付制度

（一）国库集中收付制度改革的必要性

建立以国库单一账户体系为基础、资金缴拨以国库集中收付为主要形式的财政国库管理制度，有利于规范财政收支行为，加强财政收支管理监督，提高财政资金的使用效率，从制度上防范腐败现象的发生。

国库单一账户指的是财政的一切资金（包括预算内资金和预算外资金）均应存在国库或国库指定的代理行，由国库归口在中央银行开立国库单一存款账户，进行财政收支的清算。所谓国库集中支付制度，就是由国库直接对各部门和单位的支付过程进行集中处理的一种制度。在这种制度下，政府所有的财政性资金集中在国库或国库指定的代理行开设账户，所有的财政支出均通过这一单一账户进行拨付。同时，财政部门在单一账户下按支出部门、资金性质等设立国库分类账户。当支出发生时，财政资金由国库单一账户直接拨付给商品供应商和劳务提供者，不会出现非单一账户下的多个转账环节。

我国传统的财政性资金缴库和拨付方式，是通过征收机关和预算单位设立多重账户分散进行的。这种在传统体制下形成的运作方式，越来越不适应社会主义市场经济体制下公共财政的发展要求。主要弊端是：重复和分散设置账户，导致财政资金活动透明度不高，不利于对其实施有效管理和全面监督；财政收支信息反馈迟缓，难以及时为预算编制、执行分析和宏观经济调控提供准确依据；财政资金入库时间延滞，收入退库不规范，大量资金经常滞留在预算单位，降低了使用效率；财政资金使用缺乏事前监督，截留、挤占、挪用等问题时有发生，甚至出现腐败现象。因此，必须对现行财政国库管理制度——分散的国库支付制度进行改革，逐步建立和完善以国库单一账户体系为基础、资金缴拨以国库集中收付为主要形式的财政国库管理制度。

（二）财政国库管理制度改革的指导思想和原则

财政国库管理制度改革的指导思想是：按照社会主义市场经济体制下公共财政的发展要求，借鉴国际通行做法和成功经验，结合我国具体国情，建立和完善以国库单一账户体系为基础、资金缴拨以国库集中收付为主要形式的财政国库管理制度，进一步加强财政监督，提高资金使用效益，更好地发挥财政在宏观调控中的作用。

根据上述指导思想，财政国库管理制度改革遵循以下原则：

（1）有利于规范操作。合理确定财政部门、征收单位、预算单位、中国人民银行国库和代理银行的管理职责，不改变预算单位的资金使用权限，使所有财政性收支都按规范的程序在国库单一账户体系内运作。

（2）有利于管理监督。增强财政收支活动透明度，基本不改变预算单位财务管理和会计核算权限，使收入缴库和支出拨付的整个过程都处于有效的监督管理之下。

（3）有利于方便用款。减少资金申请和拨付环节，使预算单位用款更加及时和便利。

（4）有利于分步实施。改革方案要体现系统性和前瞻性，使改革目标逐步得到实现。

（三）国库集中收付制度的主要内容

按照财政国库管理制度的基本发展要求，建立国库单一账户体系，所有财政性资金都纳入国库单一账户体系管理，收入直接缴入国库或财政专户，支出通过国库单一账户体系支付到商品和劳务供应者或用款单位。

1. 建立国库单一账户体系。

（1）国库单一账户体系的构成。国库单一账户体系由国库单一账户、余额账户、预算外资金财政专户、小额现金账户、特殊过渡性专户五种构成。

①财政部门在中国人民银行开设国库单一账户，按收入和支出设置分类账，收入账按预算科目进行明细核算，支出账按资金使用性质设立分账册。

②财政部门按资金使用性质在商业银行开设零余额账户；在商业银行为预算单位开设零余额账户。

③财政部门在商业银行开设预算外资金财政专户，按收入和支出设置分类账。

④财政部门在商业银行为预算单位开设小额现金账户。

⑤经国务院和省级人民政府批准或授权财政部门开设特殊过渡性专户（以下简称特设专户）。

建立国库单一账户体系后，相应取消各类收入过渡性账户。预算单位的财政性资金逐步全部纳入国库单一账户管理。

（2）国库单一账户体系中各类账户的功能。

①国库单一账户为国库存款账户，用于记录、核算和反映纳入预算管理的财政收入和支出活动，并用于与财政部门在商业银行开设的零余额账户进行清算，实现支付。

②财政部门的零余额账户，用于财政直接支付和与国库单一账户支出清算；预算单位的零余额账户用于财政授权支付和清算。

③预算外资金财政专户，用于记录、核算和反映预算外资金的收入和支出活动，并用于预算外资金日常收支清算。

④小额现金账户，用于记录、核算和反映预算单位的零星支出活动，并用于与国库单一账户清算。

⑤特设专户，用于记录、核算和反映预算单位的特殊专项支出活动，并用于与国库单一账户清算。

上述账户和专户要与财政部门及其支付执行机构、中国人民银行国库部门和预算单位的会计核算保持一致性，相互核对有关账务记录。在建立健全现代化银行支付系统和财政管理信息系统的基础上，逐步实现由国库单一账户核算所有财政性资金的收入和支出，并通过各部门在商业银行的零余额账户处理日常支付和清算业务。

2. 规范收入收缴程序。

（1）收入类型。按政府收支分类标准，对财政收入实行分类。

（2）收缴方式。适应财政国库管理制度的改革要求，将财政收入的收缴分为直接缴库和集中汇缴。

①直接缴库是由缴款单位或缴款人按有关法律法规规定，直接将应缴收入缴入国库单一账户或预算外资金财政专户。

②集中汇缴是由征收机关（有关法定单位）按有关法律法规规定，将所收的应缴收入汇总缴入国库单一账户或预算外资金财政专户。

（3）收缴程序。

①直接缴库程序。直接缴库的税收收入，由纳税人或税务代理人提出纳税申报，经征收机关审核无误后，由纳税人通过开户银行将税款缴入国库单一账户。直接缴库的其他收入，比照上述程序缴入国库单一账户或预算外资金财政专户。

②集中汇缴程序。小额零散税收和法律另有规定的应缴收入，由征收机关于收缴收入的当日汇总缴入国库单一账户。非税收入中的现金缴款，比照本程序缴入国库单一账户或预算外资金财政专户。

规范收入退库管理。涉及从国库中退库的，依照法律、行政法规有关国库管理的规定执行。

3. 规范支出拨付程序。

（1）支出类型。财政支出总体上分为购买性支出和转移性支出。根据支付管理需要，具体分为：工资支出，即预算单位的工资性支出；购买支出，即预算单位除工资支出、零星支出之外购买服务、货物、工程项目等支出；零星支出，即预算单位购买支出中的日常小额部分，除《政府采购品目分类表》所列品目以外的支出，或列入《政府采购品目分类表》所列品目，但未达到规定数额的支出；转移支出，即拨付给预算单位或下级财政部门，未指明具体用途的支出，包括拨付企业补贴和未指明具体用途的资金、中央对地方的一般性转移支付等。

（2）支付方式。按照不同的支付主体，对不同类型的支出，分别实行财政直接支付和财政授权支付。

①财政直接支付。由财政部门开具支付令，通过国库单一账户体系，直接将财政资金支付到收款人（即商品和劳务供应者，下同）或用款单位账户。实行财政直接支付的支出包括：

工资支出、购买支出以及中央对地方的专项转移支付，拨付企业大型工程项目或大型设备采购的资金等，直接支付到收款人；转移支出（中央对地方专项转移支出除外），包括中央对地方的一般性转移支付中的税收返还、原体制补助、过渡期转移支付、结算补助等支出，对企业的补贴和未指明购买内容的某些专项支出等，支付到用款单位（包括下级财政部门和预算单位）。

②财政授权支付。预算单位根据财政授权，自行开具支付令，通过国库单一账户体系将资金支付到收款人账户。实行财政授权支付的支出包括未实行财政直接支付的购买支出和零星支出。

财政直接支付和财政授权支付的具体支出项目，由财政部门在确定部门预算或制定改革试点的具体实施办法中列出。

（3）支付程序。

①财政直接支付程序。预算单位按照批复的部门预算和资金使用计划，向财政国库支付执行机构提出支付申请，财政国库支付执行机构根据批复的部门预算和资金使用计划及相关要求对支付申请审核无误后，向代理银行发出支付令，并通知中国人民银行国库部门，通过代理银行进入全国银行清算系统实时清算，财政资金从国库单一账户划拨到收款人的银行账户。

财政直接支付主要通过转账方式进行，也可以采取“国库支票”支付。财政国库支付执行机构根据预算单位的要求签发支票，并将签发给收款人的支票交给预算单位，由预算单位转给收款人。收款人持支票到其开户银行入账，收款人开户银行再与代理银行进行清算。每日营业终了前由国库单一账户与代理银行进行清算。

工资性支付涉及的各预算单位人员编制、工资标准、开支数额等，分别由编制部门、人事部门和财政部门核定。

支付对象为预算单位和下级财政部门的支出，由财政部门按照预算执行进度将资金从国库单一账户直接拨付到预算单位或下级财政部门账户。

②财政授权支付程序。预算单位按照批复的部门预算和资金使用计划，向财政国库支付执行机构申请授权支付的月度用款限额，财政国库支付执行机构将批准后的限额通知代理银行和预算单位，并通知中国人民银行国库部门。预算单位在月度用款限额内，自行开具支付令，通过财政国库支付执行机构转由代理银行向收款人付款，并与国库单一账户清算。

上述财政直接支付和财政授权支付流程，以现代化银行支付系统和财政信息管理系统的国库管理操作系统为基础。在这些系统尚未建立和完善前，财政国库支付执行机构或预算单位的支付指令通过人工操作转到代理银行，代理银行通过现行银行清算系统向收款人付款，并在每天轧账前，与国库单一账户进行清算。

预算外资金的支付，逐步比照上述程序实施。

思考与练习

一、不定项选择题

1. 我国政府采购模式选择________。
A. 集中采购　　B. 分散采购
C. 集中采购 + 分散采购　　D. 分级管理
2. 社会保障的基本项目包括________。
A. 社会保险　　B. 社会救济
C. 社会福利　　D. 优抚安置
3. 文教卫生事业费包括________。
A. 人员经费　　B. 小型设备购置费、修缮费
C. 业务费　　D. 基本建设费
4. 我国政府采购的方式包括________。
A. 询价　　B. 邀请招标
C. 公开招标　　D. 竞争性谈判
E. 单一来源采购　　F. 限制性招标
5. 一国财政支出结构是否合理，应至少从________方面分析。
A. 经济发展水平　　B. 经济体制
C. 政治体制　　D. 国内外政治经济军事形势
6. 行政管理支出的主要内容有________。
A. 一般公共服务支出　　B. 国防支出
C. 公共安全支出　　D. 外交支出
7. 行政事业费中的公用经费包括________。
A. 公务费　　B. 小型设备购置费
C. 修缮费　　D. 业务费
8. 与非政府投资相比，政府投资的特点是________。
A. 讲求社会净效益　　B. 侧重于外部效益明显的领域
C. 规模巨大　　D. 资金筹集方式以投融资为主
9. 按财政补贴的性质分类，财政补贴可区分为________。
A. 价格补贴　　B. 亏损补贴
C. 职工福利补贴　　D. 财政贴息
E. 税收支出
10. 税收支出的形式包括________。
A. 税收豁免　　B. 纳税扣除
C. 税收抵免　　D. 递延纳税
11. 影响财政支出规模的因素包括________。

A. 经济发展水平与经济体制模式　　B. 国家干预程度

C. 政府机构的规模与效率　　D. 人口结构

12. 适合混合提供的产品包括________。

A. 义务教育　　B. 学历教育

C. 公共卫生　　D. 医疗服务

13. 与私人采购相比较，政府采购具有________特点。

A. 资金来源的公共性　　B. 非营利性

C. 采购方式与程序的法定性　　D. 规模性

二、判断题

1. 政府投资性支出属于生产性支出。（　）
2. 政府投资应追求社会净效益的最大化。（　）
3. 社会保障具有受益的普遍性，其目标是保证社会成员较高的生活需要。（　）
4. 财政补贴的种类与金额与价格体系的扭曲程度相关。（　）
5. 过高的社会保障水平，不会对市场机制造成损害，但会加大财政风险。（　）
6. 自然垄断产品一般是按边际成本定价的。（　）
7. 对预算单位日用公用经费，我国实行项目支出管理办法。（　）

三、简述题

1. 行政管理支出与事业支出有哪些不同特点？
2. 简述社会保障支出主要内容。
3. 简述政府采购的特征。

四、案例分析题

财政部：不断完善提升全民健身经费保障

财政部门按照《全民健身计划（2011—2015 年）》要求，坚持体育事业公益性，以推动县级政府将全民健身工作经费列入本级财政预算为重点，初步构建了符合我国国情、比较完整、覆盖城乡、可持续的全民健身公共服务体系。到 2012 年底，全国有近 82% 的县（区）、98% 的地（市）、100% 的省区市人民政府将全民健身工作经费纳入本级财政预算。

中央财政进一步优化支出结构，加大了对重大全民健身活动的经费投入，不仅在国家体育总局本级支出预算中加大安排了全民健身经费，还通过加大转移支付力度，支持农村、贫困地区和民族地区发展全民健身事业。仅 2012 年中央财政就从中央集中彩票公益金支持体育事业专项资金中安排地方全民健身计划经费 14.5 亿元，其中东部地区为 1.9 亿元，占总量的 13.1%；中部地区为 3.9 亿元，占全国的 26.7%；西部地区为 8.7 亿元，占全国的 60.2%。

同时财政部继续做好全民健身经费投入保障工作，落实“三纳入”的工作重点。

一是建立健全全民健身工作统计指标体系、数据体系、指标评价体系和公布体系。下一步财政部将通过《体育事业统计年报报表制度》，增加保障全民健身工作投入的量化指标，同时利用现有资料，生成体育经费和全民健身经费的统计数据。

二是将各级财政部门落实保障全民健身工作情况以系统工程方式整体推进。2013 年仍主要以地（市）级为主，落实各级财政部门的责任分工和组织保障，进一步增强各级财政部门落实“三纳入”的责任意识。同时建立内部统计制度，加强内部通报，与体育系统相互合作，形成合力。

三是进一步加大排查力度，建立评估检查机制，加强对未完成地（市）的监督和检查。今年财政部将配合体育总局，以地（市）级为主，重点检查地（市）和县（区）两级政府“三纳入”落实到位和执行情况、全民健身工作经费纳入各级财政预算的实际执行情况，及时了解及各地在贯彻落实《全民健身条例》和《全民健身计划》过程中遇到的困难、问题及建议。对完成“三纳入”有困难的一些地（市）级，将按照注重实效的原则，采取有效措施，协调当地按计划完成目标任务。

四是建立各地全民健身工作落实情况奖惩机制。根据检查确认的各地落实情况（以地市级为主），对贯彻落实《全民健身计划》到位的省区市，建议在中央集中彩票公益金支持体育事业专项资金中予以奖励。

（资料来源：《不断完善提升全民健身经费保障》，体育总局网站，2013 年 2 月 6 日。）

仔细阅读上述材料，并回答下列问题：

1. 政府介入全民健身的理由有哪些？

2. 你认为当地有哪些健身项目应列入财政保障范围？

第五章 财政收入基本理论

学习要点

- □ 财政收入的来源
- □ 财政收入的结构
- □ 财政收入的形式
- □ 财政收入的规模
- □ 影响财政收入规模的因素

第一节 财政收入来源及其结构

一、财政收入的来源

财政收入通常有两层含义：其一，财政收入是一定量的货币资金，即财政通过一定形式和渠道集中起来的由国家集中掌握使用的货币资金，是国家占有的以货币表现的一定量的社会产品价值，主要是剩余产品价值。其二，财政收入又是一个过程，即组织收入、筹集资金阶段，它是财政分配的第一阶段或基础环节。

财政收入是由国民经济各个部门创造并实现的，归根结底来源于货币形态的社会产品价值（C、V、M），即社会总产品。经济发展是财政增长的基础，是财政收入的最终来源，经济状况对财政分配过程和财政收入规模具有决定作用，所以财政收入主要源于M，但其增减同C、V也存在直接或间接的关系。从我国实际情况来看，M是财政分配的主要对象，是财政收入的主要来源。但是，也有一部分财政收入来自V。分析财政收入同C、V、M的关系，是为了从根本上说明影响财政收入的基本因素，根据不同价值构成的不同性质和特点制定相应的财政政策，寻求增加财政收入的途径。

（一）C 与财政收入

社会总产品价值构成中的 C 部分是补偿生产资料消耗的价值，属于补偿基金。只要社会再生产连续不断地进行，C 就需要不断地补偿，否则简单再生产便不能进行。当进行扩大再生产时，C 部分还应得到新的追加和补充。在生产过程中，C 还可具体分解为补偿流动资金的价值 C_1 和补偿固定资金的价值 C_2 两部分。其中，C_1 主要指材料、燃料、辅助材料等劳动对象的价值，这部分价值在循环周转中具有一次性全部转移到新产品价值中、一次性从产品销售收入中得到足额补偿的特征。对这部分价值，可通过银行信贷短期调剂使用，一般不可能也不需要通过财政分配。C_2 主要指机器设备、厂房和其他建筑物等劳动资料的价值，这部分价值的转移和补偿具有特殊性，主要表现为价值补偿和实物补偿在时间和空间上是分离的。这样，补偿固定资产消耗的折旧基金可以作为积累基金使用，其中的一部分有可能形成财政收入，由政府统筹调剂使用。

财政收入中来自 C 的部分，过去仅限于国有企业上缴财政的基本折旧基金部分。基本折旧基金属于补偿基金，但它又具有积累基金属性，因为在原有固定资产报废更新之前，这部分折旧基金以货币准备金的形式存在着，可以进行追加投资，即可以当做积累基金使用。这种属性，使得折旧基金有可能通过财政在全社会范围内进行再分配。因此，在传统的高度集中的财政体制下，国有企业折旧基金曾经全部或部分地上缴财政，成为财政收入的一个来源。现在，根据社会主义市场经济的要求，从企业是具有自我积累、自我发展、自我改造能力的独立经济主体来看，折旧基金仍然属于固定资产的简单再生产，属于企业经营管理权限的范围，不宜由国家管理使用。因此，价值 C 部分以后不构成财政收入来源。

（二）V 与财政收入

社会总产品价值构成中的 V 是指以劳动报酬的形式付给劳动者个人的部分，是维持劳动力再生产的价值。从这个意义上讲，V 应全部留归劳动者个人使用。现实生活中的 V 是劳动者的报酬，通常以工资、奖金等形式发给劳动者个人。由于劳动者客观上存在劳动能力的差别，而且社会产品分配中存在多种分配形式，各个劳动者实际得到的报酬在数量上是不同的，甚至差异悬殊。一部分高收入者的收入远远高于维持劳动力再生产的价值，而另一部分低收入者或无收入者则不能满足其基本的生活需要。为了实现社会公平目标，促进社会稳定，政府应以社会管理者的身份，凭借政治权力对高收入者征税，对低收入者包括无收入者给予补贴，进行收入分配的再调节。这样，代表劳动者报酬的 V 就构成了财政收入的来源。

从我国目前情况来看，V 虽然构成财政收入的一部分，但它在全部财政收入中所占的比重很小。这是因为我国长期以来实行低工资制度，劳动者个人的收入普遍较低，国家不可能从 V 中筹集更多的资金。就现实的经济运行来看，目前我国来自 V 的财政收入主要有以下几个方面：第一，直接向个人征收的税（如个人所得税、个人缴纳的房产税、土地使用税、车船使用税等）。第二，直接向个人收取的规费收入（如结婚登记费、护照费、户口证书费等）和罚没收入等。第三，居民购买的国库券。第四，国家出售高税率消费品（如烟、酒、化妆品等）所获得的一部分收入，实质上是由 V 转移来的。第五，服务行业和文化娱乐业等企事业单位上缴的税收，其中一部分是通过对 V 的再分配转化而来的。今后，随着社会主义市场经济体制的逐步建立，人民生活水平的不断提高，个人所得税制的改革和完善，财政收入来自 V 的比重将逐渐提高。目前，不少发达国家实行以个人所得税、社会保险税为主体税种的税制，劳动者报酬 V 已成为这些国家财政收入的重要来源。

（三）M 与财政收入

社会总产品价值构成中的 M 是剩余价值部分，即社会产品价值扣除补偿生产的价值 C 和维持劳动力再生产的价值 V 后的价值。M 是社会产品价值中最终归社会支配的部分，是财政收入的基本源泉，是社会进行扩大再生产和满足社会公共需要的物质基础。只有 M 多了，财政收入的增长才有坚实的基础。增加 M 是增加财政收入的根本途径。如果片面强调产值而忽视经济效益，往往发生社会总产品价值增长、而财政收入不是同步增长或反而下降的情况。在我国历史上，曾有过多次这样的教训。随着经济体制改革的全面展开，政府已明确指出经济工作要转移到以提高经济效益为中心的轨道上来，走效益型增长的经济发展道路，并把实现经济体制和经济增长方式的转变作为经济工作的重要内容来抓。在这种条件下，财政才能真正走上以增加 M 作为增加财政收入根本途径的轨道上来。

上面分别分析了财政收入与 C、V、M 的关系。我们还可从 C、V、M 三者之间的关系进一步探索增加财政收入的途径。

首先，看 M 和 C 的关系。在社会总产品价值一定的情况下，C 缩小，如果 V 不变，则 M 增大。因此降低 C，减少物质消耗是增加 M 从而增加财政收入的途径。但对降低 C 需作具体分析。属于补偿劳动对象的消耗部分，在保证产品质量的情况下，当然越节约越好；而属于补偿固定资产消耗的折旧基金，却不能任意降低。一般来说，折旧费的多少，除了取决于固定资产价值外，还取决于折旧率的高低。机器设备在相同的运转时间中生产出更多的产品，每件产品中分摊的折旧费就少，从而可以降低成本，增加 M，这是减少固定资产消耗的正确途径。但是，任意降低折旧率，则不利于固定资产的更新改造，不利于用新的技术装备国民经济，由此而形成的 C 并不代表固定资产真实的转移价值，成本低只是假象，实际是人为地扩大 M，就是通常所说的把“老本”转化为“效益”，这是一种损害长远利益的得不偿失的做法。正确选择折旧率，是世界各国至今尚未很好解决的一个难题。近几十年来，折旧率的选择已经成为一种主要的财政政策，而在制定这一政策时通常遵循两条原则：一是使固定资产折旧与固定资产的实际消耗相符，保证正常的简单再生产的需要，防止人为压低折旧、使机器设备带病运转的短期行为；二是按企业政策的要求，对某些部门、行业的固定资产实行加速折旧制度，促进这些部门和行业的技术更新和产品的更新换代。除此之外，很多国家的政府还对折旧基金免于征税，以鼓励企业投资，促进经济的发展。

其次，就 M 和 V 的关系而言，如果社会产品价值一定，C 不变，V 部分缩小，M 就相对增大；反之，V 增大，M 就相对减小。但 V 部分是劳动者报酬，不能笼统地说越少越好；劳动者的工资水平不仅不能降低，而且还要随着生产的发展不断提高，问题是工资水平如何决定。由于 M 和 V 的比例是积累和消费关系的基础，因而正确处理 M 和 V 的关系的原则也就是正确处理积累和消费关系的原则。要把整个社会的长远利益和个人利益结合起来，既要加速建设资金的积累，又要在经济发展的基础上逐步提高人民生活水平。从长远趋势来看，工资水平应该随劳动生产率和国民收入的增长而增长，但增长的幅度不能高于劳动生产率和国民收入的增长幅度。只有这样，国民经济发展才有后劲，财政收入才有不断增长的物质基础。

二、财政收入的形式

财政收入的形式是指政府取得财政收入所采取的具体方式或方法。财政收入的形式有税收收入、非税收入和政府债务收入。分析财政收入形式的主要目的在于使财政收入的增长与经济制度相适应。

（一）税收收入

税收随着国家的产生而产生，是政府实现其职能的重要形式。在现代市场经济条件下，税收具有组织财政收入、调节经济和调节收入分配的基本职能。税收是财政收入的主要来源，我国税收收入已占财政收入的90%左右。税收之所以能够成为财政收入的主要形式，有以下几个原因：

第一，税收能够适应商品经济发展的需要。以流通为基础的商品经济要求有不受地域限制的广泛市场，有全国统一的收入形式与之相适应，并对商品流通起保护作用，使纳税商品通行全国不受限制。税收以法律形式规定企业和公民的纳税义务，同时也确定纳税人的权利，给从事商品生产和商品经营的企业及个人提供了一定程度的法律保护。凡是纳税商品就具有生产和经营的合法性，受到政府的保护，可以在全国市场上通行无阻，具有竞争的权利。

第二，税收能够适应各种所有制形式的需要。现代商品经济是由不同所有制构成的混合经济，区别在于是私有制还是公有制占主导地位。就财政分配来说，要在社会主义初级阶段保持各种所有制并存的混合经济，在国家、企业及个人的分配关系中就要采取平等纳税原则，一视同仁，对各种所有制实行公平负担政策，使各种所有制具有平等竞争能力。

第三，税收适应企业自主经营的要求。商品经济要求企业进行自主经营，只有使企业成为独立的商品生产者和经营者，才能促进商品经济的发展。税收是以法律形式把国家和企业的分配关系固定下来。企业可以根据税法和自己的经营情况确定自己的收益，具有确定的利益界限，可以使企业摆脱主管机关的财政控制和财政部门过多的干预，进行自主经营。

目前，我国共有19个税种，其中16个税种由税务部门负责征收，契税和耕地占用税由财政部门负责征收，关税和船舶吨税由海关征收，进口货物的增值税、消费税由海关部门代征。

1. 增值税是对在我国境内销售货物或者提供加工、修理修配劳务以及进口货物的单位和个人征收的一种税。

2. 消费税是对在我国境内生产或销售、委托加工和进口应税消费品的单位和个人征收的一种税。

3. 营业税是对有偿提供应税劳务（包括交通运输业、建筑业、金融保险业等七个税目）、转让无形资产和销售不动产的单位和个人征收的一种税。

4. 企业所得税是对在我国境内的企业和其他取得收入的组织，对其生产、经营所得和其他所得依法征收的一种税。

5. 个人所得税是对个人（自然人）取得的各项应税所得（包括个人的工资、薪金所得，个体工商户的生产、经营所得等11个项目）征收的一种税。

6. 资源税是以各种应税自然资源（包括原油、天然气、煤炭、其他非金属矿原矿、黑色金属矿原矿、有色金属矿原矿和盐）为课税对象征收的一种税。

7. 城镇土地使用税是以在城市、县城、建制镇和工矿区范围内的土地为征税对象，以纳税人实际占用的土地面积为计税依据，按规定税额对使用土地的单位和个人征收的一种税。

8. 土地增值税是对在我国境内转让国有土地使用权、地上建筑物（包括地上、地下的各种附属设施）及其附着物并取得收入的单位和个人，对其转让所取得的增值额征收的一种税。

9. 房产税是以城市、县城、建制镇和工矿区范围内的房屋为征税对象，按照房产原值一次减除10%～30%后的余值或房产租金收入向房产所有人或经营使用人征收的一种税。

10. 城市维护建设税是以纳税人实际缴纳的增值税、消费税和营业税税额为计税依据所征收的一种税。

11. 车辆购置税是对购置汽车、摩托车、电车、挂车、农用运输车等应税车辆的单位和个人，按照应税车辆计税价格的一定比率征收的一种税。

12. 车船税是以在我国境内依法应当到车船管理部门登记的车辆、船舶为征税对象，向车辆、船舶的所有人或者管理人征收的一种税。

13. 印花税是对经济活动和经济交往中书立、领受应税经济凭证所征收的一种税。

14. 契税是以在我国境内转移的土地、房屋权属为征税对象，向取得土地使用权、房屋所有权的承受人征收的一种税。

15. 耕地占用税是对在我国境内占用耕地建房或从事非农业建设的单位和个人，就其实际占用的耕地面积征收的一种税。

16. 烟叶税是对收购烟叶（包括晾晒烟叶、烤烟叶）的单位，按照收购金额的一定比率征收的一种税。

17. 关税是以进出境的货物和物品为课税对象征收的一种税。

18. 船舶吨税是对在中国港口行驶的外国籍船舶和外商租用的中国籍船舶，以及中外合营企业使用的中外籍船舶（包括在港内行驶的上述船舶）征收的一种税。

19. 固定资产投资方向调节税（从2000年起暂停征收）。

近年来，按照“简税制、宽税基、低税率、严征管”的原则，积极稳妥推进税制改革，税收制度更加科学、合理，税收对财政收入的保障功能和对经济的调节功能显著增强。通过统一内外资企业所得税、修订耕地占用税暂行条例、改革车船税和房产税等，基本统一了各类企业税收制度，促进公平竞争。发布了在全国范围内推进增值税转型改革（即将生产型增值税改为消费型增值税）的实施方案，允许纳税人抵扣新购进设备所含的进项税额，减轻企业税负，鼓励企业增加自主创新和技术改造投入。研究出台成品油税费改革方案，提高现行成品油消费税单位税额，公平税费负担，推动节能减排。多次上调个人所得税工薪所得扣除标准，增加居民可支配收入，促进扩大消费需求。对消费税政策进行了重大调整，新增和取消了部分消费税的应税品目，并对原有税目的税率进行了有高有低的调整，引导生产和消费。不断调整完善出口退税政策，积极推进资源税制度改革，深化物业税模拟评税试点改革等。

今后一个时期，将继续深化税收制度改革，正税清费，发挥税收筹集财政收入的主渠道作用，优化税制结构，公平税收负担，促进科学发展和社会和谐。改革和完善资源税制度，统一内外资企业和个人的城建税和教育费附加制度，调整和完善消费税制度，推进房产税制度改革，研究开征环境税等。

（二）非税收入

政府非税收入（简称非税收入），**是指除税收和政府债务收入以外的财政收入，是由各级政府、国家机关、事业单位、代行政府职能的社会团体及其他组织依法利用政府权力、政府信誉、国家资源、国有资产或提供特定公共服务和准公共服务取得的财政资金。**具体包括行政事业性收费、政府性基金等十类，社会保险基金、住房公积金不纳入非税收入管理。针对不同类别和性质的非税收入，国务院和财政部制定了相应的管理政策和制度。

1. **行政事业性收费**。是指国家机关、事业单位、代行政府职能的社会团体及其他组织根据法律、行政法规、地方性法规等有关规定，依照国务院规定程序批准，在向公民、法人提供特定服务的过程中，按照成本补偿和非盈利原则向特定服务对象收取的费用。

2. **政府性基金**。是指各级政府及其所属部门根据法律、行政法规和中共中央、国务院有关文件规定，为支持某项特定基础设施建设和社会公共事业发展，向公民、法人和其他组织无偿征收的具有专项用途的财政资金。

3. **国有资源有偿使用收入**。包括土地出让收入，新增建设用地土地有偿使用费，海域使用金，探矿权和采矿权使用费及价款收入，场地和矿区使用费收入，出租汽车经营权、公共交通线路经营权、汽车号牌使用权等有偿出让取得的收入，政府举办的广播电视机构占用国家无线电频率资源取得的广告收入，以及利用其他国有资源取得的收入。

4. **国有资产有偿使用收入**。包括国家机关、实行公务员管理的事业单位、代行政府职能的社会团体以及其他组织的固定资产和无形资产出租、出售、出让、转让等取得的收入，世界文化遗产保护范围内实行特许经营项目的有偿出让收入和世界文化遗产的门票收入，利用政府投资建设的城市道路和公共场地设置停车泊位取得的收入，以及利用其他国有资产取得的收入。

5. **国有资本经营收益**。包括国有资本分享的企业税后利益，国有股股利、红利、股息，企业国有产权（股权）出售、拍卖、转让收益和依法由国有资本享有的其他收益。

6. **彩票公益金**。是指政府按彩票销售额的一定比例提取的专项用于支持社会公益事业发展的资金。2008 年以前，彩票公益金纳入财政专户管理，从 2008 年起按政府性基金管理办法纳入预算，实行“收支两条线”管理，专款专用，结余结转下年继续使用。

7. **罚没收入**。是指国家司法机关、依法具有行政处罚权的国家行政机关、法律法规授权的具有管理公共事务职能的组织等依据法律、法规和规章规定，对公民、法人或者其他组织实施处罚所取得的罚款、没收的违法所得、没收的非法财物及其变价收入等。

8. **以政府名义接受的捐赠收入**。是指以各级政府、国家机关、实行公务员管理的事业单位、代行政府职能的社会团体以及其他组织名义接受的非定向捐赠货币收入，不包括定向捐赠货币收入、不代行政府职能的社会团体、企业、个人或者其他民间组织名义接受的捐赠收入。

9. **主管部门集中收入**。主要指国家机关、实行公务员管理的事业单位、代行政府职能的社会团体及其他组织集中的所属事业单位收入。

10. **政府财政资金产生的利息收入**。是指国库和财政专户中的财政资金，按照中国人民银行规定计息产生的利息收入。

（三）政府债务收入

从财政收入角度看，政府债务收入包括内债收入和外债收入。

1. **政府内债收入**。政府内债收入是指各级政府以债务人的身份在国内筹措的各种借款。包括中央政府和地方政府发行的债券。

2. **政府外债收入**。政府外债是指财政部代表我国政府对外举借的债务，以国家主权信用为基础，又称主权外债，包括国际金融组织贷款、外国政府贷款和境外发行的主权外币债券三种形式。

我国政府外债包括借用国际金融组织贷款、外国政府贷款以及境外发行外币债券三种形式。截至2008年底，我国累计借入外债1 175.94亿美元，债务余额668.90亿美元。其中：世界银行、亚洲开发银行等国际金融组织贷款累计提款531.23亿美元，贷款余额326.08亿美元；日本、德国、法国、西班牙、科威特等26个国家和区域性金融机构的双边优惠贷款累计提款534.81亿美元，贷款余额310.71亿美元；境外发行外币债券23笔，累计发行金额折合109.9亿美元，债券余额42.11亿美元。

1998年政府部门职能调整后，政府外债工作由财政部统一负责。财政部对政府外债实行借、用、还全过程管理，加强对项目申请、建设、运营、还款等各环节管理，从重贷款规模向重质量和效益转变、从重贷款筹借向重使用和偿还转变、从重资金引进向资金和智力引进并重转变，不断推进政府外债管理工作的科学化和精细化。

【阅读材料】

政府收入分类

政府收入是预算年度内通过一定的形式和程序，有计划地筹措到的归国家支配的资金，是国家参与国民收入分配的主要形式，是政府履行职能的财力保障。政府收入分类是将各类政府收入按其性质进行归类和层次划分，以便全面、准确、明细地反映政府收入的总量、结构及来源情况。为适应建立完善公共财政体系的要求，经国务院批准，财政部自2007年1月1日起实施政府收支分类改革。此次政府收支分类改革是建国以来我国政府收支分类统计体系的一次重大调整，也是我国政府预算管理制度的又一次创新。改革后的政府收支分类体系包括“收入分类”、“支出功能分类”、“支出经济分类”

三部分。为进一步完善政府收支分类体系，科学反映政府收支状况，从2007年开始，财政部每年根据预算管理的需要，在年度预算编制和执行过程中对部分科目进行了适当修订补充。

政府收支分类改革后，“收入分类”全面反映了政府收入的来源和性质。修订后的《2011年政府收支分类科目》收入具体分类情况是：第一类：税收收入，下设增值税等21款；第二类：社会保险基金收入，下设基本养老保险基金收入等9款，比2010年增加了新型农村合作医疗基金收入等3款；第三类：非税收入，下设政府性基金收入等7款；第四类：贷款转贷回收本金收入，下设国内贷款回收本金收入等4款；第五类：债务收入，下设国内债务收入、国外债务收入2款；第六类：转移性收入，下设返还性收入等9款，2011年将预算外资金全部纳入预算管理，相应删除了预算外收入科目。

（资料来源：中华人民共和国财政部网站。）

【阅读材料】

规范非税收入管理的主要措施

2011年，财政部门会同有关部门积极采取措施，不断加大非税收入管理力度，着力加强制度建设，将各级政府所有非税收入全部纳入预算管理。

加大收费基金清理规范力度。对涉及企业负担的行政事业性收费进行了全面清理，取消253项各省、自治区、直辖市设立的涉企行政事业性收费，并对小型微型企业免收22项管理类、登记类、证照类行政事业性收费。继续减免进出口环节出入境检验检疫费，对出口活畜活禽全额免收，对其他出口农产品减半收取。会同有关部门开展收费公路专项清理工作，着力查处解决收费公路超期收费、违规设站（点）、收费标准偏高等突出问题。配合教育部等有关部门做好教育收费专项治理工作，着力解决群众反映强烈的择校乱收费等问题。会同有关部门印发了《幼儿园收费管理暂行办法》，明确了幼儿园的收费项目和收费标准。

健全非税收入预算管理制度。将各级政府所有非税收入全部纳入预算管理，全面取消预算外资金。同时，结合由公共财政预算、政府性基金预算、国有资本经营预算组成的政府预算体系建设，对非税收入实行分类预算管理，将属于公共财政收入性质的行政事业性收费、罚没收入、国有资源（资产）有偿使用收入、以政府名义接受的捐赠收入等纳入公共财政预算管理，与税收收入一起统筹安排使用；将具有以收定支、专款专用性质的政府性基金、土地出让收入、彩票公益金等纳入政府性基金预算管理，专项用于支持特定基础设施建设和社会事业发展；将国家以所有者身份从国家出资企业取得的国有资本经营收益纳入国有资本经营预算管理，主要用于支持国有企业改革发展和社会保障等民生支出，保证财政预算的统一性和完整性，提高预算约束力和透明度。

加强政府性基金制度建设和预算编制管理。一是进一步清理政府性基金项目，取消了福建省铁路建设附加费、山西省电源基地建设基金和水资源补偿费、江苏省地方教育基金，清理地方越权设立的基金项目，严格控制设立新的基金项目。二是完善了旅游发展基金、民航基础设施建设基金、民航机场管理建设费、彩票公益金、新增建设用地土地有偿使用费等分配和使用政策，根据形势发展变化和实际需要，适当调整了分配方式、使用方向，明确重点支持的范围和领域，提高了资金使用效益。三是完善政府性基金预算编制，进一步细化了预算编制内容，提高基金预算到位率，减少代编预算规模，基本支出按照经济分类科目编报，项目支出编报到具体执行单位的明细支出项目，基金安排的项目支出进行充分论证，保证项目可执行。四是提高预算管理的规范性，增强了基金预算约束力，基金预算一经确定，除无法预见的临时性或国务院明确的特殊支出事项外，不调整预算支出，对确需安排的支出项目，按预算调整的法定程序办理。五是加强预算执行管理，及时跟踪分析基金预算执行情况，合理安排基金预算执行进度，提高基金预算执行均衡性，对结余资金规模比较大的基金项目进行清理，提高资金使用效率。

加强土地出让收入征收管理。各级财政部门认真落实将土地出让收支全额纳入地方政府性基金预算管理的规定，对没有认真贯彻执行的市县，由省级财政、国土资源、监察、审计等部门督促其限期整改并落实到位。严格依照合同规定，加强土地出让收入征收管理，取消土地出让收入过渡性账户，规定土地出让收入原则上采取直接缴库办法，通过非税收入汇缴专户收缴土地出让收入的，要在10个工作日内全额划转地方国库，不得超时滞留。规范土地出让收入分期缴纳行为，土地出让合同中约定的分期缴纳全部土地出让价款的期限原则上不超过一年。开展土地出让收支管理专项审计和检查，依法查处违反规定减免或者变相减免土地出让收入行为，严格责任追究制度。

稳步推进国有资本经营预算。2010年首次向全国人大报告了中央国有资本经营预算。从2011年起，进一步扩大中央国有资本经营预算实施范围，将教育部、农业部、文化部、国家广电总局、中国贸促会所属企业和中国出版集团公司、中国对外文化集团公司纳入预算范围。同时适当提高中央企业国有资本收益收取比例，并积极推动地方加快试编国有资本经营预算。

全面推进非税收入收缴管理改革。经过近年来不断推进非税收入收缴管理改革，有效规范了执收单位收缴行为，提高了非税收入运行的效率和透明度，保证了非税收入依法合规征收，及时足额上缴，在加强和规范非税收入管理方面取得了积极成效。一是收缴管理运行机制基本建立。通过系统化的执收项目管理、规范化的银行账户管理、科学化的收缴流程管理、电子化的执收票据管理，确立了缴款人依法缴款、执收单位依法执收、财政部门和主管部门依法实施监管的收缴管理机制，改变了长期以来财政资金滞留执收单位账户、资金入库速度慢的局面，提高了资金运行效率。二是收缴管理制度体系初步形成。财政部印发了《深化地方非税收入收缴管理改革的指导意见》、《中央单位教育收费收缴管理暂行办法》等。地方财政部门加强了非税收入立法和制度建设。三是收缴管理系统和动态监控机制日趋完善。通过在收缴系统中统一维护执收单位、执收项目和银行账户等基础信息，并下载到执收单位收缴系统中，实行机打开票，实现对收缴行为的直接控制，规范了执收行为。随着改革逐步深化，系统监控范围不断扩大，监控功能不断升级完善，财政部门通过信息系统收集缴款信息，将收缴全过程纳入监管视野，并通过比对分析和疑点核实，初步实现了对收缴行为的动态监控。四是初步形成了中央本级非税收入收缴改革收入、中央本级全口径收入以及全国非税收入收缴执行收入三层数据架构，总结非税收入实现规律，加强收入预测分析。

下一步，财政部将按照“正税清费”和“分类规范”的原则，继续推进非税收入规范化、法制化管理。

（资料来源：中华人民共和国财政部网站。）

三、财政收入的结构

财政收入作为一个过程总是和一个国家的经济运行模式密切相关的，作为一定量的货币资金总是来自国民收入的分配和再分配。财政收入结构主要分析财政收入与国民经济各个部分的关系，其主要目的在于保证财政收入的增长与经济发展相适应。

我国是发展中国家，国民经济以农业和工业为主要生产部门，建国 60 多年来，这两大生产部门创造的国民收入始终占国民收入总额的 80% 左右，两大部门提供的财政收入在财政总收入中也占较高的比重，特别是工业，始终是财政收入的支柱。

（一）农业与财政收入

农业是国民经济的基础，是国民经济各部门赖以发展的基本条件。我国是一个农业大国，农业的发展和丰歉对人民生活和国民经济发展都有着重要的影响。没有农业的发展，国民经济其他部门发展和财政收入的增长都要受到制约。因此，农业也是财政收入的基础。农业部门为国家提供的财政收入表现在两个方面：一是直接为财政提供收入，包括农牧业税和农村的其他税收收入。由于我国农业劳动生产率比较低，农业收入扣除内部积累和个人消费部分以后所剩不是很多。再加上长期以来，国家对农业采取“稳定负担，增产不增税”的轻税政策，因此农牧业税在整个财政收入中所占份额极其有限，近年来一般占 3% 左右。二是间接为财政提供收入。由于历史原因，我国工农业产品价格长期存在“剪刀差”，使得农业部门创造的一部分价值转移到工业部门，这等于农业部门替工业部门承担了部分税负。据估算，农业部门间接提供的财政收入比其直接提供的多得多，但这部分收入并没有在统计中体现出来。2006 年在全国范围内全面彻底取消了农业税，延续了 2600 年的农业税将走进历史博物馆，今后农业部门为国家提供的财政收入主要表现在间接方面。

（二）工业与财政收入

工业是国民经济的主导。我国工业产值在 GNP 中占的比重最大，工业部门的劳动生产率和剩余产品价值率都比农业高，同时，由于我国工商税收多选择在产制环节课征，因此来自工业部门的财政收入最多，工业的发展对财政收入增长起决定性作用。工业部门的规模效益的变化以及财务制度和利润分配制度的改革调整，都成为影响财政收入增长的重要因素。改革开放后，由于国家向企业让利，加之国有企业经济效益低下，工业部门提供的财政收入占财政收入总额的比重虽然有所下降，但无论从绝对额还是从相对额来看，工业部门仍是财政收入的支柱。因此，为工业发展创造更好的条件，实行有利于增强工业企业活力的政策，是增加财政收入的关键。

（三）交通运输业、商业服务业与财政收入

交通运输业和商业服务业是联结生产与消费的桥梁和纽带，从总体上讲属于流通过程。流通过程是生产过程的继续，在市场经济条件下，实现商品的价值和使用价值是运输业、邮电业、外贸等企业的基本职能。交通运输作为生产在流通领域的继续，是一种特殊的生产活动，交通运输部门提供的财政收入是交通运输部门的劳动者在商品运输的劳动中创造的价值，同时，交通运输沟通商品交换，促进商品流通，对最终实现工农业产品价值和财政收入起着重要的保证作用。商业是以货币为媒介从事商品交换的活动，是商品的价值和使用价值的实现过程。商业的部分劳动如商品搬运、包装、保管、仓储、简单加工等，创造商品的附加价值，直接为国家创造一部分财政收入，但更重要的是通过商品交换，实现工农业生产部门创造的产品价值，实现国家财政收入。

随着生产力的发展和产业结构的变化，交通运输、商业服务以及金融保险、旅游、饮食、娱乐业等第三产业迅速发展，来自这些部门的财政收入呈日益增长趋势。那种认为只有工业和农业才是财政收入的主要来源，其他部门和行业只能处于从属地位的传统的经济思想已被实践所否定。据统计，不少发达国家第三产业占 GDP 的比重已达 60% 以上，提供的财政收入也占整个财政收入的 50% 以上。在我国，由于经济发展水平较低，来自工农业的财政收入以前乃至在今后相当长的时期内都占主导地位。但随着我国生产力水平的提高、经济模式的转变以及社会消费观念的改变，市场化改革的深入，第三产业必将更加迅速地发展起来，并成为财政收入新的增长点和重要来源。

第二节
财政收入规模及其增长

一、财政收入规模

财政收入规模，是指财政收入在数量上的总水平。它是衡量国家财力和政府在社会经济生活中职能范围大小的重要指标，通常用财政收入总额、财政收入总额占国民收入或国民生产总值的比重来表示。从政府的意愿及满足财政支出的角度来看，财政收入规模似乎是越多越好，但财政收入受国民收入等因素的制约，在国民收入一定的情况下，财政收入过多，会减少企业和个人占有社会产品的份额，从而在一定程度上影响企业生产的积极性和人民生活水平的提高；而财政收入过少，又满足不了政府实现其职能的需要，因此，必须保持适度的财政收入规模。

衡量财政收入规模的大小可以用财政收入的绝对数量和财政收入的相对数量两种指标来衡量。

（一）财政收入的绝对数量指标

财政收入的绝对数量是指一定时期内财政收入的数量总额。如 2011 年，全国公共财政收入 103 874.43 亿元，完成预算的 115.8%，比 2010 年增长 25%。加上预算安排从中央预算稳定调节基金调入 1 500 亿元，使用的收入总量为 105 374.43 亿元。分中央和地方看：中央本级收入 51 327.32 亿元，完成预算的 111.9%，增长 20.8%，加上从中央预算稳定调节基金调入 1 500 亿元，使用的收入总量为 52 827.32 亿元。地方本级收入 52 547.11 亿元，完成预算的 119.8%，增长 29.4%。都是对财政收入绝对数量的描述。如果把同一国家不同时期财政收入的绝对量联系起来加以考察分析，还可以看出财政收入规模随着经济发展、经济体制改革以及政府职能变化而增减变动的情况和趋势。如“十一五”期间国家财政实力明显增强。经济快速增长带来了国家财政收入的稳定增长。我国财政收入 2007 年超过 5 万亿，达到 51 322 亿元；2008 年超过 6 万亿，达到 61 330 亿元；2010 年超过 8 万亿，达到 83 080 亿元，比 2005 年增长 1.6 倍，年均增长 21.3%。

【阅读材料】

（二）财政收入的相对数量指标

财政收入的相对数量是指一定时期内财政收入与有关经济和社会指标的比率。财政收入不是孤立的，其规模大小受多种经济和社会因素的影响，单纯讲财政收入的绝对数量，可以反映一个国家或地区在不同时期的政府财力以及政府参与经济资源配置和收入分配的范围和力度的变化情况。但绝对数量在不同的国家和地区之间不完全具有可比性，盲目类比甚至容易引起误解。如甲、乙两地区的财政收入分别为 120 亿元和 60 亿元，总人口分别为 6 000 万人和 2 000 万人，而从财政收入的绝对数量看，甲地区是乙地区的两倍，似乎甲地区财力强，乙地区财力弱。但若从相对指标（人均财政收入水平）看则不尽然，按人均计算的财政收入水平乙地区高于甲地区，因此，在分析财政收入规模的时候，不仅要看绝对数量，更要注重对相对数量指标的研究。

财政收入相对数量指标包括财政收入占国民收入的比重，财政收入占 GNP 的比重，财政收入占 GDP 的比重，人均财政收入等，其中财政收入占 GDP 的比重是衡量一国财政收入相对规模的基本指标，也是国际上衡量和比较财政收入规模大小的比较通用的指标。我国以前通常用财政收入占国民收入的比重这一指标衡量财政收入的相对规模。随着经济市场化改革的深入，我国经济体制逐渐与国际惯例接轨，财政收入占 GDP 的比重也将成为统计分析我国财政收入规模的重要指标。

财政收入占 GDP 的比重，反映了财政年度内的 GDP 由政府集中和支配使用的份额，综合体现了政府与微观经济主体之间占有和支配社会资源的关系，体现了政府介入社会再生产进而影响经济运行和资源配置的范围和力度。在 GDP 一定的条件下，财政收入占 GDP 的比重越高，表明社会资源由政府集中配置的数额越多，企业和居民的可支配收入相应减少，或者说，在整个社会资源的配置中，政府配置的份额扩大，市场配置的份额相对缩小，从而引起社会资源在公共部门和私人部门之间配置结构的变化。反之，财政收入占 GDP 的比重越低，表明政府参与国民生产总值分配和直接配置资源的份额越小，市场配置的份额也就越大。

【阅读材料】

公共财政收入增长与 GDP 增长的关系

经济决定财政，经济发展是财政增收的前提和基础。但由于不同税种对应不同的税基，这些税基一部分与当期 GDP 构成要素有关，也有一部分与当期 GDP 构成要素无关或不直接相关甚至负相关。因此，公共财政收入增速与 GDP（投资 + 消费 + 净出口）增速并不是一一对应的数量关系。

2011 年，在国家出台一系列减税政策的背景下，全国公共财政收入保持较快增长，是经济平稳较快增长、企业效益较好、物价水平上涨以及地方财政预算外资金纳入预算管理等因素的综合反映。

近年来，公共财政收入超 GDP 增长，主要有以下原因：一是公共财政收入增幅以现价计算，而 GDP 增幅以不变价计算。2011 年，GDP 增幅按不变价计算是 9.2%，而按现价计算约为 17.4%，与财政收入 24.8% 的增幅差距明显缩小。二是主要税种税基的增速快于 GDP 的增速。公共财政收入由税收收入和非税收入构成，其中税收收入约占财政收入的 90% 左右。目前我国共有 19 个税种，不同的税种各自有相应的税基，由于近些年来国家基本没有出台针对企业和居民的增税措施，税率基本没有提高，因此每个税种收入的增速主要由其税基（对应相应的经济指标）的增速决定。2011 年，规模以上工业增加值增长 13.9%（按现价计算增长 23% 左右）、全社会固定资产投资增长 23.6%、社会消费品零售总额增长 17.1%、规模以上工业企业实现利润增长 25.4%、外贸进口增长 24.9%，这些对税收影响比较大的经济指标都大大高于同期 GDP 9.2% 的增幅，相应带动增值税等有关税种收入实现较快增长。三是近几年进口总额增加较多，相应进口环节税收大幅增长，这是财政收入实现较快增长的重要原因，但与 GDP 增长并不是正相关关系。只要有进口就要按进口货值征收进口环节的税收，相应增加收入，而在核算 GDP 时，进口额却是减项。2011 年，外贸进口增长 24.9%，带动进口货物增值税和消费税增长 29.3%、关税增长 26.2%，相应拉大了财政收入增幅与 GDP 增幅的差距。四是特殊性政策因素造成财政收入增长。近几年，各级财政部门加强财政管理、完善预算制度，将原在财政专户管理的预算外资金分年纳入公共预算管理，增加了相当数量的转移性收入，相应地使全国公共财政收入增幅提高，如 2011 年因此提高公共财政收入增幅 3 个百分点。综合考虑上述因素的影响，目前全国公共财政收入增幅会高于 GDP 增幅，但与经济发展情况是大体适应的。

近年来国家除了适当扩大消费税的征税范围、调整个别矿产品的资源税政策之外，基本上没有出台增税政策，减税是税收改革和政策调整的主基调。2006 年，全面取消了农业税，每年减轻农民负担 1 000 多亿元；2008 年以来，为应对国际金融危机的冲击，结合改革和优化税制，实施了结构性减税政策，大幅减轻了企业和居民负担，促进了企业扩大投资，拉动了居民消费。仅 2009 年，就减轻了企业和居民负担约 5 000 亿元，力度之大前所未有。在这种情况下，财政收入继续保持较快增长，反映了我国经济发展质量、企业效益以及财政收入征管水平都在提高，财政、经济发展的良性互动关系进一步增强。

（资料来源：中华人民共和国财政部网，2012 年 12 月 19 日。）

二、影响财政收入规模的因素

从历史上看，保证财政收入持续稳定增长始终是世界各国政府的财政目标之一，在财政赤字笼罩世界的现代社会，谋求财政收入增长更为各国政府所重视。然而，财政收入规模的大小，财政收入增长的快慢，不是或不仅仅是以政府的意愿为转移的，它要受多种政治、经济因素的制约，这些因素有经济发展水平、国民经济结构、经济体制、分配制度和分配政策、价格等。

（一）经济发展水平对财政收入规模的制约

一个国家的经济发展水平可以用该国一定时期的社会总产值、国民生产总值和国民收入几个指标来表示。经济发展水平反映一个国家的社会产品的丰富程度和经济效益的高低。经济发展水平高，社会产品丰富，国民生产总值或国民收入就多。一般而言，国民收入多，则该国的财政收入总额较大，占国民生产总值或国民收入的比重也较高。当然，一个国家的财政收入规模还受其他各种主客观因素的影响，但经济发展水平对财政收入的影响表现为基础性的制约，即所谓的“根深而叶茂”。从世界各国的现实状况考察，发达国家的财政收入规模大多高于发展中国家，而在发展中国家中，中等收入国家又大都高于低收入国家，绝对额是如此，相对数也是这样。

生产技术水平也是影响财政收入规模的重要因素。但生产技术水平是内涵于经济发展水平之中的，因为一定的经济发展水平总是与一定的生产技术水平相适应，较高的经济发展水平往往是以较高的生产技术水平为支柱。所以，对生产技术水平制约财政收入规模的分析，事实上是对经济发展水平制约财政收入规模研究的深化。简单地说，生产技术水平是指生产中采用先进技术的程度，又被称为技术进步。技术进步对财政收入规模的制约可从两个方面来分析：一是技术进步往往以生产速度加快、生产质量提高为结果，技术进步速度较快，社会产品和国民收入的增加也较快，财政收入的增长就有了充分的财源。二是技术进步必然带来物耗比例降低，经济效益提高，剩余产品价值所占的比例扩大。由于财政收入主要来自剩余产品价值，所以技术进步对财政收入的影响更为明显和直接。

（二）分配制度和分配政策对财政收入规模的制约

制约财政收入规模的另一个重要因素是政府分配制度和分配政策。经济决定财政，财政收入规模的大小归根结底受生产发展水平的制约。但在经济发展水平既定的情况下，还存在通过分配调节的可能性。所以，经济发展水平相同的国家，财政收入规模未必相同。

从分配角度看，GNP由工资、利润、利息、折旧所构成。在GNP一定时，其中任何一部分的分配额发生变化都可能引起政府、企业、居民个人之间分配关系的变化，从而引起财政收入规模的变化。分配制度和分配政策对财政收入规模的影响具体表现为：一是政府通过分配制度规定固定资产的折旧办法、成本费用、列支标准、工资标准等，决定企业利润的大小，进而决定税源的大小。二是通过分配政策决定财政集中的程度，从而决定财政收入规模的大小。如在新中国成立后的很长一段时间内，提倡“勤俭节约”、“勒紧裤带搞建设”，片面强调积累，忽视消费，财政收入占国民收入的比重相对较高。1953—1978年，财政收入占国民收入的比重平均为34.3%。1979年经济体制改革后，国民收入分配由高度集中开始向企业和居民个人倾斜，财政收入占国民收入的比重呈现出不断下降的趋势，到20世纪90年代初已下降为20%左右。适当降低财政收入规模是经济体制改革的必然要求，但是财政收入占国民收入的比重过低，会造成财力过于分散，财政资金紧张，影响财政职能作用的发挥。为了加强财政的宏观调控能力，振兴我国财政，在党的十四届五中全会上，中央提出要“提高两个比重”，即提高财政收入占GDP的比重，提高中央财政收入占全国财政收入的比重。目前，财政收入相对规模指标下滑的势头已被控制，财政集中率略有回升。

（三）经济体制和财政政策对财政收入规模的制约

经济体制直接影响政府财力的集中程度。在其他因素一定时，一般地说，实行计划经济体制的国家，其财政集中度要高于实行市场经济体制的国家。同一国家，如中国，在计划经济体制下、有计划商品经济时期和社会主义市场经济体制建立时期，其财政集中度也大不相同。其差异源于不同经济体制下的政府职能的不同。

财政收入占GNP的比重还受财政政策的制约。当政府通过减税实施扩张性的财政政策时，财政收入占GNP的比重就会降低；反之，如果通过增税实施紧缩性的财政政策，就会提高财政收入占GNP的比重。

（四）价格对财政收入规模的影响

财政收入在现代社会主要表现为一定量的货币收入，是在一定的价格体系下形成的，又是按一定时点的现价计算的，所以，价格变动以及价格变动引起的国民收入再分配必然影响财政收入的规模。

在现代纸币制度条件下，一般不存在价格总水平下跌的趋势。随着价格总水平的上升，财政收入若同比例增长，则表现为财政收入的“虚增”，即名义增长而实际并未增长。从理论上讲，价格总水平变动对财政收入的影响可能出现几种不同的情况：（1）财政收入增长率高于物价上涨率，财政收入实际增长加名义增长；（2）物价上涨率高于财政收入增长率，财政收入名义上增长，实际是负增长；（3）财政收入增长率与物价上涨率大体一致，财政收入只有名义增长，而实际不增不减。

在现实经济生活中，价格总水平变动对财政收入的影响要复杂得多，具体还要看引发价格总水平上升的原因以及现行的财政收入制度。假如价格总水平的上升主要是由财政赤字引起的，亦即流通中过多的货币量是弥补财政赤字的结果，国家财政就会通过财政赤字从国民收入再分配中分得更多的份额。由于这种原因增加的财政收入即通常所说的“通货膨胀税”。从财政收入制度看，如果实行的是以累进所得税为主体的税制，纳税人适用的税率会随着通货膨胀造成的名义收入的增长而提高，即出现“档次爬升”效应，从而财政在价格再分配中所占份额会有所增加。如果实行的是以比例税率的流转税为主体的税制，就意味着税收收入的增长率等同于物价上涨率，财政收入只有名义增长，而实际无增长。

价格结构变动，即产品比价变动也会影响财政收入。因为产品比价变动会引起国民收入在企业、部门和个人各经济主体之间的再分配，导致财源分布结构发生变化，相关企业、部门和个人上缴的税利就会有增有减，而增减的综合结果就是对财政收入的最终影响。

思考与练习

一、不定项选择题

1. 按经济部门分类，我国财政收入大部分来自于________。

A. 工业　　B. 农业

C. 商业　　D. 交通运输业

2. 目前我国最主要的财政收入形式为________。

A. 税收收入　　B. 企业收入

C. 债务收入　　D. 其他收入

3. 如果财政收入的增长率低于物价上涨率，则会发生________。

A. 名义财政收入与实际财政收入同时增长

B. 名义财政收入上升，实际财政收入下降

C. 名义财政收入下降，实际财政收入增长

D. 名义财政收入与实际财政收入同时下降

4. 处理好调整工资与国家财政的关系，正确的政策是________。

A. 工资的增长应略高于劳动生产率的增长幅度

B. 工资的增长应略低于劳动生产率的增长幅度

C. 工资的增长应等于劳动生产率的增长幅度

D. 工资的增长有时低于、有时高于劳动生产率的增长幅度

5. 从价值构成看财政收入主要来自________。

A. C　　B. V

C. M　　D. C+V

6. 通过信用方式取得的财政收入形式是指________。

A. 税收收入　　B. 企业收入

C. 债务收入　　D. 事业收入

7. 决定财政收入规模的直接因素为________。

A. 经济发展水平　　B. 政府职能范围

C. 经济体制　　D. 分配政策和制度

8. 对财政收入规模影响具有关键性作用，决定着国民收入在政府、企业和个人之间分配的因素是________。

A. 经济发展水平　　B. 政府职能范围

C. 价格水平　　D. 经济体制和分配政策与制度

9. 制约财政收入规模的因素中最具综合性、基础性的是________。

A. 经济发展水平　　B. 政府职能范围

C. 价格水平　　D. 经济体制和分配政策

10. 目前我国财政收入的形式主要有________。

A. 税收收入　　B. 非税收入

C. 债务收入　　D. 经营收入

E. 其他收入

11. 市场经济条件下，政府财政的职能是________。

A. 资源配置　　B. 收入分配

C. 制定价格　　D. 经济稳定

E. 提供私人产品

12. 影响财政收入占国民生产总值比重的因素主要有________。

A. 经济发展水平　　B. 政府的职能范围

C. 经济体制　　D. 国民收入分配政策

E. 价格变动情况

13. 目前我国来自V的财政收入主要有________。

A. 税收　　B. 规费收入

C. 国库券　　D. 高税率消费品转移收入

E. 罚没收入

14. 在国民经济中，影响M增减变化的因素有________。

A. 利润　　B. 成本

C. 价格　　D. 生产

E. 社会产品

二、简答题

1. 简述折旧对财政收入的影响。
2. 简述农业经济状况对我国财政收入的影响。
3. 简述生产技术水平对财政收入规模的影响。
4. 简述工资变动对财政收入的影响。
5. 简述财政收入增长与物价上涨的关系。

三、案例题

案例1：取消农业税

为了提高农民种粮积极性，减轻农民负担，温家宝总理在2004年3月宣布5年内逐步取消农业税。现在，温家宝总理承诺的5年内取消农业税的目标已经提前实现。

农业税在历史上一直是财政收入的主要来源，新中国成立初期，农民缴纳的税费支撑了中国工业化的初期积累。近年来，随着工业和服务业的快速发展，农业税在国家财政收入中的比重逐步变小。全国财政收入中来自农业税的收入从1950年的41%下降到2004年的不到1%。免征农业税有效地调动了亿万农民种田的积极性，农民以前种地农业税负担太重，种粮根本不合算。现在政府将农业税全免了，使种地就有了赚头。免征农业税，对于减轻农民负担，使农民收入的持续稳定增长，拉动国内消费，促进社会和经济的协调和可持续发展具有重要意义。随着农民负担的不断减轻，农村分配秩序明显好转，涉农负担恶性事件和案件大大减少，干群关系也明显改善。

思考题：取消农业税的重要意义是什么？试以现实生活中的实例加以说明。

案例2："小金库"是个"大"问题

"小金库"是改革开放以来，在计划经济向市场经济转轨过程中产生的衍生物。它的雏形是20世纪70年代末财政部组织清理的"小钱柜"。1986年开展税收财务物价大检查时开始俗称"小金库"。主要指违反法律法规及其他有关规定，应列入未列入符合规定的单位账簿的各项资金（含有价证券）及其形成的资产。虽然在我国现行的法律和法规中，没有正式的使用过"小金库"这一术语，但由于约定俗成，在开展治理上述资金的工作时，仍沿用了"小金库"这个称谓。

截至2011年8月底，全国共发现"小金库"58 225个，涉及金额266.54亿元。目前，"小金库"出现了许多新的变化和特点，来源更加繁杂，方式更加隐蔽。一是资金来源除了乱收乱罚，截留、挤占、挪用、转移合法收入，收取不法收入及接受赞助、捐赠等传统手法外，又出现了虚列支出，虚报冒领套取财政资金等手段；二是表现形式除了以现金形式由相关人员保管或以个人名义公款私存外，又出现了向下属或关联单位转移设置的方式；三是小金库多用于单位职工个人福利、补助、奖金以及超标准、超范围解决单位办公费用等"灰色消费"，而且相当一部分用于满足个别人的利益，进行送礼、行贿、挥霍、因私消费甚至贪污私分等"黑色支出"。

思考题："小金库"为何屡禁不止？你认为怎样才能根除"小金库"？

第六章 税 收 原 理

学习要点

- □ 税收要素
- □ 税收负担与税负转嫁
- □ 现代税收原则
- □ 税收效应

第一节 税收的含义及其要素

一、税收的含义与特征

（一）税收定义

税收是国家为满足其公共需要，凭借政治权力，按照法律规定的标准和程序，参与社会产品或国民收入分配，强制地、无偿地取得财政收入的一种形式。对这一概念可从四个方面来理解：(1) 税收是筹集财政收入的一种形式；(2) 税收与国家存在密切相关，是国家机器赖以存在并行使其职能的物质基础；(3) 税收是按照法律规定的标准和程序课征的，课征的依据是国家的政治权力；(4) 税收的主体是国家，体现了以国家为主体的分配关系。

税收是国家取得财政收入的基本形式。随着历史时代的变迁和社会制度的变革，国家曾采用多种形式取得财政收入，但其中产生最早、运用最普遍、筹集财政资金最为有效的形式还是税收。目前，世界上绝大多数国家来自税收的财政收入都占全部财政收入的90%左右。

国家征税的依据是国家的政治权力。社会产品分配必须依托于一定的权力。马克思曾指出：在我们面前有两种权力，一种是财产权力，也就是所有者权力；另一种是政治权力，即国家的权力。税收是凭借国家政治权力取得的。正是凭借这种权力，税收可以超越所有制，向任何经济单位和个人征税，并渗透到社会经济生活的各个方面。

税收体现着以国家为主体的分配关系。它属于分配范畴，征税的过程就是把一部分社会产品或国民收入支配权从其他社会成员手中转移到国家或政府手中的分配过程。这必然会引起社会产品或国民收入在不同社会成员之间占有状况的变化，体现着一定的分配关系。税收是以国家政治权力为依据的分配，其分配的主体是国家，即对什么征税、征多少税以及如何征税等，无不体现国家的意志。

税收还是国家调节经济的重要手段。国家征税是收入的单方面转移，转移的结果是，国家不仅集中占有、支配了一部分经济资源，同时还会改变社会成员相互之间占有社会产品的比例和份额，从而调节社会成员之间的收入分配结构。税负轻重、税负分布状况以及税制结构变化等，不仅影响社会资源在私人需要与公共需要之间以及不同产业部门之间的配置结构，影响国民收入在不同经济主体之间的分配状况，而且也影响生产、消费、投资、储蓄等，影响社会总供求的均衡。所以，税收既是国家取得财政收入的主要形式，又是国家调节经济的重要杠杆。

（二）税收的基本特征

从上述税收的概念可以看出，税收具有无偿性、强制性和固定性三大特征。

1. **无偿性**。税收的无偿性，是指国家征税之后税款即为国家所有，既不需要偿还，也不需要对纳税人付出任何代价。税收的无偿性是针对具体的纳税人而言的，即国家征税不是与纳税人之间进行等价交换或补偿，而是纳税人无偿地向国家缴纳其部分收入，国家不需要对原纳税人直接返还已纳税款，也不需要直接对原纳税人提供相应的服务或特许权力，它只是收入所有权的单方向转移。

税收的无偿性是由税收的用途决定的。税收用于满足国家公共需要，而公共需要一般不能以商品的形式提供给社会成员，从而导致投入的资金无法收回，所以，用于公共需要的资金来源——税收——只能是无偿的。

需要指出的是，从财政活动的整体考察，国家通过组织财政收入和安排财政支出，实现国家职能或满足社会公共需要，将从社会成员手中无偿筹集来的资金又无偿地用于社会，使社会成员从中受益，这又反映了税收有偿性的一面。

2. **强制性**。税收的强制性，是指国家征税凭借的是政治权力，通过颁布法令实施，任何单位和个人都不得违抗，否则会受到法律的制裁。

从根本上说，税收的强制性是由税收的依据即国家政治权力决定的，它是一种超经济的强制，不受生产资料所有权的限制，对不同所有者都可行使课税权。税收的强制性包括两个方面，一是税收分配关系的建立具有强制性。它是通过立法程序确定的，国家依法征税，纳税人依法纳税，不允许有任何超越税法的行为。不论何种社会，税收之所以成为财政收入强有力的形式，就在于它有法律保证，有法律的约束力；二是税收征纳过程具有强制性。税收征收的法律保证是税法，税法从征税和纳税两方面规范、约束、保护和巩固税收分配关系。就征税者而言，征税权是一种职责，凡未按规定进行税款的征收、管理，应依法追究法律责任；就纳税者而言，必须依法纳税，凡违反税法有关申报项目、缴纳数额及纳税期限等规定的，均要受到法律的制裁。

3. **固定性**。税收的固定性，是指征税前国家就以法律的形式规定了征税对象、比例或数额，并且只能按规定的标准征税。就纳税人而言，取得了应税收入，发生了应税行为，拥有了应税财产，就必须按规定的范围和标准依法纳税。当然，税收的固定性也是相对的，随着社会经济条件的变化，税法也会相应调整。税收的固定性是国家稳定地取得财政收入的基本保证，是税收区别于罚没、摊派等财政收入形式的重要标志。

上述税收的三个基本特征又称为税收“三性”。三个特征是密切联系、相辅相成的。由于税收是国家满足公共需要的主要来源，所以具有无偿性。税收的无偿性又要求以强制性作保障。强制性和无偿性又要求税收具有固定性，因为征税本身是对所有制的一种侵犯，如果没有课税对象、征税范围、征收比例等方面的限制，国家随意征税，就会侵犯现存的所有制关系，使正常的经济活动无法维持，长此下去必将导致经济衰退，税源枯竭，财政收入减少。

税收的“三性”是税收的共性，是任何社会、任何国家的税收都具有的，也是税收和其他财政收入形式相区别的重要标志。鉴别一种财政收入形式是否属于税收，就要看其是否同时具有税收的三个基本特征。

二、税收要素

税收要素通常是指构成各个独立税种基本法规的主要因素，主要涉及向谁征税、对什么征税、征多少税的问题。税收要素具体包括纳税人、征税对象、税率、计税依据、纳税环节、纳税期限、减免税、违章处理等。

（一）纳税人

纳税人亦称纳税义务人，是税法规定的直接负有纳税义务的单位和个人。它是纳税的主体，主要解决对谁征税的问题。纳税人可以是自然人，也可以是法人。自然人是指依法独立享受民事权力并承担民事义务的公民或居民个人。法人是指依法成立并能独立行使法定权力和承担法定义务的企业、单位、团体等社会经济组织。

与纳税人有联系的概念是扣缴义务人和负税人。扣缴义务人是税法上规定的负有扣缴税收义务的单位和个人。税法规定扣缴义务人的目的是为了实行源泉控制，保证国家财政收入。一般在收入零星、纳税分散、隐蔽的情况下，采取扣缴的办法。负税人是指最终负担税款的单位和个人。它与纳税人有时是一致的，如在税负不能转嫁的情况下；有时是分离的，如在税负可以转嫁的情况下。

（二）征税对象

征税对象又称课税对象，是税法规定的征税目的物。它是征税的客体，主要解决对什么征税的问题。每个税种都必须明确对什么征税，每个税种的征税对象都不相同，因此，征税对象是一种税区别于另一种税的主要标志。

税目是征税对象的具体项目。它规定了一个税种的征税范围，反映了征税的广度。有些税种的征税对象具体、明确，其本身就是税目；大多数征税对象不够具体，需要作进一步划分。税目的划分使征税对象具体化，便于纳税人更详细地掌握税收制度，也可以使国家灵活地运用税收调节经济。

（三）税率

税率是指税额与征税对象数额之间的比率。税率是税收制度的核心，主要解决征多少税的问题。它关系着国家财政收入的多少和纳税人的负担程度，在一定程度上反映着国家集中配置资源与纳税人通过市场机制分散配置资源的数量结构，体现着国家的宏观经济政策。

税率可分为比例税率、累进税率和定额税率三种类型。

1. **比例税率**。比例税率是指对同一征税对象，不论其数额大小，只按一个比例形式的税率统一征税。它不因税基的变动而变动，具有计算简便、方便征纳、有利于鼓励企业开展规模经营和平等竞争的优点，但不太符合量能纳税原则，调节收入分配的功能较弱。

2. **累进税率**。累进税率是将征税对象数额划分为若干等级，规定不同的税率，征税对象数额越大，税率越高，课税对象数额越小，税率越低。累进税率符合量能纳税原则，并且能有效地调节纳税人的收入水平，从这个意义上讲，它一般适用于对所得额征税。

3. **定额税率**。亦称固定税额，是按照征税对象的计量单位直接规定一定数量的税额。采用定额税率计征的税是从量税，只与征税对象的数量有关，不受价格变化的影响，较为稳定，且计算征收简便易行。

（四）计税依据

计税依据是指国家征税时依据的数量标准，如销售收入、所得额、增值额、财产净值、实际使用面积等。计税标准有两种形态：价值形态和实物形态。在我国现行税制中，价值形态计税依据的计量单位是人民币元；实物形态计税依据的计量单位有吨、平方米、斤、立方米、升等。如果一种税以价值形态的计税依据计税，则该税种的计税方法称从价计征，该税种称从价税；如果一种税以实物形态的计税依据计税，则该税种的计税方法称从量计征，该税种称从量税。

（五）纳税环节

纳税环节是指税法规定的商品从生产到消费的流转过程中以及提供劳务的经营活动中应该缴纳税款的环节。商品从生产到消费，其间经过许多流转环节，国家确定和选择在什么环节征税，对于税负的平衡、财政收入的增减、征收管理的难易都有一定的影响。纳税环节的确定一般要遵循两个原则：一是要有利于税收的征收管理，选择比较易于征管的环节作为纳税环节；二是要遵循税收的效率原则，选择易于发挥税收调节作用的环节作为纳税环节，或者选择对市场机制干扰小的环节作为纳税环节。

若一种税在从生产到消费的各流转环节中只出现一次，该种税称为“一次性税种”或称实行“一次课征制”；若一种税在从生产到消费的各流转环节中出现多次，则称该种税实行“多次征”或“道道征税”。

（六）纳税期限

纳税期限是指税法规定的纳税人应当缴纳税款的时间界限或纳税间隔期。它是税收强制性和固定性的体现，能促使纳税人按时依法纳税，保证税款及时、均匀入库。

纳税期限一般有按年、按季、按月、按天、按次征收，视纳税人的实际情况由税务机关核定。要考虑的因素一般有：国民经济各部门生产经营的特点；缴纳税款的数额多少；

纳税义务发生的特殊性和加强税收征管的要求等。

（七）减免税

减免税是对一部分纳税人或征税对象给予鼓励或照顾的一种特殊规定。减税是指对应纳税额少征一部分；免税是指对应纳税额全部免征。减免税的规定使税收制度能因地制宜、因时制宜地贯彻国家的税收政策，适应范围更广。减免税的形式一般有税基式减免、税额式减免和税率式减免。

1. **税基式减免**。税基式减免是指通过直接缩小计税依据的方式实现的减免。具体包括起征点、免征额、项目扣除、跨期结转等。

起征点是指税法规定的对征税对象开始征税的数额起点。征税对象数额未达到起征点的不征税，达到或超过起征点的则就其全部数额征税。免征额是指税法规定的在征税对象全部数额中免予征税的数额。不论纳税人收入多少，只对减去该部分免征额后的余额征税。项目扣除是指征税对象总额先扣除某些项目金额后，以其余额为计税依据计算应纳税额。跨期结转是指将某些费用及损失向后或向前结转，抵消其一部分收益，以缩小税基，实现减免税。

2. **税额式减免**。税额式减免是指通过直接减少应纳税额的方式实现的减税、免税。具体包括全部免征、减半征收、核定减免率、核定减征税额等。

3. **税率式减免**。税率式减免是指通过直接降低税率的方式实现减免。具体包括重新确定税率、选用其他税率、规定零税率等。

重点提示

在上述税收要素中，由于征税对象、纳税人、税率三个要素反映了一个税种的基本框架，所以被称为“基本要素”。征税对象是明确税种征税标的的要素，是其他要素的前提，所以被称为“最基本的要素”。税率决定了税收分配比例，决定了财政收入的规模，是纳税人和国家关心的焦点，所以被称为“核心要素”。

第二节 税收分类

一、按课税对象分类

按征税对象可将税种分为流转税类、所得税类、财产税类、资源税类和行为目的税类。流转税类是对流转额征收的一类税，包括增值税、消费税、营业税、关税等。流转额指销售商品带来的商品流转额和提供劳务带来的非商品流转额。

二、按税收的计量标准分类

按税收的计量标准可将税种分为从价税和从量税。从价税的计税依据为价值形态，如我国现行税制中增值税、营业税、企业所得税等以销售额、营业额、所得额为依据计税。从量税的计税依据为实物形态，如我国现行税制中土地使用税、车船使用税、资源税等以土地面积、车船数量、资源重量为依据计税。从量税的税额随课税对象数量的变化而变化，计算简便，但税负水平是固定的，不尽合理，因而只有少数税种采用这种计税方法。比较而言，从价税更适应市场经济的要求，同时也有利于贯彻国家税收政策，因而大部分税种都采用这一计税方法。

三、按税收与价格的关系分类

按税收与价格的关系可将税种分为价内税和价外税。凡税金构成价格组成部分的，称为价内税；凡税金作为价格之外附加的，称为价外税；与之相适应，价内税的计税依据称为含税价格，价外税的计税依据称为不含税价格。一般认为，价外税比价内税更容易转嫁，价内税征税的侧重点为厂家或生产者，价外税征税的侧重点是消费者。西方国家的消费税大都采用价外税方式。我国1994年税制改革后的增值税，在零售以前各环节采取价外税，在零售环节采取价内税。

四、按税收管理权限分类

按税收管理权限可将税种分为中央税、地方税、中央地方共享税。

首先应明确，我国在中央、地方之间划分的只是税收收入支配权，税收立法权统一集中在中央。收入归中央政府的税种是中央税，划归中央税的是税源集中、收入较大的税种；划归地方的税种应是税源分散、与地方经济联系紧密的税种。划分中央税、地方税和共享税，有利于按税种确定财政体制，使中央、地方都有较稳定的收入来源，是国家财政管理体制的重要组成部分。

第三节
税收原则

一、税收原则的发展

税收原则是税制设计和税制改革应遵循的基本准则，也是评价一国某一时期税制优劣好坏的基本标准。

（一）亚当·斯密的税收原则

从历史上看，第一个明确而系统地阐述税收原则的人是亚当·斯密。他在《国民财富的性质与原因的研究》（《国富论》）一书中提出了“平等、确实、便利、节省”四原则。平等原则是指个人为了支持政府，应该按照各自的能力缴纳税收。包括取消免税特权、中立、按比例征税三种观念。确实原则是指个人应缴纳的税收必须明确决定，不可含混不清，不可肆意征税。便利原则是指征税应站在纳税人的立场上，考虑适当的时间、地点，以及简便的缴纳方法。节省原则是指征税要适量，不能超过一定的量度。亚当·斯密的税收四原则对资产阶级税收原则理论的发展起着承前启后的作用。

（二）阿道夫·瓦格纳的税收原则

19 世纪后期，德国新历史学派的代表人物阿道夫·瓦格纳发展了斯密的税制四原则，提出了四大原则、九小原则。第一，财政政策原则，指税收的主要目的是为国家及其他公共团体筹集所需要的经费。其中包括两项小原则：充分原则（税收收入必须充分满足财政的需要）和弹性原则（税收收入必须能充分适应财政收支的变化）。第二，经济政策原则，指税收收入应保证国民经济正常发展，不可危及税源。其中包括两项小原则：税源选择原则（税源选择必须适当。一般以所得为税源最为适当）和税种选择原则（税种的选择必须考虑税负转嫁问题，应将税负的归宿点落在应该承担税负的人身上）。第三，社会公平原则（社会正义原则）其中包括两项小原则：普遍原则（对一切有收入的国民都要普遍征税，不偏不倚）和平等原则（不承认财富的自然分配状态是合理的，应根据纳税能力大小征多少不同的税）。第四，税务行政原则。其中包括三项小原则：确实原则（税收法令必须简明确实，纳税时间、地点、方式应明确告知纳税人）、便利原则（征税应为纳税人考虑，从方便纳税人纳税的角度出发）和征税费用节约原则（征收管理所开支的费用应力求节省，以增加国库的实际收入。突出了国民经济原则，强调减少效率损失的必要性）。

（三）萨伊的税收原则

萨伊的税收原则有以下五项：第一，税率最适度原则。征税事实上是对纳税人的剥夺，所以税率越低越轻，对纳税人的剥夺越少，对再生产的破坏作用也越小。第二，节约征收费用原则。税收征收费用对人民是一种负担，对国家也没有益处，主张节省征收费用。第三，各阶层人民负担公平原则。当每个纳税人的税收负担相对相同时，每个人的负担必然是最轻的。第四，最小程度妨碍生产原则。所有的税收都是有害于生产的，所以征税应尽量轻。第五，有利于国民道德提高原则。税收可以作为改善或败坏人民道德、促进勤劳或懒惰、鼓励节约或奢侈的有力工具。政府征税必须着眼于普及有益的社会习惯和增进国民道德。其中第五项原则是萨伊最具特色的思想，是“培养纳税意识”的思想渊源。

二、现代税收原则

综合前人的研究成果，现代西方经济学家一般认为，税收应遵循公平、效率、稳定三大原则，这也是当今世界各国建立和完善税制所普遍遵循的准则。

（一）公平原则

如果某一税制能够公平或公正地对待每一个纳税者，则这一税制就是公平的。公平原则被认为是设计税制时应坚持的首要原则。这一原则的重要性在很大程度上取决于纳税人对公平的自然愿望。要使纳税人如实申报并依法纳税，必须使其相信税收是公平课征的。

如果纳税人看到与他富裕程度相同甚至远远较他富裕的人少缴很多税甚至享受免税待遇，如果他认为现行税制不公平，那么，他很可能会对征税产生严重的抵触情绪，千方百计地逃税以至抗税。因此，税收的公平性对于维持税收制度的正常运转是必不可少的。那么，税收公平的具体要求是什么？怎样才能使税收对所有的纳税人都做到公平对待呢？一般倾向于从两个角度来把握：一是经济能力或纳税能力相同的人应当缴纳数额相同的税收，即同等条件同等对待，这称作“横向公平”或“水平公平”；二是经济能力或纳税能力不同的人应当缴纳数额不同的税收，即不同条件不同对待，这称作“纵向公平”或“垂直公平”。

实践中，政府通常按受益原则和负担能力原则设置税种或分配税收负担，这被认为是符合公平原则的。

受益原则，是指税收负担应该按纳税人从税收使用中所得到的利益大小来分摊，受益多的多缴税，受益少的少缴税，不受益者不缴税。但从实践中看，按受益原则分摊所有税收是行不通的。因为在多数情况下，对于税收使用结果，具体受益人是谁，受益多少，往往是无法测度的。但从个别税种来看，按受益原则征税不仅是可能的，也是必要的。如车船使用税就属于受益税。谁拥有并使用车船，享受公路、河道的设施，谁就应负担该种税收。西方国家通常以开征汽油税与其他汽车产品税的方式向拥有汽车的人征税，以税收代替收费，为建设与维修高速公路提供经费。

负担能力原则，是指纳税人应按其实际负担能力的大小来分担政府的税收。能力大的多负担，能力小的少负担，拥有相同负担能力的人必须缴纳相同的税收，即达到纵向公平和横向公平的要求。负担能力原则是目前公认的比较合理也易于实行的准则，关键是如何测定和衡量纳税人的负担能力。

【阅读材料】

如何衡量纳税人的负担能力

衡量纳税人负担能力的标准可选用收入、支出和财产三种。其中选用支出和财产来测度纳税人负担能力的大小有一定的片面性。如支出多的，不一定收入就多，有可能是负债消费；收入相同的人消费倾向可能不同，因而消费支出也有可能不同。若都以消费支出数额来确定纳税能力和税额，显然不够公平。再如，数额相等的财产并不一定给纳税人带来相等的收益；有财产的纳税人中，有负债者与无负债者不同，财产中的不动产与动产的情况也不同；三是财产种类多样，实践中难以查核，估值颇难。收入通常被认为是测度纳税人纳税能力的最好尺度。因为它最能决定一个人在特定时期内的消费或增添其财富的能力。收入多者表明负担能力强，就应多缴税；反之，负担能力弱，就少缴纳一些。但是，收入形式和来源多种多样。应征税的收入一般以货币收入为准，而许多纳税人可取得货币形式以外的收入，如实物形式的收入。对货币形式以外的收入不征税不够公平。从收入来源上讲，有勤劳所得，也有利息、股息等资本所得，甚至有中奖、赠与等意外所得，如果不加区分，统统按一个标准征税，也有失公平。

（二）效率原则

税收的效率原则主要包括两个方面的内容：一是税收的经济效率原则，二是税收本身的效率原则。

税收的经济效率原则，旨在考察税收对资源配置和经济运行的影响状况。而检验税收是否具有经济效率的标准，在于税收的超额负担是否最小化。

税收在将社会资源从纳税人手中转移到政府部门的过程中，除了会给纳税人造成相当于纳税数额的负担以外，还可能在下述两个方面给社会带来超额负担。一是资源配置方面的超额负担。国家征税一方面减少私人部门支出，另一方面又增加政府部门支出。若因征税而导致私人经济利益损失大于因征税而增加的社会经济利益，即发生税收在资源配置方面的超额负担；二是经济机制运行方面的超额负担。税收作为一种强制和无偿的国家占有，总会对纳税人的经济行为产生影响。若因纳税对市场经济的运行产生了不良影响，干扰了私人消费和生产的最佳决策，同时相对价格和个人行为方式随之变更，即发生税收在经济机制运行方面的超额负担。

降低税收的超额负担，提高税收经济效率的根本途径，在于尽可能地保持税收的"中性"。所谓税收"中性"包括两方面的含义：其一，国家征税使社会或纳税人所付出的代价应以征税数额为限，除此之外，不能让纳税人或社会遭受其他的经济牺牲或额外损失；其二，国家征税应当尽可能少地干扰市场机制的有效运行，特别是不能超越市场而成为影响资源配置和经济决策的力量，或使经济资源脱离其最有效的使用途径。实际上，在现实经济生活中，税收对经济的影响不可能限于征税数额本身而保持"中性"。倡导税收中性的实际意义在于，尽可能减少税收对经济的干扰作用"度"，尽量压低因征税而使纳税人或社会所承受的超额负担"量"。这是税收经济效率原则的重心所在。

税收本身的效率原则，旨在考察税务行政管理方面的效率状况，是否以最少的税收成本取得了最多的税收收入。

政府在征税过程中，一般总要发生两类税务支出。一类是管理费用，亦称"税务行政费用"，即政府部门在征收管理中所发生的费用，包括征税机关工作人员的工资、薪金和奖励支出；税务机关办公用具和办公设施支出；税务机关在征税过程中因实施各种办法、措施而支付的费用以及进行或适应税制改革而发生的费用等。另一类是奉行费用，亦称"奉行纳税费用"，即纳税单位和个人在按照税法规定履行纳税义务的过程中所发生的费用，具体包括纳税人为履行纳税义务而雇佣会计师、税务顾问或职业报税者所花费的费用；公司、企业为个人代缴税款所发生的费用；纳税人花在纳税方面的时间、精力和交通费等。

管理费用相对来说容易计算，奉行费用则不易计算，难以把所有纳税人的奉行费用精确地统计出来，亦有人将其称为"税收隐蔽费用"。所以对税收本身效率的考察，基本上是以管理费用占全部税收收入的比重为主要依据的。

提高税收本身效率的途径：一是简化税制，从易于稽征、易于管理、易于纳税者理解和掌握出发来设计税制，使税制具备易征集性、简明性和确定性，避免因规定繁琐而导致征税成本增加。二是积极采用先进的管理工具和科学的征管方法，加强征收管理，防止纳税人偷税和税务人员贪污舞弊，提高工作效率，节约征管费用。

（三）稳定原则

税收的稳定原则指的是运用税收的杠杆作用来调节和干预宏观经济，以保持经济稳定，实现既有充分就业又无通货膨胀的经济发展目标。从总体上看，税收作为国家稳定经济的重要杠杆，其作用主要表现在两个方面：一是“内在稳定器”作用，二是“相机抉择”作用。

税收“内在稳定器”作用的含义是，税收制度本身具有使税收收入随经济活动的变化而自动发生增减变化的作用，从而自动调节国民收入水平，缓和经济波动。这种作用主要是通过所得税制尤其是累进所得税制的自动调节发挥作用的。具体表现为：在经济衰退时期，国民收入下降，税收也随之下降，这有利于刺激消费与投资，使经济早日摆脱衰退；而在经济繁荣时期，国民收入增长，税收亦随之增长，这有利于抑制总需求，防止通货膨胀。

“相机抉择”作用的含义是，政府根据不同时期的经济形势，主动选择运用增税或减税的政策措施，“熨平”经济波动，促进经济稳定。一般来说，在把税收作为国家进行需求管理的工具时，在经济衰退时期，通过减税刺激总需求，增加就业，抑制衰退；在经济繁荣时期，则用增税抑制总需求，防止通货膨胀。

“内在稳定器”和“相机抉择”在稳定经济方面的作用程度是不一样的。“内在稳定器”只能缓和经济波动的程度，但并不能从根本上制止波动。要彻底制止经济波动，还必须发挥“相机抉择”作用，由政府主动实施适当的政策措施来达到稳定经济的目的。

第四节 税收负担与税收效应

一、税收负担

（一）税收负担的含义

税收是国家凭借政治权力对国民收入的再分配。就纳税人而言，国家征税直接减少了他们在国民收入分配中所得的份额，即减少了纳税人的经济利益，从而形成负担。所以**税收负担是指由于国家征税而使纳税人损失了经济利益而承受的经济负担**。这种经济利益损失用绝对数表示，称作负担额，是纳税人缴纳税款的数额，表示纳税人负担税款的规模大小；用相对数表示，称作税收负担率，又称税负水平，是纳税人的纳税额与同期征税对象数额的比例，用来表示纳税人税负水平的高低。

适度的税收负担水平是保证资源配置优化、收入分配合理和国民经济健康运行的必要条件。一般来说，税负水平的确定既要考虑政府的财政需要，又要考虑纳税人的实际负担能力，二者必须兼顾，不能偏废。

（二）税收负担的分类

根据衡量税负水平的方式不同，税收负担有如下分类：

1. 绝对税负和相对税负。所谓绝对税负是指用绝对数额表示的税负，相对税负则是用相对数额表示的税负。例如，某纳税人在一定时期内按照税法规定应缴纳各种税款500元，占其全部所得或收益的比率为20%，那么，该纳税人的绝对税负为500元，相对税负为20%。

把税负区分为绝对税负和相对税负，是为了更全面准确地反映和比较税负水平。如仅用绝对税负或相对税负来衡量税负水平，都有失全面。

2. 名义税负和实际税负。名义税负是纳税人的法定税收负担，可用纳税人在一定时期内按照税法规定应该缴纳的税款额来表示，也可用名义税收负担率，即纳税人法定应纳税额与其所得或收益的比率来衡量。名义税收负担率与税法规定的税率不一定相符，因为它可以是纳税人全部应纳税额与其所得或收益的比率，而税率一般是指某一税种的税额与征税对象数额的比率。同一纳税人则可能承担若干税种，不同税种的税率又有比例税率、定额税率和累进税率之分，这种情况下两者就可能不相符。如果仅就某个税种而言，两者可能一致。名义税负率是衡量纳税人税负承受能力的一个主要指标，是研究、制定和调整税收政策的主要依据。

实际税负是纳税人实际承受的税收负担。它可以用纳税人实际承担的税款额来表示，也可用实际税负率即纳税人实际承担税款额与其所得与收益的比率来衡量。

应该指出的是，纳税人实际承受的税负不一定是其实际缴纳的税款。因为考虑到税负转嫁等因素，纳税人实际缴纳的税款并非都由自己承担，而实际承担的部分也并非都由自己缴纳。不过，税负转嫁是一个复杂的经济过程，纳税人实际缴纳的税款中有多少属于转嫁部分是难以确定的，因而，在计算实际税负时，为了简便，有时就用纳税人实际缴纳的税款代表其实际承担的税负。

名义税负和实际税负从不同角度表现了纳税人的税负状况。名义税负侧重反映纳税人的税负承受力，实际税负侧重反映纳税人实际承担的税负水平。同一纳税人的名义税负和实际税负可能是有差异的，即实际税负率可能高于名义税负率，也可能低于名义税负率。其原因除了通货膨胀、税负转嫁等非税制因素外，主要在于税收制度中规定了减税、免税、附加、加成等措施，甚至包括纳税人可能有偷漏税的行为，使得名义税负与实际税负不一致。与名义税负相比，实际税负水平的变化对纳税人的经济行为有着直接的影响，因而它也是制定和调整税收政策的主要依据。

3. 宏观税负和微观税负。宏观税负亦称总体税负，是一个国家或地区的税负总水平。它可用国民生产总值税负率或国民收入税负率来表示。国民生产总值税负率是指一定时期内国家税收收入总额占同期国民生产总值的比重。国民收入税负率是指一定时期内国家税收收入总额占同期国民收入的比重。

国民生产总值税负率和国民收入税负率统称为宏观税负率。宏观税负率是衡量一国税负总水平以及各国间进行税负比较的主要指标，也是实施宏观调控的重要手段。在经济过热时，国家可提高宏观税负率以抑制社会总需求的扩张，反之，国家则可降低宏观税负率扩大社会总需求，以维持社会总供求的平衡，促进经济的稳定发展。

微观税负又称个体税负，主要反映各类纳税人的税负状况，也是国家制定税收政策和制度的重要依据。通常使用的衡量指标有企业综合负担率、企业所得负担率、个人所得负担率等。

4. 直接税负和间接税负。根据税负转嫁与归宿的分析，可把税收负担分为直接税负和间接税负。纳税人在纳税后不能将税负转嫁给他人而由自己承担的，称为直接税负。在这种情况下，纳税人就是负税人。间接税负是指在发生税负转嫁的情况下，由纳税人转嫁给负税人的税负。在这里纳税人不是负税人，负税人的税负是由纳税人转嫁过来的，因而对负税人而言就是间接税负。

【阅读材料】

超 额 负 担

除上述税收负担外，还有一种税收负担，称为超额税收负担，简称超额负担。如前已述，税收可能给社会带来超额负担。对纳税人而言，超额负担有两层含义：其一，国家征税是将货币购买力从纳税人手中转移到政府手中，如果这种转移的数量超过了一定的限度，挤占了纳税人的最低生活费用或生产资金，就称之为超过了纳税人税收负担能力的超额负担；其二，除了这种货币购买力的转移外，国家征税还可影响纳税人对商品的选择或对生产要素的选择，从而产生一种超过税款本身而强加给纳税人的经济利益损失。例如，国家对牛奶征收消费税，使牛奶价格提高，会导致消费者可能减少对牛奶的消费，而增加对没有课征消费税的豆奶的消费。豆奶的营养及口味显然次于牛奶，这对选择豆奶的消费者是一种经济上的损失。通常所说的超额负担是指后一种含义。

（三）税收负担与经济的关系——拉弗曲线

研究税收负担和税收与经济的关系，有必要介绍一下由美国供给学派的代表人物阿瑟·拉弗设计的“拉弗曲线”。该曲线在于说明税率与税收收入或 GDP 之间的函数关系（图 6－1）。

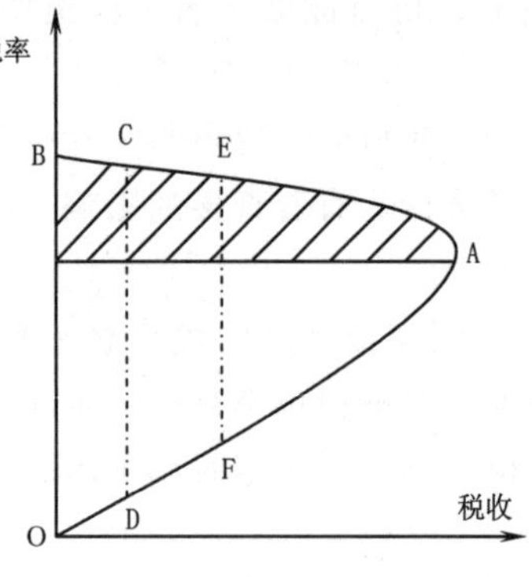

图 6－1　拉弗曲线

图 6－1 中的纵轴代表税率，横轴代表税收收入或 GDP，原点 O 表示两者皆为零，税率逐步提高到 B 点为 100%，则税收收入或 GDP 的函数呈 OAB，即为“拉弗曲线”。当税率提高到 A 点时税收收入或 GDP 最大；当税率超过 A 点继续提高时，税率越高，税收收入或 GDP 越少；当税率提高到 B 点即 100% 时，税收收入或 GDP 为零。因而图中的阴影部分被视为征税的“禁区”。

该曲线对说明税率与税收收入和经济增长之间的关系有重要意义：（1）说明高税率不一定会促进经济增长，取得高收入。高收入也不一定需要高税率。因为高税率会削弱经济主体的活力，导致经济的停滞或下降，高税率还往往带来过多的减免和优惠；（2）说明基于上述同样的理由，取得同样多的收入可以采用两种不同的税率，如图中的 C 点和 D 点税收收入是相等的，而 C 点是高税率，D 点是低税率。E、F 点也是如此；（3）税率和税收收入及经济增长之间的最优结合虽然在实践中是少见的，但曲线从理论上证明是可能的，即表现在图中的 A 点，它是税制设计的理想目标模式，也就是最佳税率。

（四）税负转嫁与归宿

1. 税负转嫁的概念。**税负转嫁是指纳税人将税收负担转嫁给他人的经济现象**。也就是说，某种税的法定纳税人不一定是该税的负担人，他可以把所纳税款部分或全部地转移给其他人。只要某种税的纳税人和负税人不是同一人，便发生了税负转嫁。税负转嫁是纳税人的一种主动的行为倾向，他们为了将因纳税所造成的自身经济利益损失降到最低限度，必然想方设法将税负转嫁给他人。

2. 税负转嫁的形式。根据经济交易过程中税负转嫁的不同途径，可把税负转嫁分为五种形式。

（1）**前转**。前转又称“顺转”，即纳税人将其所纳税款，按商品流转方向，通过提高商品销售价格的方法，向前转嫁给商品购买者或消费者负担的一种形式。这是税负转嫁最典型和最普遍的形式，多发生在商品或劳务的课税上。例如，在生产环节征收的消费税，厂家就可以通过提高商品出厂价格，把税负转嫁给批发商，批发商再把税负转嫁给零售商，最后零售商又把税负转嫁给消费者，消费者必须付出包括部分或全部税收在内的价格方能购得商品或劳务。这种转嫁即为前转。

（2）**后转**。后转亦称“逆转”，即纳税人将其所纳税款，以压低商品进价或降低工资、延长工时等方法，向后转嫁给商品供应者或生产劳动者负担的一种形式。例如，某种商品在零售环节征税，但由于市场供求关系的作用难以提高零售价格，在这种情况下，零售商为了转嫁税负，会想方设法压低进货价格，而批发商则进一步采用同种办法将税负逆转给厂家，厂家又可能采取压低劳动力价格和原材料价格的方式，将税收负担后转给雇佣工人和原材料供应商。

（3）**混合转嫁**。混合转嫁亦称“散转”。前转和后转是税负转嫁的两种基本形式，然而在现实经济生活中，税负转嫁往往不是采取单一的形式，而是前转和后转并行，即一笔税款通过提高销售价格转移一部分，同时又通过压低进价转移一部分，从而形成了税负的混合转嫁。

（4）**消转**。消转亦称为税收的转化。即纳税人在无法将税负前转或后转的情况下，依靠自身的努力，通过改善经营管理、改进生产技术等方法提高生产效率，补偿其纳税损失，使支付税款前后的收入或利润水平不变，从而使税负在生产或收入增长中消化掉。严格地说，这不是一种税负转嫁形式，因为纳税人并没有把税负转嫁给任何人，也没有特定的负税人，是纳税人自行消化税负的一种方式。

（5）**税收资本化**。税收资本化亦称资本还原。它是在应税商品出售时，买者将此后应纳的税款预先从所购商品的资本价值中加以扣除。虽然此后名义上是由买主按期缴纳税款，但实际上税款是由卖主负担的。税收资本化实质上是后转方式的一种特殊形态，多发生在某些资本品的交易中，例如政府征收土地税，土地购买者便会将预期应纳的土地税折入资本，将税负转嫁给土地出售者，从而表现为地价下降。此后，名义上虽由土地购买者按期纳税，但实际上税款由土地出售者负担。

3. 影响税负转嫁的因素。任何纳税人都希望将税负转嫁出去，但能否转嫁以及转嫁多少不完全以纳税人的意志为转移，要受多种客观因素的制约。一般说来，影响税负转嫁的因素主要有：

（1）商品供求弹性。商品供求弹性是决定税负转嫁状况的最主要因素。商品供求弹性又可分为商品供给弹性和商品需求弹性。商品供给弹性指的是商品供给量对于市场价格升降的反应程度。商品的供给弹性大，说明生产者对商品销售价格下降做出的反应强烈，其生产量下降的幅度大于价格下降的幅度，由于供给量相对减少，驱使价格上升。在这种情况下，税负会通过提高价格向前转嫁出去，更多地落在买者的身上。反之，商品的供给弹性小，说明生产者因生产条件限制，转产困难，而对价格下降做出的反应较弱，其生产量下降的幅度小于价格相对下降的幅度，由于产量基本保持原来水平，价格就难以提高。在这种情况下，卖者转嫁税负困难，税负会更多地向后转嫁给卖者。所谓商品的需求弹性指的是商品的需求量对于市场价格升降所作出的反应程度。商品的需求弹性大，说明因征税而提高价格时，购买者因价格提高而作出的反应强烈，其购买量下降的幅度会大于价格提高的幅度，从而迫使价格回落。在这种情况下，税负向前转嫁就困难，只能更多地向后转嫁而落在卖者的身上。反之，商品的需求弹性小，卖者转嫁税负就容易，税负会更多地向前转嫁而落在买者的身上。

总之，商品的供给弹性愈大，税负愈趋向于买方；供给弹性愈小，税负愈趋向于卖方；商品的需求弹性愈大，税负愈趋向于卖方；需求弹性愈小，税负愈趋向于买方。

（2）税基。一般认为，税基越宽广，越易于税负前转；税基越狭窄，越不易于税负前转。这是因为税基越狭窄，越使消费者有替代效应，从而需求越具有弹性。也就是说，只要课税范围只涉及部分商品，就极可能驱使消费者改变购买抉择，减少征税商品的购买量，而增加无税或低税商品的购买量。在这种情况下，征税商品价格的提高就要受到抑制，显然税收难以前转。与此相反，税基越宽广，越不易使消费者产生替代效应，消费者购买商品的抉择一般不会因征税而改变。在这种情况下，征税商品的价格提高较为容易，税收自然容易向前转嫁。

（3）市场。根据市场上的竞争状况，通常把市场分为完全竞争、垄断竞争、寡头垄断、完全垄断四种类型。在完全竞争条件下，每个厂商都是市场既定价格的接受者，只有发挥整个行业的力量，才有可能提高商品售价而将税负转嫁给买者。在垄断竞争条件下，单一厂商可凭自己产品的差异性对价格进行适当调整，从而有可能把税款部分地加入价格而向前转嫁给购买者。但由于没有形成垄断市场，仍有竞争，不能完全转嫁出去，因而只能部分地前转。在寡头垄断条件下，各寡头都会将政府所征税款加入价格转嫁给消费者。在完全垄断条件下，一般垄断厂商可能把全部税款转嫁给消费者负担。

4. 税负归宿。所谓税负归宿，是指税负的最终落脚点。税负经过转嫁，最终总要落在某个人（自然人或法人）身上。只要税负转嫁过程一结束，税负归于最后的负担人，税负就有了归宿。如某一笔税款，工业企业转嫁给批发商，批发商转嫁给零售商，零售商再转嫁给消费者。当税负不能再转嫁时，消费者就是该笔税款的税负归宿。

二、税收效应

税收效应是指纳税人因国家征税而在其经济选择和经济行为方面作出的反应，或者说，是指国家征税对消费者消费的选择和对生产者生产决策的影响，也就是通常所说的税收的调节作用。它包括收入效应和替代效应两个方面。分析税收效应旨在考察国家课税对纳税人商品购买、劳动力供给等方面产生的经济影响。

（一）税收的收入效应

税收的收入效应是指纳税人的收入受到影响。如果国家不征税，财富创造者可全额支配其收入，而国家不征税是不可能的。国家征税，就是从纳税人手中取得一定的收入，即纳税人让度一部分收入，致使纳税人减少了对收入的支配权，降低了消费或投资的支付能力，纳税人的可支配收入较少了。征税对纳税人的收入产生了影响。

（二）税收的替代效应

税收的替代效应是指国家征税改变了纳税人的经济抉择，是纳税人用一种经济行为替代另一种经济行为。国家针对某种产品或劳务征税，或多或少地会增加该种征税对象的销售价格，从而限制了消费者对这种产品或劳务的消费量，转而去消费不征该种税的产品或劳务。无论纳税人是否认同新选择的产品或劳务较其以前习惯消费的产品或劳务更为实惠、合理，如果这种替代是必然发生的，税收的替代效应就表现出来。当然，也会出现无论如何征税都不改变消费者的消费选择，既无替代效应的情况。

思考与练习

一、不定项选择题

1. 税收改变了社会成员与政府间占有社会产品价值量的份额，属于________范畴。

A. 生产　　B. 分配
C. 交换　　D. 消费

2. 税收分配活动的主体是________。

A. 国家　　B. 征税对象
C. 纳税人　　D. 政权

3. 减免税的形式有________。

A. 税基式减免　　B. 税率式减免
C. 税额式减免　　D. 税法式减免

4. 我国现行税法中使用的税率形式有________。

A. 比例税率　　B. 累进税率
C. 定额税率　　D. 超率累进税率

5. 按照________，可将税种分为中央税类、地方税类、共享税类。

A. 征税对象　　B. 价税关系
C. 税收管理权限　　D. 税收的计量标准

二、判断题

1. 国家凭借政权征税，体现国家意志，可以不受生产资料所有制的限制。（ ）
2. 税收的固定性是指税收在征税对象、范围、征收比例上是固定不变的。（ ）
3. 税收的无偿性是指国家取得税收收入时，既不需要偿还，也不需要对纳税人付出任何人代价。（ ）
4. 目前，不少企业是自觉、及时、足额纳税的，这意味着税收在一定程度上不具有强制性。（ ）
5. 征税对象在项目上的具体化是计税依据，在数量上的具体化是税目。（ ）
6. 以价值量作为依据计税时，称为“从量计征”，此类税种称为“从量税”。（ ）
7. 税率反映征税的深度，是税制的中心环节。（ ）

三、简述题

1. 简述现代税收原则。
2. 税负转嫁有哪几种形式？

四、案例分析题

税收和激励

有些学派认为，产量和公平之间存在着取舍关系。高度累进的所得税能导致更公平的收入分配，但导致较小的国民产出。或者，减税将使国民产出增大，但也会导致不太公平的分配。“更公平且产出更多”可不可以兼得？关键在于区分增税的收入效应和替代效应。增税有两种效果：

1. 减少收入。人们为了维持他们的商品和服务消费，可能工作得更多。这就是收入效应。

2. 降低闲暇的机会成本。额外一小时的闲暇所牺牲的收入比较小。因此，人们可能用闲暇代替收入，工作减少。这就是替代效应。

收入效应和替代效应的相对大小因人而异、因不同类型税收变化而异。

一、不同的人

对于有长期债务的人（他们有家庭以及抵押借款和其他债务），收入效应可能居支配地位。对于这些人，提高税率会促使他们更多地工作。

提高税率的收入效应对高收入者相对也很大，对这些人来说，税率提高会使他们的收入大量减少。表 6 – 1 显示出税率从 25% 提高到 30% 对这两类人的收入影响。在这两种情况下，假定个人免税额是 4 000 英镑。收入为 5 000 英镑的人，其净收入仅减少 50 英镑。收入 5 万英镑的人，其净收入要减少 2 300 英镑，因而此人或许因增税而更努力地工作。

表 6－1　　所得税税率提高对纳税人纳税额的影响　　单位：英镑

税率（%）	收入 5 000 英镑的纳税人（应税所得 1 000 英镑）	收入 50 000 英镑的纳税人（应税所得 46 000 英镑）
25	250	11 500
30	300	13 800

对于几乎没有长期债务的人，替代效应可能占支配地位。这些人是其亲属早已离开家的人、单身、家庭里不依赖第二收入满足“必要”消费的第二收入者。对于这些人，税率的提高可能促使他们减少工作。尽管当增税时，高收入者可能更多地工作，但他们仍可能被急剧累进的税制所抑制。假如他们必须支付很高的边际税率，他们就不值得寻求晋升或辛勤工作。

二、不同的税收变化

如果政府希望增加所得税以再分配收入，可以采取三种主要方式：提高高税率、提高基本税率、降低免税额。

提高高税率。这也许是再分配收入的最有效方式，毕竟只是富人承受税率的提高。不过，这存在一些严重的问题：

（1）收入效应比较小，因为只是一部分按高税率纳税的收入受影响。可是，替代效应可能比较大。富人赋予闲暇的价值比较大，很可能觉得如果收入增加的很大部分被税拿走，辛勤工作就不值得；

（2）可能会妨碍经商的人冒险；

（3）富人的国际间流动性更大，可能会造成“人才外流”。

提高基本税率。正如我们已看到的，收入效应对于高收入者可能比较大，尤其是如果他们有像大额抵押借款这样的大规模债务。对于这些人，提高税率可能具有激励作用。

对于刚刚超过起征点的人，现有的收入缴纳的税收寥寥无几，因为其绝大部分收入是免税的。然而，取得的额外 1 英镑将按新的较高税率纳税。因此，替代效应很可能大于收入效应。对于这些人，提高税率将具有抑制作用。

对于在起征点之下的人，边际税率为零。可是，提高基本税率也许会阻止他们参加职业培训以获得更好的工资待遇。

对于失业者，提高税率也许使他们感到不值得寻找工作。

降低免税额。对于处在原起征点之上的人，不存在替代效应，税率没有变化。不过，存在收入效应。该效应类似于一次总付税。每个人的实得工资减少一固定数额，人们要辛勤工作以弥补收入不足。然而，这种税收变化具有高度累退性。如果每个人都额外缴纳相同数目的税，那么这意味着穷人负担的百分比要大于富人。

对于第一次纳税的人，将有替代效应。这些人也许因此不愿意辛勤工作。那些甚至在新起征点之下的人将不会感到直接的影响，但也许不愿意寻求更好的资历。

最后需要强调一点。对许多人而言，他们的工作量无可选择。职业决定了工作时间，与税收的变化无关。

（资料来源：［英］约翰·斯罗曼著：《经济学》（第4版），经济科学出版社2008年版。）

【要求】仔细阅读上述资料并回答下列问题：

1. 谁有可能因所得税税率降低而更努力工作，是富人还是穷人？为什么？如果个人免税额是零，你的答案会改变吗？

2. 温习以上每一种税收变化，思考减税的效应。

3. 什么样的税收变化（增税还是减税）将具有正的激励效应，并且也使收入再分配更加公平？

第七章
税 收 制 度

学习要点

- □ 增值税、消费税、营业税
- □ 企业所得税、个人所得税
- □ 国际税收的含义
- □ 国际重复征税的减除

第一节
税收制度概述

一、税收制度的含义

（一）税收制度的定义

税收制度是国家颁布的税收法律、法规的总称。本章所讲的税收制度，是指按一定政策原则组成的税收体系，其核心是主体税种的选择和各税种的搭配问题。

（二）税收制度的发展

税收制度的发展是指构成税制的各个税种的演变和主体税种的交替的历史过程。

自从有了国家，就开始了征税的历史。从古到今，各国开征的税种不胜枚举，可以将它们归纳为直接税和间接税两大类，直接税种的对人课税主要是个人所得税和企业所得税，对物课税主要是财产税、遗产税和赠与税；间接税主要包括销售税（营业税）、产品税、消费税、增值税等。

【阅读材料】

发展中国家的税制结构特点

与发达国家相比，发展中国家税制结构的明显特点是以间接税为主，一般在税收总额中占60%～90%，这是由发展中国家的主客观原因决定的：（1）发展中国家的经济发展水平较低，人均收入水平也较低，如果勉强推行以所得税为主的税收体制，必然使税源大量流失，难以保证国家财政的需要；（2）流转税在征收管理上简便易行，且不受企业盈亏状况的影响，更适合发展中国家目前的管理水平；（3）流转税是从价计征，不直接作用于企业所得和个人所得，对私人投资和个人储蓄的影响较小。但发展中国家以间接税为主体的税制结构，随着经济的发展，已经暴露出其弊端，许多国家开始采取相应的措施，因而税制发展出现一些新的趋势：一是为了克服全额流转税的重复征税从而不利于专业化协作的弊端，开始推行增值税。但全面推行增值税要求具备健全的纳税登记制度和财务会计制度，要求有较高的税务管理水平，而许多发展中国家目前还不完全具备这些条件。二是为了开拓新的税源，逐步扩大以所得税为主的直接税的征收范围。

二、税收制度的结构

税收制度总是由具体的税种组成的，从税收理论演变历史看，税收制度的组成主要有两种不同的理论主张：一是单一税制论，即认为一个国家的税收制度应由一个税类或少数几个税种构成。如单一的消费税，单一的土地税，单一的财产税，以及单一的所得税等。二是复合税制论，即认为一个国家的税收制度必须由多种税类的多个税种组成，通过多种税的互相配合和相辅相成组成一个有机的税收体系。在这个税制体系中，它往往以某一个或某两个税类作为筹集财政收入和调节经济活动的主导，即所谓主体税种，在不影响其他各税种作用效果的前提下，优先或突出主体税种的作用；在此基础上，将其他收入零星、影响较小的税类作为辅助税种，起补缺、拾遗作用。从世界各国的税收实践来看，由于单一税制缺乏弹性，难以充分发挥筹集财政收入和调节经济的功能，所以，并没有哪个国家真正实行过单一税制，世界各国普遍实行的是复合税制。

第二节
流转税类

一、流转税类概述

流转税泛指所有以流转额为征税对象的税类。就我国现行税制而言，包括增值税、营业税、消费税、土地增值税、关税及一些地方性工商税种。与其他税类对比而言，流转税类有下述四方面的特征：

1. 实行普遍征税。流转税类以商品或劳务交换并形成销售收入为前提。在现代社会中，商品、劳务是社会生产、交换、分配和消费的对象，是社会生产的主要形式，对流转额征税自然是最具普遍性的税类。

2. 以商品和劳务的流转额为计税依据。商品流转额是商品销售的收入额，非商品流转额是交通运输、邮政通讯以及各种服务性行业的营业收入。由于流转税类以流转额为计税依据，在税率既定的前提下，税额大小直接依存于商品和劳务价格的高低及流转额的多少，而与成本和费用水平无关。

3. 实行比例税率。流转税类除少数税目设置定额税率外，绝大多数征税对象使用比例税率。

4. 计征简便。流转税类以流转额为计税依据，与商品成本和赢利水平无关，而且实行比例税率，所以计税征税都十分简便。

流转税类的优点是税源充裕，课征方便，并且可以抑制消费，增加储蓄和投资，有利于经济发展。但因其与商品价格相联系，在国内会干扰市场运行并形成分配不公，在国际间会阻碍资金、劳动力和商品的自由竞争和流动。总之，流转税类特征鲜明，功能突出，缺陷也明显。在税收实践中，必须扬其长而避其短，这也正是我国商品课税制度建设中应遵循的基本原则。

二、增值税

（一）增值税的基本概念

增值税是以商品价值中的增值额为征税对象的一个税种。

增值税于20世纪50年代始创于法国，以后在西欧和北欧各国迅速推广，现在已成为世界各国广泛采用的一个国际性税种。它最大的特点是能够避免重复征税。这一特点适应了社会化大生产的需要，在促进生产的专业化和技术协作，保证税负分配相对公平等方面有较大功效。增值税还有其他一些优点：第一，征税与商品流转环节相适应，但税收额的多少又不受流转环节多少和环节先后顺序的影响。第二，企业的兼并和分解都不影响对增值征税，可以保证收入的稳定。第三，对于出口需要退税的商品可以实行零税率，将商品在国内已缴纳的税收一次全部退还给企业，比退税不彻底的一般流转税更能鼓励外向型经济的发展。

一般而言，增值税的计税依据是商品和劳务价款中的增值额，但各国的增值税制度对购进固定资产价款的处理有所不同，据此增值税可分为三种类型：不准许抵扣任何购进固定资产价款，就国民经济整体而言，计税依据相当于国民生产总值，称为生产型增值税；只准许抵扣当期应计入产品成本的折旧部分，就国民经济整体而言，计税依据相当于国民收入，称为收入型增值税；准许一次全部抵扣当期购进的用于生产应税产品的固定资产价款，就国民经济整体而言，计税依据只包括全部消费品价值，称为消费型增值税。由于计税依据有差别，因而不同类型增值税对经济的影响是不同的。就财政收入而言，生产型增值税取得的财政收入最大，收入型增值税次之，消费型增值税最小；从激励投资着眼，则次序相反。至于采取哪种类型，取决于国家对增值税的征收管理水平和国家的财政状况。西方国家普遍采用消费型增值税。我国自2009年1月1日起，实行消费型增值税。

（二）增值税的主要税制内容

现行的《增值税暂行条例》包括以下几项主要内容：

1. 征税范围。《增值税暂行条例》规定，对在我国境内销售货物、进口货物和提供加工、修理修配劳务征增值税。“货物”指有形动产，即只要纳税人经营有一定形状、可以进行空间位移的产品，均是增值税的征税范围，另外，水、热、电、气也属于“有形动产”的范围。

2. 纳税人。增值税的纳税人，是所有销售、进口应税货物和提供应税劳务的企业、其他单位和个人。为了加强管理，将增值税纳税人按其规模和会计制度健全程度分为一般纳税人和小规模纳税人。对一般纳税人进行规范的征收管理，对小规模纳税人则实行从简征管。

3. 税率。增值税针对一般纳税人设置了一档基本税率17%和一档低税率13%。除税法规定的一部分应税货物使用低税率外，其余均使用基本税率。对小规模纳税人设置了3%的征收率。

4. 计税方法。增值税的计税方法根据不同类型的纳税人采取规范计税和简易计税两种。对一般纳税人，实行规范的计税方法，即扣税法；对小规模纳税人，实行简易的计税方法。在此，着重介绍一般纳税人使用的计税方法。一般纳税人使用的计税公式为：

当期应纳增值税 = 当期销项税额 − 当期进项税额

（1）销项税额。销项税额是指纳税人销售货物或提供应税劳务，按照应税销售额和规定税率计算并向买方收取的增值税税额。纳税人实现的应税业务收入均应确定应税销售额，计算销项税额。

销项税额 = 应税销售额 × 适用税率

= （价款 + 价外费用） × 适用税率

（2）进项税额。进项税额是指纳税人购进货物或接受应税劳务所支付或负担的增值税额。

用于应税项目的购进项目凭法定凭证——增值税专用发票或海关填发的完税凭证上所列明的增值税额作相应扣除。购进免税农产品、购进或销售货物而接受运输劳务时是不能取得法定凭证的，为了避免重复征税，税法规定这两项购进项目可凭相关凭证注明的金额与适用扣除率计算进项税额予以扣除。

小规模纳税人以“应税销售额 × 适用征收率”计算应交增值税。

三、消费税

（一）消费税的基本概念

消费税是对境内从事生产、委托加工、进口应税消费品的单位和个人，就其销售额或应税数量在特定环节征收的一种税。在对商品普遍征收增值税的基础上，选择少数消费品再征收一道消费税，主要是为了调节消费结构，引导消费方向，保证国家财政收入。对烟、酒、汽油等消费品实行高税率或单独设置税种课以较重的税收，是国际上普遍的做法。

（二）消费税的主要税制内容

1. 征税范围。消费税征收范围的选择主要考虑以下几方面的因素：一是流转税制格局调整后税收负担下降较多的产品；二是非生活必需品中一些高档、奢侈的消费品；三是从保护身体健康、生态环境等方面的需要出发，不提倡也不宜过度消费的某些消费品；四是一些特殊的资源性消费品。在种类繁多的消费品中，征收消费税的为数极少。《消费税暂行条例》设置了14个税目，包括：烟、酒及酒精、化妆品、贵重首饰及珠宝玉石、鞭炮焰火、成品油、汽车轮胎、摩托车、小汽车、高尔夫球及球具、高档手表、游艇、木制一次性筷子、实木地板等。

2. 纳税人。从事生产、委托加工和进口应税消费品的单位和个人是消费税的纳税人。具体包括：生产应税产品用于销售时，生产者在销售环节纳税；生产应税产品用于非应税项目时，生产者在移送环节纳税；委托加工应税产品的，在受托方交付产品时由受托方代收代缴消费税；进口应税消费品的，由收货人在报关进口环节纳税；金银首饰在零售环节纳税。

3. 税率。消费税实行三种税率形式：比例税率、定额税率和复合税率。成品油和“酒及酒精”税目中的黄酒、啤酒使用定额税率；“烟”税目中的卷烟、“酒及酒精”税目中的粮食白酒和薯类白酒使用复合税率；其余税目所涉及的应税消费品均使用比例税率。

4. 计税方法。消费税采取从价定率、从量定额、复合计税三种方法。

（1）从量定额计税。设置定额税率的应税消费品采取从量定额计税的方法。

消费税 = 计税数量 × 单位税额

计税数量指销售量、移送量或进口量。

（2）从价定率计税。设置比例税率的应税消费品采取从价定率计税的方法。

消费税 = 销售额 × 比例税率

销售额是纳税人销售应税消费品向购买方收取的全部价款和价外费用。具体内容基本上同增值税有关规定。

（3）复合计税。设置复合税率的应税消费品采取复合计税的方法。

消费税 = 销售额 × 比例税率 + 应税数量 × 单位税额

四、营业税

（一）营业税的基本概念

营业税是以纳税人从事经营活动的营业额（销售额）为课税对象的税种。其主要特点是征税面广、计税简便。

（二）营业税的主要税制内容

1. 征税范围。营业税对提供应税劳务、转让无形资产和销售不动产征税，设置了9个税目：交通运输业（征税范围包括陆路、水路、航空、管道运输及装卸搬运）、建筑业（征税范围包括建筑、安装、修缮、装饰及其他工程作业）、邮电通信业（征税范围包括邮政、电报、电话、报刊发行等）、文化体育业（征税范围包括文化活动、艺术表演、体育比赛等）、金融保险业（征税范围包括金融、保险、典当等）、娱乐业（征税范围包括歌厅、舞厅、卡拉 OK 歌舞厅、音乐茶座、台球、高尔夫球、保龄球、游艺等）、服务业（征税范围包括代理业、旅店业、饮食业、旅游业、仓储业、租赁业、广告业及其他服务业）、转让无形资产（征税范围包括转让土地使用权、专利权、非专利技术、商标权、著作权、商誉等）、销售不动产（征税范围包括销售建筑物及其他土地附着物）。

2. 纳税人。凡从事上述经营活动的单位和个人均为营业税的纳税人。

3. 税率。营业税设置的是行业比例税率。具体规定了三档：交通运输业、建筑业、邮电通信业、文化体育业税率为3%；金融保险业、服务业、转让无形资产、销售不动产税率为5%；娱乐业多属于高消费的范围，因此规定了5%～20%的税率，各省、自治区、直辖市政府可在税法规定的幅度内实行较高的税率。

4. 计税方法。营业税应纳税额的一般计算公式为：

营业税 = 营业额或销售额 × 比例税率

五、关税

（一）关税的基本概念

关税是对进出我国国境或关境的货物和物品征收的一种税。由海关征收。

关税可从不同角度进行分类：以应税货物的流向为标准可分为进口关税、出口关税和过境关税；以征税目的为标准可分为财政关税、特别关税和混合关税；以计税依据为标准可分为从价关税、从量关税、复合关税和滑准关税等。

（二）关税的主要税制内容

1. 征税对象。关税的征税对象是进出国境或关境的货物或物品。

2. 纳税人。关税的纳税人为进口货物或物品的收货人、出口货物或物品的发货人或其代理人。

3. 税率。关税的税率即进出口税则，它以关税税率表为主体，该税率表分为分类目录和税率两部分。分类目录是对应税货物或物品进行分类、编号。税率分为进口税率和出口税率。进口税率设置了普通税率、最惠国税率、协定税率、特惠税率和关税配额税率。出口税率只设一栏。从形式上看，我国关税设置了比例税率、定额税率和复合税率三种形式。

4. 计税方法。由于税率形式的不同，关税的计税方法有以下三种：

从价税的计算公式：

关税 = 完税价格 × 适用比例税率

其中“完税价格”必须经过海关的审核。

从量税的计算公式：

关税 = 应税数量 × 适用定额税率

复合税的计算公式：

关税 = 应税数量 × 适用定额税率 + 完税价格 × 适用比例税率

第三节 所得税类

一、所得税类概述

所得税类是以所得额为征税对象的税种的总称。所得税类具有以下四个方面的特征：第一，税负相对公平。所得税类是以纯收入或净所得为计征依据，规定起征点、免征额、扣除项目基础、低档次税率，可以在征税上照顾微利纳税人，不会影响纳税人的基本生产或生活；第二，一般不存在重复征税问题，不影响商品的相对价格。所得税类是以纳税人的总收入减去准予扣除项目后的应税所得额为课征对象，征税环节单一，只要不存在两个以上课税主体，则不会出现重复征税，因而不致影响市场的运转。所得税的应税所得额不构成商品价格的追加，且不易转嫁，因而一般不会干扰各类商品的相对价格；第三，有利于维护国家的经济权益。在国际经济交往与合作不断扩大的现代社会，跨国投资和经营的情况极为普遍，因此必然存在跨国所得。对跨国所得征税是任何一个主权国家应有的权力，这就需要利用所得税可以跨国征收的天然属性，参与纳税人跨国所得的分配，维护本国权益；第四，课税有弹性。所得税类的计税依据——所得额来源于经济资源的利用和剩余产品的增加，从长远来看，随着资源利用效率的提高，剩余产品也会不断增长，因而所得课税不仅税源可靠，而且可根据国家的需要灵活调整，以适应政府支出的增减。

二、企业所得税

（一）企业所得税基本概念

企业所得税是对我国境内的企业和组织的生产经营所得和其他所得征收的一种税。在保证财政收入、增强企业活力和推动市场经济的发展等方面有着重要的作用。

（二）主要税制内容

1. 纳税人。企业所得税的纳税人是企业和其他取得收入的组织，不包括个人独资企业、合伙企业。

企业所得税的纳税人分为居民企业和非居民企业。居民企业是指依法在中国境内成立，或者依照外国（地区）法律成立但实际管理机构在中国境内的企业。非居民企业是指依照外国（地区）法律成立且实际管理机构不在中国境内，但在中国境内设立机构、场所的，或者在中国境内未设立机构、场所，但有来源于中国境内所得的企业。

2. 征税对象及范围。企业所得税的征税对象是纳税人的生产经营所得和其他所得。生产经营所得是指从事生产产品、提供劳务等经营活动的所得；其他所得是指股息、利息、使用费等所得。另外，纳税人解散、破产时的清算所得也是征税对象。居民企业应当就其来源于中国境内、境外的所得缴纳企业所得税。非居民企业在中国境内设立机构、场所的，应当就其所设机构、场所取得的来源于中国境内的所得，以及发生在中国境外但与其所设机构、场所有实际联系的所得，缴纳企业所得税；非居民企业在中国境内未设立机构、场所的，或者虽设立机构、场所但取得的所得与其所设机构、场所没有实际联系的，应当就其来源于中国境内的所得缴纳企业所得税。

3. 税率。企业所得税的税率为25%。非居民企业在中国境内未设立机构、场所的，或者虽设立机构、场所但取得的所得与其所设机构、场所没有实际联系的，应当就其来源于中国境内的所得缴纳企业所得税，适用税率为20%。若计税年度是以前年度的补亏年度，则以弥补亏损后的应税所得确定适用税率。符合条件的小型微利企业，减按20%的税率征收企业所得税。国家需要重点扶持的高新技术企业，减按15%的税率征收企业所得税。

4. 计税依据的确定。企业所得税以年应纳税所得额为计税依据。确定方法为：

年应纳税所得额＝年收入总额－不征税收入－免税收入－各项扣除
－允许弥补的以前年度亏损
＝“利润总额”±按税法调整项目金额

“年收入总额”指企业以货币形式和非货币形式从各种来源取得的收入，包括：销售货物收入；提供劳务收入；转让财产收入；股息、红利等权益性投资收益；利息收入；租金收入；特许权使用费收入；接受捐赠收入；其他收入。

“不征税收入”包括：财政拨款；依法收取并纳入财政管理的行政事业性收费、政府性基金；国务院规定的其他不征税收入。

“免税收入”包括：国债利息收入；符合条件的居民企业之间的股息、红利等权益性投资收益；在中国境内设立机构、场所的非居民企业从居民企业取得与该机构、场所有实际联系的股息、红利等权益性投资收益；符合条件的非营利组织的收入。

企业实际发生的与取得收入有关的、合理的支出，包括成本、费用、税金、损失和其他支出，准予在计算应纳税所得额时扣除。企业发生的公益性捐赠支出，在年度利润总额12%以内的部分，准予在计算应纳税所得额时扣除。

确定计税依据的方法，和企业依据会计制度确定的本年“利润总额”的方法在项目、金额上有相同之处，也有不同之处。在实践中，为了提高工作效率，可直接在本年“利润总额”的基础上根据税法规定对其进行相应调整，来确定应纳税所得额。

5. 计税方法。企业所得税实行按年计征，分期预缴的征收方法。

平时分月或季预缴所得税：

月（季）预缴所得税＝利润总额÷12（或4）×适用税率

年终时，确定年应纳税所得额和适用税率，累计年终已预缴所得税，进行清缴，多退少补。其计算公式为：

年终清缴所得税＝年应纳税所得额×适用税率－累计已预缴所得税

三、个人所得税

（一）个人所得税的基本概念

个人所得税是对个人的应税所得征收的一种税。对调节个人收入、缩小贫富差距、贯御税收公平原则起着重要作用。

（二）个人所得税的主要税制内容

1. 征税对象。个人所得税的征税对象是个人的应税所得。包括：（1）工资、薪金所得；（2）个体工商户的生产、经营所得；（3）对企事业单位的承包经营、承租经营所得；（4）劳务报酬所得；（5）稿酬所得；（6）特许权使用费所得；（7）利息、股息、红利所得；（8）财产租赁所得；（9）财产转让所得；（10）偶然所得；（11）经国务院财政部门确定征税的其他所得。

2. 纳税人。按税法规定，取得应税所得的中国公民和外籍人员，均为个人所得税的纳税人。在中国境内有住所，或者无住所而在境内居住满一个纳税年度的个人，以从中国境内和境外取得的所得缴纳个人所得税；在中国境内无住所又不居住或者无住所而在境内居住不满一个纳税年度的个人，以从中国境内取得的所得缴纳个人所得税。

3. 税率。我国现行的个人所得税法采取分项定率、分项扣除、分项征收的模式。个人所得税的税率分别为：

（1）工资、薪金所得适用九级超额累进税率，税率为5%～45%。

（2）个体工商户的生产、经营所得和对企事业单位的承包经营、承租经营所得适用五级超额累进税率，税率为5%～35%。

（3）稿酬所得适用比例税率，税率为20%，并按应纳税额减征30%。

（4）劳务报酬所得适用比例税率，税率为20%。对劳务报酬所得一次收入畸高的，可以实行加成征收。

（5）特许权使用费所得、利息、股息、红利所得、财产租赁所得、财产转让所得、偶然所得和其他所得适用比例税率，税率为20%。

4. 计税依据的确定。

（1）工资、薪金所得以每月收入额减除费用1 600元后的余额为应纳税所得额。

（2）个体工商户的生产、经营所得，以每一纳税年度的收入总额，减除成本、费用以及损失后的余额，为应纳税所得额。

（3）企事业单位的承包经营、承租经营所得，以每一纳税年度的收入总额，减除必要费用后的余额，为应纳税所得额。

（4）劳务报酬所得、稿酬所得、特许权使用费所得、财产租赁所得，每次收入不超过4 000元的，减除费用800元；每次收入在4 000元以上的，减除收入的20%的费用，其余额为应纳税所得额。

（5）财产转让所得以转让财产的收入额减除财产原值和合理费用后的余额，为应纳税所得额。

（6）利息、股息、红利所得、偶然所得和其他所得以每次收入额为应纳税所得额。

5. 计税方法。适用比例税率的应税项目应纳税额的计算公式为：

个人所得税＝应纳税所得额×适用税率

适用累进税率的应税项目应纳税额的计算公式为：

个人所得税＝应纳税所得额×适用税率－速算扣除数

四、土地增值税

（一）土地增值税的基本概念

土地增值税是对有偿转让国有土地使用权及地上建筑物和其他附着物产权，并取得收入的单位和个人征收的一种税。

开征土地增值税，有利于进一步完善税制、增强国家对房地产市场调控力度，有利于规范国家参与土地增值收益的分配方式。

（二）土地增值税的主要税制内容

1. 征税对象和范围。土地增值税对转让国有土地所有权、地上建筑物和其他附着物的产权，并取得收入征税。其征税对象为从事以上业务取得的增值额。

2. 纳税人。转让国有土地所有权、地上建筑物和其他附着物的产权，并取得收入的单位和个人。

3. 税率与计算。土地增值税实行四级超率累进税率。计算税款时，先确定增额与扣除项目金额的比例，以此查出对应税率，计算税款。其计算公式如下：

增值额 = 收入总额 − 允许扣除项目金额

增值额与扣除项目金额的比例 = 增值额 ÷ 允许扣除项目金额 × 100%

土地增值税 = 增值额 × 适用税率 − 允许扣除项目金额
× 增值额与扣除项目金额的比例

第四节
资源与财产税类

人类的财富有两类：一是大自然赐予的各种资源，如土地、河流、矿山等；二是人类经过劳动、利用已有资源制造出的社会财产，如房屋、机器设备、股票证券等。对自然资源征税称为资源税类。资源税类有两种课征方式：一是以自然资源本身为计税依据，这种自然资源必须是私人拥有的；二是以自然资源的收益为计税依据，这种自然资源往往为国家所有。前一种资源税实质上就是财产税，即对纳税人拥有的自然财富的课征，它与对纳税人拥有的其他形式财产的课税并没有根本的差别。很多国家的自然资源为私人拥有，因而这些国家只有财产税而没有资源税。财产税也有两种课征方式：其一是以财产价值为计税依据；其二是以财产收益为计税依据。而第二种财产税又与资源课税有密切联系，如果是对自然财富收益的课税，往往可以纳入资源课税。

很明显，财产税类和资源税类具有较强的同一性，其特征可以归纳为以下几点：

1. 征税比较公平。个人拥有财产的多寡往往可以反映他的纳税能力，对财产征税符合量能纳税原则。企业或个人占用的国家资源有多和少、有和无的差别，有质量高低的差别，而这种差别又会直接影响纳税人的收益水平，而征税可以调节纳税人的级差收入，也合乎受益纳税原则。

2. 具有促进社会节约的效能。对财产征税可以促进社会资源合理配置，限制挥霍和浪费。对资源征税可以促进自然资源的合理开发和使用，防止资源的无效损耗。

3. 课税不普遍，且弹性较差。无论是财产税还是资源税都只能选择征税，不可能遍及所有财产和资源，因而征税范围较窄。同时，由于财产和资源的生成和增长需要较长时间，速度较慢，弹性较差，因而财产税类和资源税类都不可能成为国家的主要税种，一般是作为地方税种。

一、资源税类

（一）资源税

1. 资源税基本概念。资源税是对开采、生产应税资源产品的单位和个人征收的一种税。它的作用在于促进资源的合理开发和利用，调节资源级差收入。

现行的资源税体现了三个原则：一是统一税政，简化税制；二是贯彻了普遍征收、级差调节的原则，扩大了资源税的征税范围，并规定生产应税资源产品的单位和个人都必须缴纳一定的资源税；三是对资源税的负担确定与流转税负担结构的调整作了统筹考虑，一部分原材料产品降低的增值税负担转移到了资源税上。

2. 征税对象及税目。资源税的征税对象是开采或生产的应税产品，征税范围包括所有矿产资源，征税品目有原油、天然气、煤炭、其他非金属矿原矿、黑色金属矿原矿、有色金属矿原矿和盐。

3. 纳税人。开采或生产应税产品的单位和个人为资源税的纳税人。

4. 税率与税额的计算。资源税实行按产品类别从量定额计算征税的办法，设置有上下限的幅度税额，同类产品资源条件不同，税额也不相同。计税公式如下：

资源税＝应税数量×定额税率

（二）土地使用税

土地使用税以城镇土地为征税对象，对用于土地使用权的单位和个人征收的一种税。

1. 征税范围。土地使用税对在城市、县城、建制镇、工矿区使用国家所有和集体所有的土地征税。

2. 纳税人。土地使用税对在城市、县城、建制镇、工矿区使用国家所有和集体所有的土地的单位、个人征税。通常包括：拥有土地使用权的单位和个人、土地的实际使用人或代管人、土地使用权属未定时的实际使用人、共有权属的各方。

3. 税率与计算。土地使用税适用定额税率。各地根据具体情况确定每年、每平方米的税额。其计算公式如下：

每年应纳土地使用税＝应税土地面积×单位税额

二、财产税

（一）房产税

房产税是以房屋为征税对象，按照房屋的计税余值或出租房屋的租金收入征收的一种税。

1. 征税范围。房产税对在城市、县城、建制镇、工矿区的房产征税。房产是指房屋及其配套设施。

2. 纳税人。房产税的纳税人是拥有或使用房产的单位、个人。通常包括：拥有房屋产权的单位和个人、经营产权属于国家的房产的单位、承典人、房产代管人或使用人。

3. 计税依据、税率及计算。房产税的计税依据有两种，以余值计税和以租金计税。其计算公式为：

余值 = 原值 ×（1 − 10% ~ 30%）

租金 = 年租金

以余值计税的，适用税率为1.2%；以租金计税的，适用税率为12%。

无论从价计税还是从租计税，均按年计税。其计算公式如下：

年税额 = 计税依据 × 税率

（二）车船税

车船税是对行驶于我国公共道路的车辆和航行于国内河流或领海的船舶征收的一种税。

1. 征税对象、征税范围。车船使用税的征税对象是行驶于公共道路的车辆和航行于国内河流、湖泊或领海口岸的船舶。征收范围由车辆和船舶两大类构成，车辆包括机动车辆和非机动车辆，船舶包括机动船舶和非机动船舶。

2. 纳税人。车船税的纳税人是在境内拥有并使用应税车船的单位和个人。

3. 税率。车船税设置年度定额税率。根据车船的种类、吨位和使用性质，规定了不同档次的税额。

4. 计税依据及计算。车船税的计税依据按车船的种类、性能，分别确定辆、净吨位和载重吨位为计税依据的计量单位，以纳税人的应税辆数、净吨位数和载重吨位数为计税依据。

年应纳车船税 = 应税数量 × 适用定额税率

（三）车辆购置税

车辆购置税是以在我国境内购置的应税车辆为征税对象征收的一种税。

1. 征税对象和范围。车辆购置税以列举的应税车辆为征税对象。具体包括汽车（各类汽车）、摩托车（轻便、二轮、三轮）、电车（无轨、有轨）、挂车（全挂、半挂）和农用运输车（三轮、四轮）。

2. 纳税人。车辆购置税以购置应税车辆的单位、个人为纳税人。“购置”是指从购买、进口、自产、受赠、获奖、其他方式获得并自用。

3. 税率。车辆购置税的税率为10%。

4. 计税依据及计算。车辆购置税一般以计税价格为计税依据。计税价格因购置方式不同而有所不同：

（1）购买自用车辆：

计税价格 = 支付给销售者的全部价款 + 价外费用（不含增值税）

（2）进口自用车辆：

计税价格 = 关税完税价格 + 关税 + 消费税

（3）自产、受赠、获奖等其他方式取得并自用的车辆，计税价格参照国家税务总局核定的应税车辆最低计税价格核定。

车辆购置税 = 计税价格 × 10%

（四）契税

契税是对土地、房屋权属发生转移时，向取得权属的单位和个人征收的一种税。

1. 征税对象及范围。契税是以在境内转移房屋、土地权属的行为为征税对象。包括：国有土地使用权出让；土地使用权转让；房屋买卖、赠与、交换；以土地、房屋作价入股、抵债、合建房等行为。

2. 纳税人。契税以相应权属的承受人为纳税人。

3. 税率。契税设置3% ~5%的幅度比例税率。

4. 计税依据及计算。契税的计税依据为发生权属转移的房屋或土地的成交价或市价。由于赠与而发生权属转移应纳税时，以市价为计税依据；发生权属交换时，以价差为计税依据。

应纳契税的计算公式为：

契税 = 依据 × 税率

（五）印花税

印花税是对经济活动、交往中书立、使用、领受具有法律效力的凭证征收的一种税。

1. 征税对象和范围。印花税的征税对象是应税凭证，包括应税合同、产权转移书据、营业账簿、权利许可证照和其他凭证五大类。

2. 纳税人。印花税的纳税人是书立、使用、领受应税凭证的单位、个人。按应税凭证不同，可具体分为立合同人、立据人、立账簿人、领受人和使用人五种。

3. 税率。印花税的税率有比例税率和定额税率两种形式。各类合同、具有合同性质的凭证、产权转移书据、营业账簿中记载资金的账簿适用比例税率；权利许可证照和营业账簿中除记载资金的账簿外的其他账簿适用定额税率。

4. 计税依据及计算。印花税的计税依据一般为凭证上记载的金额、费用或收入。从量定额计税的凭证的计税依据为应税凭证的件数。应纳税额的计算方法为：

税额 = 依据 × 税率

第五节 国际税收

一、国际税收的基本概念

（一）国际税收及其产生

国际税收，是指涉及两个或两个以上国家权益的税收活动，是国与国之间的税收分配

关系，是近代国际关系中的一个经济范畴，也是一门新兴的经济学科。

税收是国家凭借政治权力参与社会产品或国民收入分配的一种形式。它的实质是国家和纳税人之间发生的分配关系。由于一个国家政治权力所管辖的范围是有限的，一般只限于本国的疆域，因此在税收产生后相当长的历史时期内，税收征纳关系被严格地限制在一国国境之内，一般将税收称为国家税收。随着国际间经济交往的产生和发展，经济活动愈来愈趋向国际化。商品货物、人员劳务、科学技术和资本在国际间大幅度流动，纳税人的经济活动以及收入的实现超出了一个国家的范围，税收这种特定的分配关系也就变得复杂起来。如本国政府向外国企业和个人征税，外国政府向本国企业和个人征税，税收征纳关系随之跨越了国界。各国的税收事务和税收制度从原来的互不相关发展到经常彼此联系，并出现了税收权益在有关国家间合理分配和税收制度在有关国家间进行协调的必要，这样，反映并处理国与国之间税收分配关系的国际税收就产生了。

（二）国际税收与国家税收的区别

国际税收与国家税收既有密切的联系，也有一定的区别。首先，国家税收是国际税收的基础，没有国家税收以及由此产生的国家之间的税收利益矛盾，就不可能产生国际税收；其次，在国际税收产生之后，各国政府对跨国纳税人及其征税对象所制定的税收制度和法规又要遵循国际税收的准则和规范；再次，国家税收所反映的是本国政府与纳税人（包括跨国纳税人）之间的征纳关系以及国家内部中央与地方政府之间的税收分配关系，而国际税收反映的是国家之间的税收分配关系；最后，国家税收存在具体的纳税人、征税对象和税种，而国际税收不是具体的课征形式，没有自身独立的税种，只研究国际税收分配关系，涉及跨国纳税人、跨国征税对象、税收管辖权、国际重复征税等问题。

（三）国际税收与涉外税收的区别和联系

国际税收与涉外税收的立足点不同。一国的涉外税收立足于国内，是国家税收的重要组成部分，主要处理本国政府与跨国纳税人的征纳关系，体现的是该国的对外经济关系，对别国的税收制度不起任何法律约束作用。国际税收则立足于国际间，主要处理国与国之间的税收分配关系。国际税收与涉外税收也有联系。各国的涉外税收关系是国际税收关系形成的基础，国际税收是各国涉外税收的延伸和扩展，是各国涉外税收关系在相互联系中形成的更高层次上的税收分配关系。国际税收在协调各国涉外税收方面所形成的国际惯例、税收协定等法律规范，又成为各国制定和完善其涉外税收制度的一般准则。

二、国际重复征税及其减免

（一）税收管辖权

当今世界上公认的国家基本权力有四种：独立权、平等权、自卫权和管辖权。其中的管辖权是指主权独立的国家对其领域内的一切人、物、行为、事件均有行使法律的权力。

税收管辖权是国家管辖权在税收领域的表现，是一国政府在征税方面所行使的管理权力及其范围。税收管辖权是现代国家管辖权中不可缺少的内容，在维护国家经济权益方面发挥着重要作用。

税收管辖权的确立一般遵循两种原则，即属人原则和属地原则。与之相对应的税收管辖权也分为两种：一种是根据属地原则确定的来源地税收管辖权（也称“地域管辖权”），它是指一国政府有权对发生在或来源于本国境内的所得或财产征税，而无论这些所得或财产的取得人是何国居民或公民。另一种是根据属人原则确定的居民税收管辖权（也称公民税收管辖权），它是指一国政府有权对本国居民或公民的所得或财产征税，而无论这些所得或财产来源于或发生在国内还是国外。从国际税收实践来看，多数国家同时实行来源地管辖权和居民管辖权。

（二）国际重复征税的成因

国际重复征税，是指由于两个或两个以上的国家对同一纳税人的同一课税对象征收相同或类似的税收而导致的重复征税。

国际重复征税主要是各国税收管辖权重叠交叉的结果。如果世界各国统一实行一种管辖权，并采用同样的标准确定居民（公民）身份或所得来源地，对纳税人的跨国所得就不会产生国际重复征税现象。但现实的情况是，各国都有权根据自己的意愿选择税收管辖权，且大部分国家同时实行居民管辖权和地域管辖权，这样就不可避免地造成各国税收管辖权的重叠和交叉，导致国际重复征税。例如，甲、乙两国同时行使公民税收管辖权和来源地税收管辖权。甲国公民 A 在乙国从事跨国经营并获得所得收入，乙国对 A 的这笔收入行使来源地税收管辖权要征税，甲国则凭借公民税收管辖权对 A 的包括这笔所得的所有收入征税，这样 A 同时承担甲乙两国的税负，形成国际重复征税。

国际重复征税，加重了跨国纳税人的税收负担，影响了投资者对外投资的积极性，也违背了税收公平原则，阻碍着国际经济合作与发展。

（三）国际重复征税的主要减除方法

1. 免税法。免税法是指行使居民管辖权的国家，对本国居民来源于国外的所得与财产免予征税。

实行免税法的国家以放弃税收管辖权为代价，从根本上避免了重复征税。但会减少本国收入，所以采用这种方法避免国际重复征税的国家不多。

2. 扣除法。扣除法是指行使居民管辖权的国家，对本国居民已纳的外国所得税额，允许作为扣除项目，从应税所得中扣除，以扣除后的余额为计税依据计征所得税。

实行扣除法的国家不能完全减除由于税收管辖权的交叉而造成的国际重复征税，只能对重复征税起一定的缓解作用。

3. 抵免法。抵免法是指行使居民管辖权的国家，对居民的境内外全部所得征税时，允许纳税人将其在国外已缴纳的所得税额从应向本国缴纳的税额中抵扣。实行抵免法的国家既承认了来源地优先征税的权利，又充分行使了居民管辖权，兼顾了涉及国家双方的合法权益，能较为彻底地消除国际间重复征税。

我国主要采用抵免法，也采用扣除法来消除国际间重复征税。

三、国际税收协定

国际税收协定是两个或两个以上的主权国家为了协调相互之间的税收关系和处理税务方面的问题，通过谈判缔结的一种协议或条约。

（一）国际税收协定的产生

国家之间签订国际税收协定的根本原因，在于一国政府对跨国纳税人的跨国收入征税时，会牵涉到与另一国家的税收分配关系，由此而产生的一系列问题，必须由相关国家通过协调的方式加以解决。从这个意义上讲，国际税收协定是主权国家之间相互协调税制差异和利益冲突、实现国际税务合作的有效途径。

为了解决这些关系各国共同利益的税收问题，经济合作与发展组织（OECD）于1963年提出了一个国际税收协定范本草案。经过修改，于1977年通过并颁布了《关于对所得和资本避免双重征税的协定范本》，它为OECD各成员国缔结国际税收协定提供了一个典范。后来为了协调处理发达国家与发展中国家避免双重征税的问题，由联合国组织的有发达国家和发展中国家税务专家组成的“国际税务专家小组”经过讨论，并参照已有的OECD范本，于1979年制定了《联合国关于发达国家和发展中国家之间避免双重征税协定范本》，简称“联合国范本”。现在世界上绝大多数国家在缔结国际税收协定时，均参照这两个范本。

（二）国际税收协定的基本内容

国际税收协定的基本内容可以分为四个方面：

1. 协议的适用范围及基本用语定义。为了保证协议能正常发挥效力，协议必须首先规定其适用范围，主要包括人的范围和税种的范围。所谓“人的范围”是指税收协定适用于哪些人，具体包括人的属性的选择、身份的界定。所谓“税种的范围”是指协定适用于哪些税种。

基本用语是指协定中具有特定含义、起重要作用的用语。如对“缔约国一方”、“居民”、“常设机构”等应作相应的解释。

2. 各类所得征税权的划分。划分税权是税收协议的主要内容。税收协定应明确缔约国的税收管辖权如何确立和行使、行使的范围和程度。

3. 避免或减除重复征税的方法。避免或减除重复征税的方法包括免税法和抵免法。

4. 特别规定。在国际税收协定中，除上述内容外，还在税务行政协助方面做出一些特别规定，如无差别待遇、情报交换等。

我国改革开放以来，对外缔结双边税收协定的工作发展迅速。根据国际税收协定的规范，结合我国的国情，在坚持平等互利原则，坚持收入来源地优先征税权以及坚持国际税收惯例原则的基础上，从1981年首先同日本就所得签订避免双重征税协定进行谈判开始，到目前为止，已经同30多个国家签订了税收协定，这对于吸引外国投资和先进技术，促进我国改革开放起到了积极作用。

思考与练习

一、不定项选择题

1. 流转税类的特征有________。

A. 普遍征税　　　　B. 以所得额为计税依据

C. 计算简便　　D. 设置累进税率

2. 我国现行增值税属于________增值税。

A. 生产型　　B. 流通型

C. 收入型　　D. 消费型

3. 在境内从事下列业务，属于增值税征税范围的有________。

A. 销售机器设备　　B. 提供运输劳务

C. 进口小轿车　　D. 提供加工、修理修配劳务

4. 我国现行消费税是对纳税人在我国境内________的应税消费品征收的一种税。

A. 生产　　B. 委托加工

C. 进口　　D. 购进

5. 下列产品中属于消费税应税消费品的有________。

A. 洗发水　　B. 金银首饰

C. 摄像机　　D. 摩托车

6. 下列各项业务，属于营业税应税劳务的有________。

A. 运输公司提供运输服务　　B. 旅游公司为游客提供服务

C. 加工厂提供加工、修理修配服务　　D. 建筑公司提供建筑安装服务

7. 下列税种属于资源税类的有________。

A. 资源税　　B. 房产税

C. 土地增值税　　D. 车船税

8. 税收管辖权包括________。

A. 属人原则　　B. 属地原则

C. 来源地税收管辖权　　D. 居民税收管辖权

二、判断题

1. 为了加强管理，将增值税纳税人按其规模和会计制度健全程度分为一般纳税人和小规模纳税人。（　）

2. 企业所得税规定，非居民纳税人应当就其来源于中国境内、境外的所得缴纳企业所得税。（　）

3. 个人所得税是对个人的应税所得征收的一种税。对调节个人收入、缩小贫富差距、贯彻税收公平原则起着重要作用。（　）

4. 行为税类包括印花税、城镇土地使用税、车辆购置税等。（　）

5. 国际重复征税，是指由于本国对同一纳税人的同一课税对象征收相同或类似的税收而导致的重复征税。（　）

三、简述题

1. 税制结构有哪几种类型？

2. 简述国际税收与国家税收的区别。

四、案例分析题

货物劳务税收制度的又一次重大改革——营业税改征增值税试点

2011年11月16日，财政部和国家税务总局发布《营业税改征增值税试点方案》等一系列办法、规定，从2012年1月1日起，在上海市开展营业税改征增值税试点。到2012年12月1日，试点工作进一步扩大到北京、天津、江苏、浙江、安徽、福建、湖北、广东等省市。

这次改革试点涉及交通运输业以及现代服务业中的研发和技术服务、信息技术服务、文化创意服务、物流辅助服务、有形动产租赁服务以及鉴证咨询服务等行业。主要内容是：在现行增值税17%和13%两档税率的基础上，新增设11%和6%两档低税率，交通运输业适用11%的税率，研发和技术服务、文化创意、物流辅助和鉴证咨询等现代服务业适用6%的税率；试点纳税人原享受的技术转让等营业税减免税政策，调整为增值税免税或即征即退；现行增值税一般纳税人向试点纳税人购买服务，可抵扣进项税额；试点纳税人原适用的营业税差额征税政策，试点期间可以延续；原归属试点地区的营业税收入，改征增值税后仍归属试点地区。

这次改革试点期望能达到对试点企业税负减轻，并由此产生的波及效应而出现“产业链减负”。“营改增”试点更完善了产业间的抵扣链条，产业链下游制造业也因获得增值税抵扣而降低税负。一方面，企业自身的业务网络的链条越长，波及效应越大，企业越得益；另一方面，试点范围越大，覆盖的行业越广，波及效应越大，企业也会从中得益。这次改革是继2009年全面实施增值税转型之后，货物劳务税收制度的又一次重大改革，有利于消除目前对货物和劳务分别征收增值税与营业税所产生的重复征税问题，为深化产业分工、加快现代服务业发展提供良好的制度支持，有利于促进经济发展方式转变和经济结构调整，有利于进一步完善税制，将促进现代服务业分工细化，推动二三产业融合发展，支持经济发展方式加快转变和经济结构战略性调整。

从目前“营改增”试点情况看，小规模纳税人受益最快。据了解，营业税的税率除娱乐业外大多为3%或者5%。“营改增”之后，年不含税销售额500万元以下的个人和企业作为小规模纳税人，增值税征收率为3%，其税负就算不减少至少也不会增加。就湖北省而言，截至11月30日，共有33 662户纳税人纳入“营改增”试点范围。初步测算，全省95%左右的“营改增”试点纳税人税负均有不同程度的下降或持平，中小企业尤其是微型企业受益最大，现代服务业小规模纳税人税负下降40%，交通运输业小规模纳税人税负下降3%。

不过对于有形动产租赁业等个别行业而言，税负在短期内会出现增加的情况。为此，不少省市积极采取措施，以财政扶持、设立试点专项资金等政策，帮助试点企业在税制转换过程中实现平稳过渡。

下一步“营改增”试点范围和行业还将扩大，抵扣链条将逐步完善，进项抵扣也将更加充分。随着试点企业业务范围开拓和有关配套措施逐步到位，“营改增”减税效果将进一步显现。

（资料来源：国家税务总局网站、经济日报、人民日报、中国税务报等。）

问题：

1. 我国调整增值税和营业税的征税范围的政策意义有哪些？

2. 如何进一步完善我国的流转税？谈谈你的看法。

第八章 公债

学习要点

- ☐ 公债的含义以及公债的功能
- ☐ 公债制度
- ☐ 公债发行市场与公债交易市场
- ☐ 公债管理

第一节 公债概述

一、公债的含义

公债是一个特殊的财政范畴，是政府取得财政收入的一种特殊形式。

在市场经济条件下，政府可以通过多种形式取得满足其职能所需要的财政收入，这些财政收入根据其是否具有偿还性大体可分为有偿的和无偿的两种。政府以债务人的身份，依据有借有还的信用原则所取得的财政收入，属于有偿形式，如发行公债；政府以社会管理者的身份，凭借政治权力取得的财政收入和以资产所有者的身份，凭借财产所有权取得的财政收入，属于无偿形式，如税收。

公债有国家公债和地方公债之分。凡由中央政府发行的公债，称为“中央债或国家公债”，简称“国债”；凡属地方政府发行的公债，称为地方债。可见，公债具体是指各级政府在国内外发行债券或向外国政府和银行借款所形成的国家债务，是整个社会债务的重要组成部分。

与税收相比较，公债具有其特殊性。具体表现在以下方面：一是公债具有自愿性特征，即公债的发行或认购建立在认购者自愿承受的基础上，是否认购，认购多少，完全由认购者自主决定。而税收则具有强制性的特征，只要符合税法规定，作为纳税人，就要依法纳税，否则就要受到法律制裁。二是公债具有有偿性特征，即各级政府举借的公债，到期必须还本付息。而税收则具有无偿性，它既不需要偿还，也不需要付出任何报酬。三是公债具有灵活性特征，即公债的发行与否、采用何种方式发行、发行规模多大，一般由政府根据具体情况而定，既没有时间上的连续性，也没有发行规模的固定性。而税收则必须按照法律规定的标准征收。

与私债相比较，公债还是一个特殊的债务范畴。具体体现在发行的依据或担保物不同上，公债的发行往往是以政府的信誉为依据，而私债的发行一般以财产或收益为担保，人们只有在确信发行者具有还本付息的能力的情况下才会认购。

二、公债的产生与发展

（一）公债的产生

公债产生的基本条件：一是政府财政收不抵支，出现赤字。公债的起源晚于税收。可见早期的公债主要是财政困难的产物。每当国家财政的经常性收入不足以支撑或满足庞大的开支时，政府就会发行公债。二是存在着闲置资本。公债产生的经济基础是商品经济和信用经济的发展。如果社会上没有较为充裕的闲置资金，公债就成为无源之水。

（二）公债的发展

公债制度是在私债的基础上演变和发展而来的。根据有关文献记载，公债萌芽于奴隶社会。到了封建社会，借债规模有所扩大。但由于商品经济和信用经济发展缓慢以及政府活动范围的限制，当时的公债具有规模较小，制度不完善的特征。

公债制度真正大规模的发展与完善，是在资本主义社会。其原因一是资本主义国家高度发达的商品信用经济，为公债的发行准备了稳定的资金来源和完善的信用制度；二是政府职能的扩展引起了财政支出的过度膨胀，迫使资本主义国家不得不扩大公债规模，以解决入不敷出的问题；三是赤字财政理论和赤字财政政策在西方各国的流行和推广，为公债的膨胀提供了理论上的诠释和制度上的保证。如今，无论社会制度怎样，无论经济发展水平如何，各国的公债规模大都在与日俱增，相关的制度安排也日益完善。总之，公债已成为各国政府筹集财政资金的重要形式和干预社会经济生活的重要工具。

三、公债功能与类型

（一）公债的功能

1. 弥补财政赤字。通过发行公债弥补财政赤字，是公债产生的主要动因，也是现代国家的普遍做法。用公债弥补财政赤字，实质是将不属于政府支配的资金在一定时期内让渡给政府使用，是社会资金使用权的单方面转移。政府也可以采用增税和向银行透支的方式弥补财政赤字。但是，税收增加客观上受经济发展速度和效益的制约，如果强行增税，就会影响经济发展，使财源枯竭，得不偿失；同时，又要受立法程序的制约，也不易为纳税人所接受。通过向中央银行透支来弥补财政赤字，等于中央银行财政性货币发行，可能会扩大流通中的货币量，导致通货膨胀的后果。比较而言，用发行公债的方式弥补财政赤字，一般不会影响经济发展，可能产生的副作用较小。第一，发行公债只是部分社会资金使用权的暂时转移，流通中的货币总量一般不变，一般不会导致通货膨胀。第二，公债的认购通常遵循自愿的原则，通过发行公债获取的资金基本上是从社会资金运动中游离出来的部分，也就是企业和居民闲置不用的资金，将这部分资金暂时交由财政使用，当然不会对经济发展产生不利的影响。当然，也不能把公债视为治理财政赤字的灵丹妙药。首先，财政赤字过大，形成债台高筑，还本付息的压力又会进一步加大财政赤字，互为因果，最终会导致财政收支的恶性循环。其次，社会闲置资金是有限的，政府集中过多，将会减少民间部门可借贷资金的供给，或提高民间部门的投资成本，产生“排挤效应”。

2. 筹集建设资金。弥补财政赤字是从平衡财政收支的角度说明公债的功能。筹集建设资金是从财政支出或资金使用角度来说明公债的功能。公债是政府在正常收入形式以外，筹集资金用于经济建设的一种重要手段。我国 1987 年开始发行重点建设债券和重点企业建设债券（其中包括电力债券、钢铁债券、石油化工债券），公债资金的用途很明确，就是用于基础产业的投资。1998—2002 年，我国每年发行的公债中，都包括 1 000 多亿元的建设性公债，主要用于社会基础设施建设和重点行业的更新改造。

3. 调节宏观经济。公债是对社会资源的重新配置，是财政调节经济的重要手段。政府发行公债首先会改变民间和政府部门占有资源的规模，影响社会资源在两大部门原有的配置格局。政府公债资金用于不同方向，又会对经济结构产生多方面的影响：用于公共投资，将会改变原有的投资与消费的比例；用于公共消费，将会改变社会的消费结构。进而言之，国家发行公债，扩大财政支出的过程，能够调节社会总供需关系，是扩张性财政政策的重要工具。另外，短期公债还可以作为中央银行在公开市场的重要操作工具，调节流通中的货币量。

（二）公债的类型

公债是一个庞大的债务体系。可以依据不同的标准，采取不同的方法，从不同的角度进行分类。

1. 以发行区域为标准，可分为国内公债（内债）和国外公债（外债）。内债是指在国内发行的公债；外债是指在国外发行的公债，包括国家在国外发行或推销的公债以及向外国政府、经济组织和个人的借款。

2. 以国家举债形式为标准，可分为国家借款和发行债券。国家借款是政府向本国银行透支，或向外国政府、银行、个人借款而举债。其中向本国银行透支形成的借款称为财政借款，其他则称为政府贷款。国家借款是最原始的举债形式。发行债券则是政府发行公债，债券由社会认购，包括发行一般公债债券和摊派性的国库券。发行债券具有普遍、法律保证以及持久性等优点，应用范围较广，效能较高。

3. 以流通与否为标准，可分为可转让公债和不可转让公债。可转让公债又称为自由流通公债，持有者可以随时在市场上出售转让，如近年来我国大量发行的记账式公债。不可转让公债称非自由流通公债，按规定不能进入市场流通，只能按规定时间兑付的公债，如我国近年发行的凭证式公债。

4. 以举债性质（或方法）为标准，可分为强制公债、爱国公债和自由公债。强制公债是指国家凭借政治权力，不论债权人是否愿意而强制债权人购买的公债。爱国公债是准强制公债，主要凭借公民的爱国心而自行认购。自由公债又称普通公债，是政府基于同公民的自由契约，利用商业信用原则和经济利益的刺激力来发行公民自行认购的公债。

5. 以偿还期限为标准，可分为短期公债、中期公债、长期公债。一般情况下，将一年期以内的称为短期公债，十年期以上的称为长期公债，介于这两者之间的称为中期公债。有一种长期公债叫永久性公债，不规定到期时间，债权人无权要求清偿，但可按期永久取得利息，政府可利用此种公债调剂财政资金的余缺。当财政发生赤字时，政府发行永久性公债以弥补赤字，而在财政资金充裕的情况下，政府可在证券市场上购回。其好处在于政府没有到期必须还本付息的压力。近年来我国公债品种日益丰富，期限呈现多样化，先后发行有 3 个月、6 个月、1 年、2 年、3 年、5 年、7 年、10 年和 30 年等多种期限公债。

6. 以发行的凭证为标准，可分为凭证式公债和记账式公债。凭证式公债是指国家采取不印刷实物券，而用填制“国库券收款凭证”的方式发行的公债。凭证式公债具有类似储蓄，又优于储蓄的特点，通常被称为“储蓄式公债”，具有安全性、好保管、兑现方便的特点。记账式公债是利用账户通过电脑系统完成公债发行、兑付的全过程，称为“无纸化公债”，可以记名、挂失，安全性好，发行时间短，发行成本低，效率高，已成为世界各国发行公债的主要形式。

第二节
公　债　制　度

公债制度是政府对公债的发行、流通、偿还三环节中各种规章的总称，是政府对公债进行管理的法律依据。

一、公债的发行

公债的发行是指公债售出或被企业、团体和个人认购的过程。它是公债运行的起点和基础环节，包括发行条件、发行方式和发行市场等内容。

（一）公债发行条件

公债的发行条件是指对公债发行本身诸方面所作的规定，涉及的内容较多，如公债的票面额、发行价格、期限、利息率、发行数额、偿还方式、能否转让等问题。但其中相对重要的是公债的票面额、发行价格、公债发行数额、公债利率、利息偿付以及公债期限的确定。

1. 公债的票面额。公债票面额是指由政府核定的债券所代表的价值。此价值被印制在债券正面或正反两面上，因此称“票面额”，又称“票面价值”。公债票面额的大小应依据公债的性质、国家的富裕程度、发行对象类型以及交易的习惯来确定。一般来说，大面额的公债券适合于高购买力的认购者，小面额的公债券适合于低购买力的认购者。如果公债数量巨大、发行对象面广，公债券的票面额就应多样化。如果公债允许上市交易，公债券的面额应适应交易所需要面额的大小以方便市场正常交易。

2. 公债的发行价格。**公债的发行价格是指投资者购买公债时所必须支付的价格**。它是债券票面价值的货币表现。公债发行价格与市场利率有着密切关系。按照公债发行价格与其票面值的关系，公债发行价格通常可以分为平价发行、折价发行和溢价发行三种。

（1）**平价发行**，即公债的发行价格与公债票面价值相同。其前提是公债利率与市场利率大体相当，政府的信用必须良好。如果市场利率高于公债利率，按票面值出售便无法找到认购者或承购者；若市场利率低于公债利率，按票面值出售政府财政将遭受不应有的损失；只有市场利率与公债利率大体一致，公债才能顺利地发售出去，又不至于增加国库负担。在政府信用良好的条件下，人们才会按票面值购买公债，使公债发行任务尽快完成。这种发行价格，对政府和购买者都不产生特殊的经济损失或收益，公平合理。这有利于经济稳定，有利于财政收入的管理和预算的顺利进行。我国近几年发行的政府债券都属于平价发行。

（2）**折价发行**，即公债的发行价格低于公债的票面名义价格，到期后政府仍按票面额偿本付息。导致折价发行的主要原因：一是由于市场利息率上升，政府必须降低发行价格，债券才能找到认购者或承购者；二是压低发行价格比提高公债的利息率更便于掩盖财政拮据的实际状况；三是在发行任务较重的情况下，为了鼓励大家踊跃认购给予的额外利益。这种发行价格，一般是在公债的利率低于市场利率或政府发债困难的情况下采用。实质上是通过提高利率，以刺激购买，虽有利于公债发行，但政府负担过重，一般较少采用。

（3）**溢价发行**，即公债的发行价格高于公债票面额。这种发行只有在举债者信誉较高，或者公债利率高于市场利率的条件下才有可能顺利发行，一般也较少采用。只有在两种情况下采取：其一公债利息率远远高于市场利息率使得认购者有利可图；其二公债利率原与市场利率大体相当，但当债券出售时，市场利率出现下降，政府有可能提高债券出售价格。

总之，公债发行价格的确定应视公债的利率水平、发行时的财政、金融状况以及公民应债情况的不同来确定。

3. 公债发行数额。公债发行数额是指当次公债发行所要筹集的资金总额。这一主观举债规模能否顺利实现须考虑具体的市场状况，这就涉及公债发行规模的问题。公债的发行规模受下述因素限制：一是生产力发展水平的高低。生产力发展水平较低时，社会所能创造的财富较少，政府向社会举债的规模将受到限制。二是公债的用途。如果举债的目的在于增加生产性投资，公债的规模相应可以大些。其原因在于生产性投资可以创造财富，增加产出，增强政府的偿债能力。三是私人部门的资金需求。公债的作用在于将私人部门的闲置资金或借贷资金转移到公共部门手中，这种转移在社会可供资金总量既定的情况下必然减少私人部门的可用资金数，如果公债规模过大，极有可能产生对私人部门发展的抑制。当然，在举借外债的情况下，这一约束相应较小，但国际收支这一制约因素将成为确定举借外债规模所必须考虑的问题，过度举借外债可能使国家面临货币贬值的困境。四是公共部门使用资金的效率。公债作为一种资金转移，其结果如何还取决于资金的使用效率。如果公共部门的资金使用效率低下，就会给还本付息带来困难。综合考虑以上因素，确定合理的发行数量，才能使公债的发行取得良好的预期效果。

4. 公债利率。公债利率是指公债利息与本金的比例。公债利率的确定是否恰当，直接影响公债能否顺利发行。决定公债利率的因素通常有：一是市场利率的高低。人们在购买公债前，必须权衡是将货币用于储蓄或投资还是用于购买公债，其权衡的主要依据是收益率，若公债利率低于市场利率，社会借贷资金就会转向银行储蓄，造成公债推销困难。因此，确定公债利率要将市场利率作为参考利率。二是政府的信用。公民的投资通常要兼顾收益和风险两方面，投资者总要回避风险，在相同的利率条件下，公债因其风险较低而优于其他种类的投资。因此，如果政府信用度高，公债利率即使在一定程度上低于市场利率也不难销售。如果政府的信用程度较差，公债利率必须较高才能顺利出售。三是社会资金的供给量。公债利率将因社会资金供给量的增多而下降。在确定公债利率时，需注意兼顾上述三个因素。

5. 利息偿付。公债利息是国家按照规定支付给公债认购者的报酬，按承购数额和公债利息率计算。公债利息的偿付方法主要有三种：一是分期付息。即在偿还期内规定偿还利息的固定时间和次数，以及每次支付利息的金额或比例，只付息不还本。此种方法往往适合于附有息票的公债券的利息支付。二是息随本还。即在公债偿还期满时，利息连同本金一次偿还债权人，或者连同本金分几次偿还，既付息又还本。三是发行时贴息。即采取折价发行公债的方法，发行价格与面额的差额即是利息。公债利息的偿付次数与时期确定要注重公债的管理成本和金融市场的状况。付息的次数太多，手续过于复杂，公债的偿还费用会增加；集中一次付息可能会由于所付利息过于集中而引起金融状况的波动。

6. 公债期限。公债的还本期限是指从公债发行日起到还本付息日止的这段时间。公债期限的确定要考虑举债者的资金需求，社会资金的构成情况和当时的市场状况。如果资金需求具有长期性，如生产性投资需要，公债的期限应相应长些。如果资金需求具有短期性，如弥补收支的季节性差异，公债的期限可以短些。举债者的上述资金需求只有在公债市场发育成熟、社会资金可能满足其需要的基础上才有意义。因此在确定公债的还本期限时，既要考虑公债市场的发育程度，还要考虑社会的资金构成情况。

（二）公债发行方式

公债的发行方式是指采用何种方法和形式来推销公债。目前，世界各国所采用的公债发行方式多种多样，但都具有各自的特色，归纳起来大致可分为以下几类：

1. **直接推销法**。直接推销法亦称承受发行法，是指一种由财政部门直接与认购者举行一对一谈判出售公债的发行方式。主要特点在于：发行机构只限于政府财政部门，而不通过任何中介或代理机构；认购者主要限于机构投资者，主要是商业银行、储蓄银行、保险公司、各种养老基金和政府信托基金等；发行条件通过直接谈判，协商确定；适用于某些特殊类型的政府债券的推销。此种方式的优点是既可充分挖掘各方面的社会资金，又使财政部门在发行上具有较大的灵活性。不过，这种方式也有其不足之处即只能在有限的范围采用，如只适于发行少数特定类型的债券，而不能扩大到一般债券；只适用于机构投资者，而不能扩大到个人投资者。

2. **包销法**。包销法是指政府将发行的债券统一售与银行，再由银行自行发售的方法，又称银行承受法。包销是公债发行权的转让，有三种具体方法：由中央银行承受、由专业银行承受和由金融集团包销。包销法的优点是银行能自主执行发行权和发行事务，可以保证大规模公债发行任务的完成，有利于公债收入提前入库和及时使用，是目前国际上最常见的包销方式。但也存在着缺点，如果不能全部推销出去，银行自身承担的公债过多，货币供应量增加会导致信用膨胀。

3. **公募法**。公募法是指政府向社会公众公开募集公债的方法，一般适用于自由公债。具体又分为直接公募法、间接公募法和公募招标法三种。

直接公募法即财政部直接承担发行公债的责任，由财政部门或委托其他部门面向全国公众募集公债，自行推销，发行费用和损失全部由国库承担。这种发行方法的优点是能够广泛吸收社会上的闲散资金，一般不会引起通货膨胀；缺点是推销时间长，发行成本高，政府不能及时取得所筹集的资金。

间接公募法即由政府委托银行或其他金融机构代理推销公债，通过银行系统向公众募集公债，故又称“委托募集法”。这种方法的优点是发行手续简化，发行成本较低；公债收入入库及时；金融机构通过公债经营可灵活地调节市场货币流量和流向；金融机构本身并不认购政府债券，不会引起中央银行的货币非经济发行。但它的优点也正是其缺点产生的根源，突出表现为会与民间部门争投资，排挤民间部门的筹资活动，产生所谓“挤出效应”。

公募招标法即在金融市场上通过公开招标发行公债。投资者根据自己的判断参加投标，通过竞争，依此排列中标者名单，让其认购公债，故又称“竞价投标法”。具体包括竞争投标与非竞争投标、价格投标与利率投标等多种形式。优点是可以避免因市场利率不稳而影响预定发行任务不能顺利完成的情况，缺点是政府在发行条件上处于被动地位。

4. **公卖法**。公卖法是指政府委托经纪人在证券交易所出售公债的方法。优点是可以吸收社会游资，调节社会资金运转；缺点是公债收入不够稳定，同时也给证券交易造成较大的压力。

5. **综合法**。这是一种综合上述各种方法的特点而加以结合使用的公债发行方法。它汲取各种方法的长处，从而弥补了各自的不足，具有相当的灵活性。英国的公债发行往往采取此方法。

（三）公债发行市场

公债发行市场是指以发行债券的方式筹集资金的场所，又称为公债的一级市场。其职能是完成公债的发行任务，使政府筹措到所需资金，也为社会上的资金所有者提供投资并获取收益的机会，公债发行市场的参与主体有三方，即作为公债发行者的政府、作为公债投资者的资金所有者和作为发行中介的银行、承购公司和信托公司等证券承销机构。

二、公债的流通

公债的流通是指投资者买卖、转让已发行的公债的过程，即公债的交易。主要包括公债交易市场、公债交易方式等内容。

（一）公债交易市场

公债交易市场是指投资者买卖、转让已经发行的公债的场所，又称为公债流通市场、转让市场或二级市场。其职能是为已发公债提供一个再次出售的机会，使公债持有者在需要资金的时候能够卖出公债收回资金，并向新的投资者提供投资选择的机会，由此形成一种流动性。公债交易市场的参与主体与发行市场的一样，也是政府、投资者和中介机构。

1. 公债交易市场的功能。公债交易市场是公债机制正常运行与稳定发展的基础和保证。

（1）为短期闲置资金转化为长期建设资金提供了可能性，是连接货币市场和资本市场的渠道，有利于政府运用信用形式筹集长期资金，有利于解决投资者希望资金的短期性与发行者希望资金的长期性之间的矛盾。

（2）增强了公债投资者信心和承受风险的能力，是公债发行顺畅有效的基本保证。如果禁止转让，投资人就会担心在未来资金周转不开时无法及时变现。公债交易市场降低了诸如此类的风险，增强投资者对公债的信心。

（3）有利于公债筹资、投资、融资等的经济职能发挥。公债流通性的增强，可部分代替高利率的作用，吸引投资者。政府可以抓住有利时机发行公债，筹措资金；投资机构可进行公债及其衍生金融工具的交易，作为投资、融资的手段；个人投资者也可以通过对公债、股票和企业债券投资组合的变化，获取更多的收益。

（4）便于中央银行开展公开市场业务，进行金融宏观调控。公债是央行在公开市场上最重要的操作工具。在不够活跃的公债市场上，央行吞吐基础货币，调节社会信用总量的能力会受到限制，资产价格容易过度波动；而公债市场的壮大，有助于中央银行公开市场操作业务的开展，使中央银行的货币政策从直接控制为主逐步向以市场化为主的间接调控转变。

2. 公债交易市场的组织结构。

（1）场内交易市场。场内交易指在证券交易所进行的债券买卖，又称交易所交易。交易主体主要有证券经纪商和交易商等。经纪商代理客户买卖债券，赚取手续费，不承担交易风险；交易商为自己买卖债券，赚取差价，承担交易风险。场内交易的特点包括：有集中、固定的交易场所和交易时间；有较严密的组织和管理规则；采用公开竞价交易方式，遵循“价格优先”和“时间优先”的交易原则；有完善的交易设施和较高的操作效率。

（2）场外交易市场。场外交易市场主要由银行间债券市场和柜台交易市场组成。

银行间债券市场是指金融机构之间在场外市场完成的债券交易。发达国家的债券交易大都在场外市场通过一对一询价完成。我国银行间债券市场始于 1997 年，其交易系统是由全国银行同业拆借中心和中央公债登记结算有限责任公司两部分构成，前者为前台部门，负责办理债券交易的清算，后者为后台部门，负责办理债券的托管和结算。从交易模式来看，银行间债券市场采用无形市场、个别询价、个别清算的场外交易方式；参与者以商业银行为主，辅以保险公司、信用社、证券公司、财务公司、基金以及外资银行在华分行等各类金融机构。

柜台交易市场是指在证券交易所以外的市场所进行的债券交易，又称“店头交易”或“场外交易”。交易的证券多为未在交易所挂牌上市的证券，但也包括一部分上市证券。这种交易市场的优点主要有：①为个人投资者投资于公债二级市场提供更方便的条件，可以吸引更多的个人投资者；②有利于银行提高其设备利用率和人员的劳动效率，增加银行的中间业务收入，提高银行的经营效益；③有利于把银行间债券市场的记账式公债与柜台交易公债市场相连接，促进各市场之间的价格、收益率趋于一致；④可以使货币当局主要通过银行间市场进行的公开市场业务产生的效果能直接影响到社会，提高了货币政策的效能。

（3）其他交易市场。其他交易市场主要指机构投资人和个人投资人完全绕开证券商，相互间直接进行交易的公债交易市场。

（二）公债交易方式

1. **公债现货交易**。公债现货交易是指公债交易双方在成交后即时进行清算交割其债券和价款的一种交易方式。所谓“即时”是指按照证券交易所规定的日期（1～3天）内交割，成交日和交割日不一定是同一天。公债现货交易的特点是：（1）成交和交割基本上同时进行，或在规定的极短时间内完成交割手续；（2）现货交易是实物交易，卖方必须向买方转移公债；（3）在交割时，买方必须如数支付价款。我国的公债交易主要采用现货交易方式，并于当天交割。

2. **公债期货交易**。公债期货交易是指公债买卖双方成交以后按契约中规定的价格、数量，进行远期交割的一种公债交易方式。又称期货合约交易方式或定期清算交易方式。相对于公债现货交易，公债期货交易具有如下特点：（1）公债期货交易属于远期交易，其成交时间和交割时间相隔一段时间；（2）公债期货交易的标的可以是公债本身，也可以是公债期货合同。公债期货具有套现保值与投机功能。我国公债期货交易始于1992年，但在1995年已暂停。

3. **公债回购交易**。公债回购交易是指公债持有人在卖出（或买入）一笔公债的同时，与买方（或卖方）签订协议，事先约定到一定期限后按规定的价格或收益率再买回（或卖出）公债的一种交易活动。公债回购具有担保功能，它为持券者和资金持有者相互提供了一种灵活的融资和融券的渠道，其实质是投资人融通债券或短期资金。与公债期货交易相比较，回购交易有以下特点：（1）回购交易是现货交易与远期交易的结合，对于债券持有者来说，是卖债券的即期交易和买债券的远期合同的结合；对于货币持有者来说，是买债券的即期交易和卖债券的远期合同的结合；（2）回购交易要发生两次券款交割，回购交易在签订合同时就有一次券款的交割，待回购合同到期时，还有一次方向相反的券款交割。我国公债回购交易始于1994年，它是我国公债交易的重要方式之一。

4. **公债期权交易**。公债期权交易是指公债交易双方为限制损失或保障利益而订立合约，统一在约定的时间内，按指定价格买进或卖出契约中指定的债券，也可以放弃买进或卖出债券的交易方式。公债期权交易具有如下特点：（1）与期货交易相比，期权交易的风险小；（2）交易双方买卖的并不是债券本身，而是一种买卖债券的权利。这种权利能保证期权购买者到期按约定的价格和数量实现买进或卖出，也允许期权购买者到时放弃行使买卖债券的权利，任其作废；（3）期权购买者是行使这种权利，还是放弃这种权利，取决于当时的市场状况。如行使这种权利得到的好处超过其期权费就行使；相反就放弃，损失的只是期权费，在期权有效期内，购买者也可再转卖出去。

三、公债的偿还

公债的偿还是指政府依照发行条件对到期的公债清偿本息的行为。它是公债运行的终点，主要涉及偿还方法和偿还的资金来源两部分内容。

（一）公债的偿还方法

公债的偿还通常依照公债发行时的契约或法律规定的条件进行。一般来讲，可供政府选择使用的公债偿还方法主要有以下几种：

1. **一次偿还法**。一次偿还法是对发行的公债实行在其到期日，按票面金额一次全部偿清本息。这是一种传统的公债偿还方法，优点是公债偿还管理工作简单易行，缺点是在缺乏保值措施的情况下，公债持有人容易受到通货膨胀的影响，并且一次集中还本付息，有可能造成财政支出的急剧上升，给政府预算平衡造成较大压力。

2. **分期偿还法**。分期偿还法是对一种公债规定几个还本期，每期偿还一定比例，直至公债到期时，本金全部偿清。这种偿还方法的优点是可以分散公债还本对财政的压力，缺点是手续繁杂、工作量大，债务管理的费用比较高。这种偿还方法适用于所有债券持有人。

3. **抽签偿还法**。抽签偿还法是在公债偿还期内，通过定期按债券号码抽签对号以确定偿还一定比例债券，直至偿还期结束，全部债券皆中签偿清时为止。抽签又可以分为一次性抽签和分次抽签两种。前者是指对政府发行的某期公债，在它到期前的某个时间举行抽签仪式，集中把各年度每次还本公债的号码全都抽出，予以公告；后者是对政府发行的某期公债按分批还本的次数定期抽签，以确定还本公债的号码，分几批还本就分几次抽签。这种偿还方法适用于实物券形式的公债，并且带有一定的随机性。

4. **市场购销法**。市场购销法是在公债的存在期限内，通过定期或不定期地从证券市场上赎回（或称“买回”）一定比例的债券，赎回后不再卖出，一直到期满，政府持有全部或绝大部分公债。其长处是给投资者提供了中途变现的可能性，并有利于维护公债市场的价格；缺点是政府需为市场购销进行大量繁杂的工作，业务成本较大。这种偿还方法只适用于各种期限的上市公债，并以短期公债为主。市场购销法是西方国家一种重要的公债偿还办法。

5. **以新替旧偿还法**。以新替旧偿还法是政府通过发行新债券来兑换到期的旧债券，以此达到偿还公债的目的。这种方法的优点从财政的角度看，显然增加了筹措还债资金的灵活性；从持有者的角度看，只要认为其有利，便可拥有继续持有债券的优先权。但缺点是如果经常使用这种偿还方法，很可能会损害政府的信誉。这种方法可遵循自愿原则，也可采取强制方式进行，但后者只能在非常时期采用。

（二）公债偿还的资金来源

政府在公债到期，需要还本付息时，必须有一定的资金来源。政府用于偿还公债的资金来源大致有以下几个方面：

1. 设立偿债资金。它是由政府预算设置专项基金用以偿还公债，即每年从财政收入中拨交一笔专款设立基金，由特定机关管理专充偿付公债之用，而不得用作其他用途。其有利之处在于为偿还债务提供了一个稳定的资金来源，以便于均衡各年度的还债负担，有利于把政府的正常预算与债务收支分离开，对制定正确的财政政策十分有益。其弊端在于偿债基金常被挪用而形同虚设。

2. 依赖财政盈余。就是政府在预算年度结束时，以当年财政收支的结余作为偿还公债的资金。这种方法的前提是政府预算要有盈余。目前世界上多数国家的财政收支很少出现盈余，因此此前提条件并不具备，因而这种方法不具有实践价值。

3. 通过预算列支。就是将每年的公债偿还数额作为财政支出的一个项目（如“债务还本”）而列入当年支出预算，由正常的财政收入（主要指税收）保证公债的偿还。优点是资金来源比较稳定可靠，手续也较简便。缺点是由于不同年份的偿债数额不同，若某年度偿债数额较大时，可能会冲击当年预算的安排和执行。

4. 举借新债。即政府通过发行新债券，为到期债务筹措偿还资金，也就是以借新债的收入作为还旧债的资金来源。这种方法既有实践上的可行性，也有理论上的合理性。从各国的财政实践来看，当今各国政府的公债累积额都十分庞大，每年的到期债务已远非正常的财政收入所能担负。从理论上看，公债可以被看作储蓄的延长形式，从债务总体讲并不存在偿还期。正因如此，它便成为各国政府偿还公债的基本手段。然而，这种方法实际上是公债期限的延续，容易导致政府债务的膨胀，使政府陷入恶性的债务循环之中。

第三节　公债的规模与效应

一、公债规模

公债规模是指公债发行数量的大小，具体表现为某个时点上国家债务的总和。

（一）公债规模的衡量指标

公债规模的衡量指标有两类：一类是表示公债规模的绝对指标；另一类是表示公债规模的相对指标。

1. **公债规模的绝对指标**。公债规模的绝对指标包括当年发行的公债总额、当年到期需还本付息的债务总额和历年累积的债务总额。

当年发行的公债总额是指政府在某一财政年度内发行的公债数量，它可以考察一国政府在某一财政年度内资金的匮乏情况，也可以反映当年公债对当年经济的影响。当年到期需还本付息的债务总额是指当年应由政府清偿的公债的本息之和，它可以考察一国政府公债在当年给财政造成的压力，也可反映公债对当年财政支出的影响。历年累积的债务总额是指政府已经发行而尚未到期的公债总额，它可以考察应由一国政府清偿但尚未清偿的公债总额，也反映了公债总量对经济的影响。

2. **公债规模的相对指标**。公债规模的相对指标有公债依存度、公债偿债率、公债负担率和公债借债率。

（1）**公债依存度**。公债依存度是指当年的政府债务收入与财政支出的比例关系。公债依存度从流量上反映了一个国家的财政支出中有多少是依靠发行公债筹集资金来实现的。当公债的发行量过大，公债依存度过高时，表明财政支出过分依赖公债收入，财政处于脆弱的状态，并对其未来发展构成潜在的威胁。这一指标的国际公认警戒线是：公债依存度不能超过15%～20%；中央财政的公债依存度（当年的公债收入与中央财政支出之比）不能超过25%～30%。

（2）**公债偿债率**。公债偿债率是指当年到期的公债还本付息额与政府财政收入的比例关系。这一指标反映了政府财政的债务清偿能力。公债收入的有偿性决定了公债规模必然受到国家财政资金状况的制约，因此，要把公债规模控制在与财政收入适当的水平上。这一指标国际警戒线是10%左右。

（3）**公债负担率**。公债负担率是指当年公债累计余额与当年经济总规模的比例关系。这是从存量上反映公债规模的一个指标，它是从国民经济的总体和全局来考察和把握公债数量界限的。根据世界各国的经验，发达国家的公债累积额最多不能超过当年国内生产总值的45%。由于发达国家财政收入占国内生产总值的比值较高（一般为45%左右），所以，公债累积额大体上相当于其当年财政收入总额。据测算，我国财政的预算内收入加上预算外收入也只占国内生产总值的20%左右，所以，我国的公债负担率应保持在20%以内。

（4）**公债借债率**。公债借债率是指当年公债发行额与当年GDP的比率。这一指标反映了当年GDP对当年公债增量的利用程度。西方发达国家的借债率一般在3%～10%，而中国的借债率普遍低于发达国家的水平，即使与借债率较低的法国、英国和加拿大等相比，也要低2～3个百分点，这说明从国民经济全局来看，我国的年度债务发行规模还是存在一定空间的。

（二）公债的合理限额

1. 内债的合理限额。内债的合理限额是指内债在一定条件下的最合理的数量界限，确定合理的内债规模应综合考虑以下几个因素：

（1）政府需要。内债作为政府弥补财政赤字、筹集建设资金和调节宏观经济的一种重要工具，其发行规模应当与政府需要相适应。一是取决于政府预算差额。政府预算差额扩大，则内债规模就应相应扩大；反之，则应相应缩小。二是取决于经济发展状况和政府对经济实施宏观调控的需要。经济衰退，需要政府扩大财政支出以刺激经济增长时，内债规模应随之扩大；反之，经济过度扩张，需要政府紧缩财政支出以抑制经济增长时，内债规模应随之缩小。

（2）国内承受能力。国内承受能力是制约内债规模的主要因素。从内债的资金来源看，主要取决于经济发展速度和经济发展质量，GDP越大则应债能力就越强；从应债主体看，主要取决于应债主体的收入水平和财务状况。

（3）政府偿还能力。公债偿还主要依靠税收等经常性财政收入，而经常性收入的增加又主要依赖于GDP的增加。因此，衡量政府偿还能力的主要指标是公债依存度。

（4）公债的使用方向、结构和效益。公债的使用方向、结构和效益也是制约公债规模的重要因素，甚至从某种意义上说是一个决定性的因素。显然，使用方向和结构合理、经济效益和社会效益好，就可以多发些债；反之，就会限制公债的发行。

2. 外债的合理限额。外债的合理限额是指政府在一定条件下举借外债的合理数量界限，其实质是政府的负担问题。确定适度的外债规模，需要考虑以下两个方面的情况：

（1）外债的清偿能力。外债的清偿能力可以运用以下指标来衡量：①偿债率。偿债率是指当年还本付息额占当年出口收入的比重。这是衡量一国外债水平的一个中心指标，这一比率可作为判断债务国清偿能力的高低和对它贷款风险大小的标志。按照国际惯例，安全线为20%，危险线为30%。②经济债务率。经济债务率是指当年外债余额与国内生产总值之间的比例。说明一国新创造的价值中被外国资本所占的比重。国际上公认这一比值的安全线应该小于30%。③出口债务率。出口债务率是指外债规模与出口收入之间的关系。其经济含义为当年外债余额占当年出口总收入的比重。按国际上公认的标准，这一比值应该小于100%。

（2）国内配套能力。为了更好地控制外债规模，在实际操作中，还必须考虑一国的国内配套能力。国内配套能力主要包括如下内容：①资金配套。引进项目的规模能搞多大，必须考虑与国内资金的配套关系。借用外债，引进国外设备，同时要具备相应的国内配套资金，以兴建土建工程、水、电、交通等配套设施，以及购买生产原料等，只有如此才能真正形成生产能力；②措施配套。只有各部门、各相关主体相互协调，才有可能对外债进行有效管理。一般来说，措施配套包括税收、海关、外汇管理、经济立法，以及引进必要的技术和管理人才等；③物资配套。借用外债，重点是引进关键设备和技术，而土建材料、生产原料、燃料及设备配套等主要依靠国内资源。因此，要周密计划国内有多少配套物资，有多大承受能力。

二、公债负担

公债不仅存在一个负担问题，而且如何衡量处理公债负担也是财政理论与实践的重要内容。公债负担是指公债融资的再分配效应。借债总要形成负担，这里所说的公债负担是从公债的发行，使用以及偿还的全过程来考察的。公债负担有以下表现形式：

1. 认购人负担。公债作为认购者收入使用权的让渡，这种让渡虽是暂时的，但对他的经济行为会产生一定的影响，可能会削减他的当前消费和储蓄。所以，公债发行必须考虑认购人的实际负担能力。

2. 政府即债务人负担。政府借债是有偿的，到期要还本付息。尽管政府借债时获得了经济收益，但偿债却体现为一种支出，借债的过程也就是公债负担的形成过程。虽然说政府不是公债负担的最终承担者，但作为直接的债务人是一定要考虑偿还能力的。所以，借债只能量力而行。

3. 纳税人负担。不论公债资金的使用方向如何，效益高低，还债的收入来源最终还是税收。马克思所说的公债是一种延期的税收，就是指公债与税收的这种关系。尽管可把所缴税款看做享用政府以债务资金提供公共物品或服务的成本，但不同纳税人的税收负担是不平衡的，有些纳税人会增加额外负担。

4. 代际负担。公债不仅形成一种当前的社会负担，而且在一定条件下还会向后推移，形成代际负担。就是说，由于有些公债的偿还期较长，连年以新债还旧债并不断扩大债务规模，就会形成这一代人借的债转化为下一代甚至几代人负担的问题。如果转移债务的同时为后代人创造了更多的财富或奠定了创造财富的基础，这种债务负担的转移在某种意义上被认为是正常的；如果公债收入被用于当前的消费，或者使用效率低下，留给后代人的只有净债务，那么，债务转移必将极大地影响后代人的生产和生活，导致经济增长速度放慢和未来生活水平下降，这是一种愧对子孙后代的短期行为。

5. 国民负担。举借外债是国外资源的净流入，但偿还外债时却是国内资源的净流出，从而产生国民负担问题。

三、公债效应

公债效应是公债对社会经济的影响。公债效应主要反映在以下三个方面：

（一）公债的资产效应

公债的资产效应是指公债发行量的变化，不仅影响国民收入，而且影响居民所持有资产的变化。在国民收入决定分析的模型中，总消费函数起着至关重要的作用，而总消费函数通常被表述为可支配的总收入和总财富的函数，也就是消费将随着收入和财富的增加而增加，当人们持有债券而增加消费，说明公债具有资产效应。

正因为公债具有资产效应，所以公债在经济增长中具有稳定功能。由于公债的增加比税收的增加能够增加居民持有的资产（一方面，人们心中感到富有了而可能增加消费，另一方面，人们的劳动意愿可能随之下降而减少储蓄），因而发行公债在经济萧条时具有扩大消费而经济旺盛时具有抑制消费的功能，而且人们持有资产是为了预防萧条，所以经济萧条时效应更大，经济繁荣时的效应相对较小。此外，公债利息的支付，也具有稳定的作用。在萧条时期，税收收入减少，尤其是实行累进税制，税收减少的趋势更为明显，这时公债利息支付保持在一定水平上，对消费需求会起维持作用。在繁荣时期，税收收入会比国民收入增长更快，而公债利息支付是一定的，这又会起抑制消费需求的作用。

（二）公债的需求效应

公债的需求效应是指政府通过公债融资增加支付支出，并通过支出的乘数效应增加总需求，或通过将储蓄转化为投资，并通过投资的乘数效应，推动经济的增长。公债对总需求的影响有两种不同的情形：

1. 中央银行购买公债。中央银行购买公债相当于过去传统体制下的财政向中央银行透支或借款，也就是现在所谓的债务货币化。中央银行购买公债，银行持有公债账户增加，同时财政国库存款账户增加，财政用公债支付时，则形成企业存款和居民储蓄或手持现金，商业银行存款增加。由此推理可知，中央银行购买公债将导致银行准备金增加从而增加基础货币，对总需求发挥扩张作用，构成通货膨胀因素。当然，这种扩张效应也不是绝对的。如果中央银行每年增加的基础货币是适应经济增长而增加的基础货币，在这个限度内购买公债，就不一定发生通货膨胀；或者说，中央银行购买公债时严格限制再贷款规模，也可能不会发生货币供给过量的问题。

2. 商业银行或居民个人购买公债。商业银行或居民个人购买公债则和中央银行购买公债的情形不同。商业银行或居民个人购买公债，一般说只是购买力的转移或替代，不会产生增加货币供给从而扩张总需求的效应。如果在经济繁荣时期，由于资金供求紧张，发行公债会带动利率上升，可能对民间投资发生“排挤”效应，不利于民间投资的增长；如果在经济萧条时期，实际上则是商业银行暂时闲置的资金转由财政使用，将居民储蓄转化为投资，弥补了储蓄与投资之间的缺口，这样不但可以推动经济的增长，而且有利于提高商业银行的效益。

（三）公债的供给效应

发行公债作为一种扩张政策，不仅具有需求效应而且同时具有供给效应，即增加供给总量和改善供给结构。比如，公债收入用于投资，一方面增加投资需求，另一方面也必然提供供给，而且由于投资领域的不同，也就同时改变供给结构。在我国实施积极财政政策的几年中，公债投资集中力量建成了大批重大基础设施项目，办了一些多年想办而没有办的事，既增加了有效供给，也基本解除了长期存在的基础设施的“瓶颈”，改善了供给结构。

第四节

公债资金的使用与管理

一、公债资金的使用

（一）公债资金的使用方向

政府发行公债是将资源的使用权和支配权从私人部门转向公共部门，再将筹集到的公债资金用于公共服务提供和投资领域的过程，就是公债资金的使用过程。

简单而言，公债资金的使用就是政府将筹集到的公债资金，按照一定方式和渠道，有计划地用于生产和人们生活的各个方面的分配活动。

公债资金可用于以下方面：弥补财政赤字、政府投资性支出、公共消费性支出、转移性支出等方面。公债资金的使用方向不同，将对经济和社会产生不同的影响。

保证公债正确的使用方向和提高资金使用效益。在经济发展的早期，私人资本的力量比较薄弱，为了促进经济增长，政府在收入有限的情况下，通过发债为经济发展创造基础性条件是完全必要的。但是债务收入毕竟是需要偿还的。这就要求政府对债务收入的使用首先必须保证正确的使用方向，强调消费性支出一般不能安排，而应安排投资性支出，但这并不是要求财政去从事竞争性项目投资，单纯去追求赢利，而是要从事私人资本的确没有能力投资而又是社会经济发展所必须的基础性项目投资以及社会基础设施建设。在资金投向合理的条件下，还必须提高资金的使用效益，在保证实现投资目标的条件下，尽可能节约使用资金，努力做到少花钱、多办事、办好事。

（二）公债风险

公债风险是指政府在运用公债组织收入和安排支出过程中，由于财政制度和财政手段的缺陷以及多种不确定的经济因素所造成损失和困难的可能性。当出现公债无法偿还的情况，这就是所谓公债危机。

只要发行公债，就会有公债风险；任何公债都有风险，只是风险的大小不同而已。公债风险是潜在的公债危机，公债危机是现实的公债风险。公债风险不一定就必然成为公债危机，前者只是后者的潜在可能性，只要处理得当，公债风险就不会酿成公债危机。

长期以来，为避免因政府举债给国民经济造成不利影响，确保公债安全运行，我国政府一直高度重视对公债风险进行有效监控，并责成我国财政部具体负责日常管理工作。财政部结合我国国情，对我国财政赤字率和政府债务相对规模的安全警戒线进行了测算，结果表明，我国的最大财政赤字率应小于4.04%，最大安全债务相对规模在50.50%以内较为合适。我国政府债务的规模风险、偿还风险都是较低的。为避免债务风险，必须加强对政府债务风险的管理，使其损失和风险降到最低。

二、公债资金的管理

公债管理是指政府为了控制公债的规模和构成，调整公债购买主体的结构、选择适当的公债期限结构和利率水平，提高公债资金的使用效率等而采取的一系列措施。即公债管理包括对公债活动全过程进行的组织、决策、规划、指导、监督和调节等一系列环节。

（一）公债管理的原则

公债管理的原则取决于不同国家以及同一国家不同时期的客观经济条件。现代经济运行条件下，公债管理的基本原则是：（1）政府债券必须是安全可靠的投资，到期必须立即偿还而且要随时能变现；（2）公债必须维持其货币价值，以避免通货膨胀和通货紧缩的影响；（3）公债应当尽可能广泛地为全体公众所拥有，以配合累进所得税制，促进收入分配的公平化。

（二）公债管理的政策

所谓公债管理政策是指政府在发行新债或以新债还旧债时，通过公债种类、发行条件等政策性操作，对经济运行产生预期影响的政策。

公债管理政策的基本内容包括：（1）在发行新公债时，是发行长期公债还是短期公债？长期公债与短期公债如何搭配组合？（2）在公开市场操作时，应将哪一种类和条件的公债作为对象？是减少短期上市未偿公债的数量而增加长期上市未偿公债的数量或是相反？从公债管理政策的角度来看，公债种类的多样化是有利的。因为，公债种类多样化一般来说都伴随着公债购买者增多，民间持有公债的数量就会增加，在费用一定的情况下，能保持政府收入的稳定；（3）在发行公债时，如何确定公债利率？一般来说，偿还期限越长，利率就越高，但利率变化对经济的影响较小，而且利息支付比较稳定。相反，偿还期限越短，利率就越低，但利率变化对经济的影响较小。因此，利率差异导致利率变化对经济影响的不同；（4）公债持有主体如何选择？如果以银行特别是中央银行作为购买主体，势必带来通货膨胀压力，对经济稳定产生冲击；如果以企业作为购买主体，无疑会减少企业用于实际资本的投资；如果以个人作为购买主体，可能减少消费，也可能减少私人储蓄。

可见，公债管理政策是财政政策和货币政策的延伸，对国民经济运行产生极大影响。

（三）公债管理的目标

既然公债管理政策既与财政货币政策密不可分，又是一种独立的经济政策，那么，作为更接近于财政政策的公债管理政策，其目标必须符合财政政策目标的要求。就财政政策与经济运行的关系来看，财政政策目标体系可列为三大类，即经济稳定目标（包括价格稳定目标、充分就业目标、国际收支平衡目标）、经济发展目标（包括经济增长目标、资源合理配置目标）以及收入公平分配目标。

因此，财政政策的上述目标也是公债管理政策的目标。同时，公债管理政策作为独立的政策，它又有自身的目标，如扩大公债的发行和分配范围、确保政府债券的顺利推销、维持政府债券市场的稳定、尽可能降低举债成本、实现均衡的期限构成、提高公债资金的使用效益等。

公债管理政策的自身目标与财政政策总体目标之间有时会发生冲突。例如，从财政角度来说，公债管理政策的直接目标是公债的利息负担最小化，但从经济稳定的观点来看，公债发行要保持一定的流动性。这两个目标在现实中往往是对立的。如果公债总额一定，短期公债的比重若高，流动性就高，市场利率下降。利率降低意味着持有资产的价值增加，而且通过资产效应促使个人消费需求增加。同时，利率降低使企业的投资需求增加，总需求亦增加。相反，长期公债的比重若高，则流动性降低，市场利率升高，总需求减少。因此，在维持一定总需求的前提下，要适当选择使公债利息负担最小的短期公债与长期公债的搭配组合。

可见，如何确定短期公债与长期公债的搭配是公债管理重要目标之一。为了降低公债的利息成本，在经济衰退时期，由于利率水平较低，故应趁机发行长期债券，以减轻利息负担；在经济繁荣时期，则宜发行短期债券，以免增加长期公债的高利负担。可是，为了经济稳定，在经济衰退时期应当发行短期债券，以刺激总需求增加；而在经济繁荣时期，应当发行长期债券，以抑制需求过旺。这样，在政策目标上出现了两个问题：一是在公债管理政策自身目标与财政政策总体目标发生冲突时，以哪一目标为主？二是如何解决公债政策目标之间的冲突？就前一问题而言，由于公债管理政策只是财政政策的实施工具，故此，从全局来说，公债管理政策目标要服从财政政策总体目标。就后一个问题而言，如果通过货币政策能实现经济稳定，则利息费用最小化可以作为公债管理政策的主要目标。但是，如果公债管理要同时实现上述两个目标，就需要适当选择公债种类。

思考与练习

一、不定项选择题

1. 公债产生的主要动因是________。

A. 筹集建设资金　　　　B. 弥补财政赤字

C. 调节宏观经济　　　　D. 加强预算管理

2. 根据预算法的规定，我国公债的发行主体是________。

A. 中国人民银行　　　　B. 中央政府

C. 财政部　　D. 地方政府

3. 我国目前公债规模的具体情况是________。

A. 公债负担率高，公债依存度高　　B. 公债负担率高，公债依存度低

C. 公债负担率低，公债依存度高　　D. 公债负担率低，公债依存度低

4. 公债与税收比较，具有其特殊性，具体表现为________。

A. 强制性　　B. 自愿性

C. 有偿性　　D. 灵活性

5. 公债交易的方式主要有________。

A. 现货交易　　B. 期货交易

C. 期权交易　　D. 回购交易

二、判断题

1. 公债是一个特殊的财政范畴，是政府取得财政收入的一种形式。　（　　）

2. 由于公债风险小，偿还有保证，通常也被称为“保险债券”。　（　　）

3. 公债按其偿还期限不同，可以分为强制公债和自愿公债。　（　　）

4. 从政府财政角度看，溢价发行可以说是最为有利的，因为政府在发行价格上可以得到价差收入。　（　　）

5. 世界各国最普遍的偿还国债的资金来源是设立偿债基金。　（　　）

三、简述题

1. 简述公债管理的原则。

2. 公债负担的表现形式有哪些？

四、案例分析题

公债哲学的是是非非——赤字财政论

在20世纪30年代之前，各国政府信奉预算平衡的原则，认为政府欠债与个人欠债一样，不是什么好事。所以，即使由于战争等原因有了财政赤字，也要尽快还上。

凯恩斯打破了这一原则。他认为，现在社会的问题在于有效需求不足，要不减少私人支出又增加总需求，政府就必须举债支出。为了打破人们对公债的恐惧心情，他列出了举债支出的三点理由。第一，政府是公民的代表，政府向公民借债，等于自己向自己借债，在性质上与私人债务完全不同。第二，借债是为了发展经济，通过举债支出刺激了有效需求，国民收入增加，税收增加，偿还债务也就有了保证。第三，政府债务以国家信誉为担保，不会引起债务危机。凯恩斯这一套为举债支出辩护的理论成为公债哲学。公债哲学说得头头是道，但人们在这样做时还有所顾虑。战后各国政府已采用凯恩斯主义的政策，但仍没有大胆举债。20世纪50年代，美国采用补偿性财政政策，即在衰退时用扩张性政策有赤字，在繁荣使用紧缩性政策有盈余，以求得长期中收支平衡。在艾森豪威尔当政的8年中美国5年有赤字，3年有盈余，赤字最高时不过125亿美元。财政上大致是平衡的。

美国真正实践凯恩斯的公债哲学是在20世纪60年代。当时肯尼迪政府为了刺激经济采用了凯恩斯主义者托宾和海勒的建议，打破害怕财政赤字的框框，实行赤字财政政策，一方面增加政府支出，另一方面又减税。这时赤字迅速增长。到20世纪80年代里根上台时，他说，如果美国每张债券为1 000美元，美国的国债摞在一起已有67英里。他声称要减少赤字。但他上台后大幅度减税，减少支出的计划又难以实现，到1983年底，他把这一纪录增加到100英里。只是到了20世纪90年代克林顿当政时赤字才有所减少，并在1998—1999财政年度实现了财政盈余1 200亿美元。

现在美国有90%的经济学家承认财政政策（减税和增加支出）对低于充分就业的经济有重要的刺激效应。既要增加支出又要减税，当然必定有赤字。赤字政策只要不是用于消费，而是用于公共工程、教育等有利于经济发展的用途，对经济就有效益。在短期中，当总需求不足引起衰退时，举债支出也有利于经济复苏。正基于这种原因，美国许多经济学家反对一些国会议员提出的要求实现每年财政预算平衡的平衡预算修正案。20世纪60年代和80年代美国经济的繁荣与赤字大幅度增加是相关的。

但赤字财政也并非有百利无一害。有赤字就要为赤字筹款。政府所用的方法是发行债券。不过债券卖给不同的对象，筹款方法与影响也不同。如果卖给中央银行，成为货币筹资。政府把债券卖给中央银行，不用付息，不过中央银行可以把政府债券作为准备金发行货币，这就会引起通货膨胀。如果卖给中央银行以外的部门，如商业银行、企业或个人，债券等于向这些部门借债的凭据。货币量不会增加，也不会引起通货膨胀，但政府要背上还本付息的包袱，国债会越来越大。现在美国国债总额已达每年GDP的45%左右，光利息也是一大笔不小的支出呢！这种方法称为债务筹资。

在现实中政府交替使用货币筹资和债务筹资。如果赤字过大，政府最后只好求助于发行货币。因此，债务过大，货币量发行增加，最后难免要引起通货膨胀。美国独立战争期间，大陆议会财政支出剧增而税收有限，只好用货币筹资的方法，大量发行货币，以至于通货膨胀严重。英语中有一个短语是："not worth a continental"，直译是："不止一个大陆美元"，意译是"一文不值"，就是这时出现的，形容严重通货膨胀下货币已不值钱了。现在发生超速通货膨胀的国家，从南美洲的巴西、玻利维亚、乌拉圭，到欧洲的南斯拉夫，都是由于财政赤字极其严重，不得不发行货币所引起的。所以，国际货币基金组织向这些国家提供援助时前提条件是实行紧缩财政的政策。美国20世纪70年代的高通货膨胀与60年代的财政赤字也不无关系。

当然，在财政赤字不十分严重，中央银行又能控制货币发行量的情况下，赤字不一定能引起通货膨胀加剧。但赤字还有其他危害。从长期来看，一国的经济增长与投资相关，投资增加引起的资本积累是增长的源泉之一。投资来源于储蓄，所以，高储蓄与高增长率相关。日本等亚洲国家增长率高的原因之一是储蓄率高。一国的国民储蓄包括私人储蓄和公共储蓄。公共储蓄就是政府财政盈余。赤字增加必然减少国民储蓄，从而对一国的长期增长不利。许多经济学家认为，美国20世纪70年代生产率增长率放慢与美国赤字增加、国民储蓄下降是相关的。

当然，在开放经济中一国储蓄不足，为投资筹资可以引进外资，从国外借债，或出卖自己的资产。但这又会引起国际收支赤字。所以，经济学家把财政赤字和国际收支赤字称为：“孪生赤字”，形容它们像孪生兄弟一样同时出现。20 世纪 70 年代是美国的孪生赤字出现的时代。这对孪生赤字到现在也没有消除。

正与一切事物一样，财政赤字也是有利有弊。但严重的赤字总对经济不利。20 世纪 60 年代曾在美国鼓吹赤字财政政策的经济学家托宾 20 世纪 80 年代曾告诫中国同行，不要以为用赤字财政刺激经济。这话还是值得我们深思的。

（资料来源：“公债哲学的是是非非——赤字财政论”，http://www.docin.com，2012 年 5 月 19 日。）

仔细阅读上述资料，回答下列问题：

1. 你是任何看待公债哲学的？

2. 简述赤字与公债的关系。

3. 你认为赤字财政在我国有哪些副作用？

第九章
政 府 预 算

学习要点

- □ 政府预算的含义、分类及原则
- □ 政府预算的形式
- □ 政府预算的编制、执行及决算

第一节
政府预算概述

一、政府预算的含义

（一）政府预算的含义

政府预算是比税收、公债都要年轻的一个财政范畴，作为一种分配和管理财政资金的工具，无论在资本主义国家，还是在社会主义国家，都表现为经法定程序批准的国家年度财政收支计划。从形式上看，政府预算是一个具有法律地位和技术性的文件，它是所在财政年度的预期收入和支出的一览表，反映政府在预算年度内进行财政收支指标和收支总额之间的平衡关系。从内容上看，政府预算反映了可供政府集中支配的财政资金的数量大小。从作用上看，政府预算决定了政府的活动范围和方向。从本质上看，政府预算体现了政府集中性的财政分配关系。

综上所述，政府预算是政府的基本财政收支计划，是以收支一览表的形式表现的具有法律效力的文件，是政府财政实现计划管理和经济政策的工具。

（二）政府预算的类别

政府预算作为财政收支计划，在技术操作上要解决的主要问题是：计划表格的安排；

计划指标（数字）的确定。前者通常称为政府预算的形式，后者则是政府预算的内容。以预算的形式和内容为依据进行分类，是政府预算最为主要的两种分类方法。

1. 按预算组织形式分类。从预算的组织形式看，政府预算可分为单式预算和复式预算。单式预算，指的是政府公共收支计划通过一个统一的计划表格来反映；复式预算，则指的是政府公共收支计划通过两个或两个以上的计划表格来反映。

2. 按预算的编制方法分类。以编制方法的差别为依据，政府预算可分为增量预算和零基预算。增量预算也称为基数法，是一种传统的预算编制方法，指的是财政收支计划指标在以前预算年度的基础上，按新的预算年度的经济发展情况加以调整之后确定的。零基预算，指的是财政收支计划指标的确定，只以新的预算年度的经济社会发展情况为依据，而不考虑以前的财政收支状况，这就是零基预算的所谓“从零开始”之意。但须注意，从零开始并不是一切都要重新开始，而是对已有的项目需要重新审定和安排，起点为零。

3. 按预算层级分类。政府预算按预算的层级可分为中央政府预算和地方政府预算。中央政府预算是指中央政府的年度财政收支计划。地方政府预算是指各级地方政府的年度财政收支计划。

在单一制国家中，预算可以分为中央预算和各级地方政府预算。在联邦制国家中，预算可以分为联邦政府预算、州（邦）政府预算和地方政府预算。在财政集权制的国家，国家的中央（联邦）综合预算包括地方预算，每级综合预算都是本级预算与下级预算的汇总，典型的如中国；而在财政联邦制的国家，中央（联邦）综合预算与地方预算则各自独立，中央（联邦）预算不包括地方预算，如美国、英国等西方国家及日本。在我国，中央预算在政府预算中处于主导的地位。地方政府预算在政府预算体系中处于基础地位，为协调本地区社会经济发展的政府职能的正常实施提供财力保证。

4. 按预算财政收支项目分类。政府预算按列支的财政收支项目的不同，可以分为普通预算和特别预算。普通预算又称为经费预算，是政府编制的一般财政经常性收支项目（科目）的预算。特别预算是政府对某些具有特别意义的项目（特别事业、特殊用途的收支）另行安排的预算，如国有企业投资预算、公共工程投资预算、社会保障预算及各类特种基金预算等。

5. 按预算管理范围分类。从预算管理范围来看，政府预算分为总预算、部门预算和单位预算。总预算就是政府财政收支的综合计划，即指各级政府汇总本级政府预算、财政部门直接掌握的收支计划和下级政府的预算编制而成。部门预算是指政府各部门编制的，由本部门所属各单位预算组成的预算。单位预算是指列入部门预算的国家机关、社会团体和其他单位的收支预算，它以资金形式反映着预算单位的各项活动。从单位预算的组成系统看，分为主管单位预算、二级单位预算和三级单位预算。

6. 按预算编制程序分类。按预算编制程序进行分类，政府预算分为正式预算、临时预算和追加预算。正式预算是指政府依法就各预算年度的预计收支编成预算草案，并经立法机关审核通过宣告正式成立，取得法律地位的预算。临时预算是指预算年度开始时，由于某种特殊原因使得政府编制的预算草案未能完成法律程序，因而不能依法成立。在这种情况下，为了保证正式预算成立前政府活动的正常进行，必须编制临时性的预算。这种临时性的预算不具备法律效力，只是作为政府在正式预算成立前进行必要的财政收支活动的依据。追加预算或修正预算，是指在正式预算实行过程中，由于情况的变化需要增减正式预算收支时，须再编制一种作为正式预算补充的预算。把成立后的追加预算或修正预算与正式预算汇总执行，称之为追加（修正）后的预算。

二、政府预算原则

政府预算原则是指国家选择预算形式和体系应遵循的指导思想，也是制定政府财政收支计划的方针。自国家预算产生以后，就开始了对政府预算原则的探索，形成各种各样的思想和主张。时至今日，在财政经济理论界影响较大并为世界大多数国家所接受的预算原则主要有：

（一）公开性原则

政府预算是反映政府活动范围、方向的政策，与全体公民的切身利益息息相关。因此，政府预算及其执行情况必须经过立法机关审议，且采取一定形式公诸于众，让民众了解财政收支的情况，以置于民众的监督之下。

（二）可靠性原则

可靠性即要求政府预算的每一收支项目的数字指标，必须运用科学的方法，依据充分确实的资料，并按一定的规律进行计算，不得假定、估算，更不能任意编造。各种收支的性质必须明确区分，不得掺杂混同。

（三）完整性原则

完整性即要求应列入政府预算的一切财政收支都要反映在预算中，不允许有预算外另列的预算，不允许有在预算管辖之外的政府财政活动。按照国家有关法律规定，由政府财政管理但不属于财政收支范围的资金运动情况也应在政府预算中有所反映。

（四）统一性原则

统一性即要求各级政府预算都要按照统一的程序、统一的预算科目、统一的计算方法和统一的口径编制。按有一级政府就要有一级财政的原则要求，各级政府都设有该级财政部门，也有相应的预算，这些预算都是政府预算的组成部分，所有地方政府预算连同中央预算共同组成了统一的政府预算。这就要求设立统一的预算科目，并且每个科目都要严格按照统一的口径、程序计算和填列。

（五）年度性原则

年度性即要求各级政府预算按年度编制，将规定的起讫期间内的政府财政收支列入本级政府预算。具体地说，就是任何一级政府预算的编制和实现，都要有时间上的界定，预算要按预算年度编制，列出全年的财政收支，不允许将不属于本年度财政收支的内容列入本年度的政府预算之中，以便对预算年度财政收支进行比较。

【阅读材料】

预 算 年 度

所谓预算年度，是指预算收支起讫的有效期限，通常为一年（365 天）。目前世界各国普遍采用的预算年度有两种：一是历年制，即从每年 1 月 1 日起至同年 12 月 31 日止，如法国、德国、意大利等，我国采用的也是历年制；二是跨年制，即从每年某月某日开始至次年某月某日止，中间历经12个月，但却跨越了两个年度，如美国的预算年度是从每年的10月1日开始，到次年的9月30日止。一般来说，决定预算年度起讫日期的因素：一是每年财政收入的旺季；二是每年立法机关召开会议的日期。

应当指出，以上列举的预算原则是就一般意义而言的，不是绝对的。一种预算原则的确立，不仅要以预算本身的属性为依据，而且要与本国的经济实践相结合，要充分体现国家的政治、经济政策。一个国家的预算原则一般是通过制定国家预算法来体现的。美国的斯密预算八原则就是政府政治经济政策在预算原则上反映的一个绝佳例子。

【阅读材料】

美国公共预算的指导原则

美国公共预算的主要原则包括：(1) 民主原则。政府税收和支出必须得到选民的同意。(2) 公平原则。在征收税收和实施财政支出时，必须平等地对待相同境况的人。(3) 透明度原则。所有的财政管理活动和预算活动必须公开，并处于公众的审视之下。(4) 正直原则。着眼于经济的长期增长，诚实管理并准确核算公共资金。(5) 谨慎原则。确保财政投资资金风险的最小化。(6) 负责原则。严密的立法监督和执法审计贯穿于预算和财政管理的全过程。在美国历史上，尽管这些原则也并不总是稳定地得到执行，但它们是指引美国财政管理方向的重要标志。

（资料来源：Robert W. Smith，美国预算和财政管理改革的演进及对中国的启示，当代财经，2011年第9期。）

第二节 政府预算的体系与形式

一、政府预算的体系

政府预算也就是政府收支预算，一般来说，有一级政府即有一级财政收支活动主体，也就应有一级预算。在现代社会，大多数国家都实行多级预算，从而也就产生了政府预算的体系问题。

我国政府预算组成体系是按照一级政权设立一级预算的原则建立的。我国宪法规定，国家机构由全国人民代表大会、国务院、地方各级人民代表大会和各级人民政府组成。与政权结构相适应，并同时结合我国行政区域的划分，我国预算法明确规定，国家实行一级政府一级预算，相应设立了中央，省、自治区、直辖市，设区的市、自治州，县、自治县、不设区的市、市辖区，乡、民族乡、镇五级预算。不具备设立预算条件的乡、民族乡、镇，经省、自治区、直辖市政府确定，可以暂不设立预算。县级以上地方政府的派出机关，根据本级政府授权进行预算管理活动，但是不作为一级预算。

政府预算一般由中央预算和地方预算构成。与中央预算和地方预算相联系的一个概念是总预算。一般说来，一级政府在一般性财政收支之外，往往还有一些特别项目的收支预算，如政府所属企业的财务收支、特别工程的收支等。在相当长时期内，这类收支与政府的一般财政收支是分别核算的，这种做法有损于预算的统一性和完整性，因而现代国家都是合并在一起并统一列表核算，于是形成总预算。同时一级政府的总预算不仅包括本级一般财政收支和特别预算，也包括下级政府的总预算，从而形成完整的政府预算体系。

中央预算由中央各部门（含直属单位）的预算组成。地方预算由各省、自治区、直辖市总预算组成；地方各级总预算由本级政府预算和汇总的下一级总预算构成；地方各级政府预算由本级各部门（含直属单位）的预算构成。各部门预算由本部门所属各单位预算组成。单位预算是指列入部门预算的国家机关、社会团体和其他单位的收支预算。

中央预算在政府预算体系中占主导地位，这是因为：

1. 中央预算集中了政府预算资金的40%～60%，它对国家的宏观调控发挥着重要作用。

2. 中央预算担负着重点建设、国防、外事等支出，关系国民经济全局的基础工业与基础设施的建设，也主要由中央预算投资，这对我国社会经济的发展起着极其重要的作用。

3. 中央预算还担负着调剂各个地方预算余缺，促使其实现预算收支平衡的任务，并担负着支援少数民族地区和经济不发达地区迅速发展经济和文化事业的任务。

地方预算在政府预算体系中占有重要地位，这是因为：

1. 政府预算收入中大部分依靠地方预算负责组织，政府预算支出中一半以上支出通过地方预算拨付，地方预算任务完成得如何，对整个国家预算有着重要影响。

2. 地方预算担负着地方各项经济、文化建设以及城市建设资金的拨付和管理，对于城乡及少数民族地区的建设负有直接的责任。

3. 地方预算的各项收支与广大群众的利益有更直接的联系，它对贯彻党的各项方针、政策，不断提高人民群众的物质文化水平发挥着重大作用。

我国政府预算管理体制，实行中央和地方分税制，中央预算和各级地方预算按照复式预算编制。中央政府公共预算不列赤字。中央预算所必须的建设投资的部分资金，可以通过举借国内和国外债务等方式筹措，但借债应当有合理、适度的规模和结构。地方各级预算按照量入为出、收支平衡的原则编制，不列赤字。

各级政府预算应按本级政府预算支出额的1%～3%设置预备费，按照国务院规定设置预算周转金。

二、政府预算的形式

政府预算的基本组织形式有单式预算和复式预算两种。

（一）单式预算

单式预算是指在预算年度内，将政府的全部财政收支计划统一编入单一的总预算计划表格来反映，而不去区分各项或各种财政收支经济性质的一种预算组织形式。在现代政府预算制度中，单式预算是一种最古老的传统的预算组织形式。

单式预算起源于英国。它是在英国“联合王国综合基金”的基础上逐步规范完善起来的。20世纪30年代以前，世界各国均采取单式预算制。这是因为，当时西方各国普遍奉行古典经济学派的预算平衡论。这种理论的经济基础是自由经济，反对政府对经济的干预。其思想在财政理论上的体现，就是强调限制政府活动的范围，注重对政府财政支出的控制，坚持预算必须平衡的原则。将政府财政收支纳入单一预算进行管理和控制的单式预算组织形式，符合“健全财政”的原则，在当时的历史条件下，也基本上起到了监督与控制政府财政收支的作用。

单式预算的优点主要有：

1. 符合预算的完整性原则。单式预算制是将政府的全部财政收支汇编在一个统一的预算表格中，因而能从整体上反映年度内政府财政收支的情况，便于了解政府财政的全貌，完整性强，体现国库统一和会计统一的原则要求。

2. 能简洁明了地反映年度内财政收支状况。只要是收入项目，就一概列入“收入”栏内，只要是支出项目就一概列入“支出”栏内，简便易行。有利于政府对收支水平予以适当的限制，促进预算收支平衡的实现。

3. 便于立法机关审查批准政府预算和社会公众了解政府预算。

单式预算的缺点主要有：

1. 没有把全部的财政收支按经济性质分列和分别汇集平衡，不利于宏观经济调控和对预算进行经济分析；尤其是在现今政府的经济功能日益扩大，对经济的调节作用日渐重要的情况下，对政府财政收支进行经济分析和有选择的宏观调控就显得十分必要。

2. 由于在现代政府活动中，财政资金分配渠道和分配方式日益多样化，加之政府财政信用规模的扩大，单式预算难以准确地反映政府财政活动的真实情况，易产生虚假现象，不利于提高财政资金的使用效果。

目前，只有少数国家和地区实行单式预算的组织形式。

（二）复式预算

复式预算是在单式预算的基础上产生和发展而来的，**即指在预算年度内，将全部财政收支按照经济性质或其他标准分别编制两个或两个以上的预算，并使每个预算的收入与支出之间具有相对稳定关系的一种预算组织形式。**

政府预算产生之初，资本主义正处于自由竞争时期，政府职能比较单一，政府预算的功能也比较单纯，因此，世界各国在相当长的时期里都实行一元化的单式预算。随着资本主义市场经济的发展，市场机制的缺陷日益暴露，资本主义国家介入了市场经济的运作，这使政府职能逐渐扩大，预算支出的经济性质趋于复杂，除了单纯的公共消费性支出之外，经济性支出在预算支出中的比重日渐提高，单一的预算形式已不能适应政府职能和预算功能扩大的要求，因此对政府预算收支进行分类管理的复式预算便应运而生。由此可见。复式预算的产生是与资本主义的发展和政府经济管理职能的扩大相联系的，是历史发展对提高预算管理水平的要求。

最早实行复式预算制度的是丹麦。1927 年丹麦编制了世界上第一个复式预算，它将财政收支按经济性质分别编为两种收支表，将政府经济性收支与债务性收支单列。1938 年瑞典也开始采用复式预算制度。由于复式预算在实践中显露出很多与单式预算相比所具有的突出特点和优越性，使它适应了第二次世界大战以后资本主义世界普遍出现的政府职能扩大的历史趋势，特别是第二次世界大战后在资本主义国家中凯恩斯主义主导了政府的经济政策，赤字财政政策的实施使复式预算成为政府实施宏观经济调节的重要工具，这就更显示出它的存在意义。所以，复式预算成为很多资本主义国家普遍采用的预算组织形式。在资本主义的发展过程中，复式预算逐渐发展，其组织结构从最初的二元结构发展为多元与二元并存的结构，其预算形式也因适应政府职能发展的需要而变得更加灵活和具有针对性、适应性。同时，很多发展中国家也逐渐采用复式预算。在当今世界，复式预算已成为一种普遍采用的预算组织形式。这种组织形式的典型例子是把政府预算分成经常预算和资本预算两个部分。其中经常预算主要以税收为收入来源，以行政事业项目为支出对象；资本预算主要以国债为收入来源，用于营利性的经济建设支出。

复式预算的优点主要有：

1. 便于考核预算资金的来源和用途。由于把政府在一般行政上的经常收支列为经常预算，而把政府的资本投资支出列为资本预算，这样就区分了各项收入和支出的经济性质和用途，便于政府按照性质，合理地安排使用各类支出，使财政资金的使用达到有序化，便于经济分析和科学的宏观决策与控制。

2. 复式预算使政府预算不再受传统的收支平衡观念的束缚，有利于政府按照经济周期来安排政府资本性支出，便于对经济进行有选择的宏观调节。

3. 在复式预算结构下，公债是资本预算的主要资金来源，公债与政府投资政策的有机结合，促进了资源有效配置和经济稳定，有利于与国家的中长期经济发展计划相衔接。

复式预算也有缺点，主要是：

1. 在收支性质划分上的交叉，给预算编制带来了技术上的困难。把预算分为经常预算和资本预算两个部分，使其科目的划分标准很难统一，预算收支之间的对应关系的稳定性受到干扰。

2. 复式预算制度对财政赤字的反映比较模糊。复式预算中经常性收支的赤字会因向资本预算转移而被缩小或掩盖。这是因为，在复式预算中，不同预算之间在平衡问题上有不同的原则要求。经常性预算遵循收支平衡、略有结余的原则，不能编制赤字预算；资本预算则遵循量力而行、尽力而为的原则，可以出现适量赤字，并通过借债来弥补。

3. 复式预算易产生政府资本支出过度膨胀的问题，一方面影响国民经济的持续稳定发展，另一方面，靠庞大的债务规模提供资本支出，会产生财政负担的过度转移，与财政分配公平原则相违背。

1991 年 10 月，国务院发布了《国家预算管理条例》。1992 年在中央和省级预算中开始试编复式预算，从 1994 年起，我国《预算法》规定，各级政府预算均采用复式预算形式进行编制，并进一步明确规定各级政府复式预算分为政府公共预算、国有资产经营预算、社会保障预算和其他预算。我国目前的复式预算制度将政府预算分为经常性预算和建设性预算。在编制上仍主要采取增量预算，同时在具体收支项目计划和核算上也采用类似项目预算和零基预算的方法。

第三节 政府预算的编制、执行和决算

一、政府预算的编制

政府预算的编制，就是制订筹集和分配预算资金的年度计划，是整个政府预算过程或预算周期的开始。政府预算的编制是政府预算管理中最为重要的工作，它关系到财政年度财政收支计划指标的科学性、可靠性和可行性。

（一）政府预算编制的原则

1. 经济性原则。经济性原则是指预算收入指标必须建立在预算年度经济增长可能的基础上，取之有度；政府预算支出指标的确定必须考虑经济发展对政府职能的要求，包括社会管理职能和经济管理职能，考虑满足这种要求所需要的支出数额。

2. 统一性原则。尽管各级政府都设有各级财政部门，也有相应的预算，但这些预算都是国家预算的组成部分。所有的地方预算和中央预算共同组成统一的政府预算，这就要求中央预算和地方预算的编制特别是地方预算的编制要有统一的预算科目、编制方法、计算口径、编制程序、预算表格和填列要求。保持预算的一致性、可比性和起码的规范性。

3. 公开性原则。公开性原则是指政府全部财政收支计划必须经过人民代表大会审议，并以一定形式向社会公布，接受公众的监督。公众不仅要知道财政收入的取得是否适当，是否遵循现行的财税法规，而且还要了解财政资源的配置是否合理，各项社会经济计划是否有效地、经济地被执行。同时，便于企业了解当前的经济形势、市场条件以及今后的经济运行态势，适时地调整和安排自身的生产经营活动，与宏观经济目标保持一致，实现资源配置的最优化。

4. 全面性原则。在编制政府预算时，预算指标的设计和预算口径的选择必须体现全面性的原则要求，将政府集中性的分配活动和资金运行全面纳入预算管理的范围，避免政府集中性财政资金在预算外循环，扰乱正常的预算秩序。

5. 科学性原则。政府预算的编制借助于先进的科学技术手段，搜集各种信息资料，对各项收支指标进行科学、严格的测算，以求测算结果的准确性。要杜绝任何不负责任的估算、假定和编造。目前，测算政府收支指标的方法主要有系数法、比例法、定额法、因素分析法和综合法。在实际工作中，应根据具体情况和所掌握的资料，采取不同的方法，灵活运用，以提高测算的科学性。

各级政府预算在各级政府的领导下，由各级财政部门负责组织编制。中央预算和国家预算由财政部具体负责编制，各级政府的财政部门负责本级预算和总预算的编制。

（二）政府预算编制的方法

政府预算的编制方法主要有增量预算和零基预算两种。

1. **增量预算**。增量预算亦称为基数法，是一种传统的预算编制方法，其年度预算的分项支出数是以上年度各项该支出数作为基数，考虑新的预算年度的经济发展状况加以调整之后确定的。其编制要点是：逐项确定支出预算；以各项支出上年度的支出数为依据；以人员经费的保障为重点。

按照增量预算编制法编制预算，简便易行。在财政收支规模较小、财政分配渠道和形式比较单一的情况下，采用增量预算来编制政府预算是一种较为理想的选择。增量预算有利于保证各项财政收支指标的连续性，但仍存在着不足之处，主要表现为：（1）预算指标的确定过于平均化，重点难以突出。虽然这种预算安排的初衷是控制支出规模，但最终结果则可能是平均分配资金，难以保证重点，难以保持预算安排与事业发展不断变化的动态需要一致，导致支出规模的日益膨胀。（2）预算安排分配不公。由于以“基数”作为预算安排的基本依据，往往发生“争基数”、“保基数”现象，难以克服“会哭的孩子有奶吃”的现象，难以消除基数中的不合理预算安排。（3）形成了预算支出的刚性增长机制。这种方式也保留了上年度预算指标的不合理因素，基数往往易增难减，是一种投入型预算，会形成基数的刚性化，不利于对预算支出进行适时的调整，因而也不利于提高财政支出效率。

长期以来，我国一直采用增量预算编制法来编制预算。到20世纪90年代，增量预算的弊端表现得日益明显，许多省、市开始尝试改革这种传统的预算编制方法。主要表现为“零基预算法”的引进和尝试。但从目前的实际情况来看，由于受到诸多因素的影响和制约，增量预算的改革进展比较缓慢，因而在今后一段时期内，增量预算仍然是我国普遍采用的一种预算编制方法。

2. **零基预算**。所谓零基预算，是指计划财政年度预算分项支出指标的确定，只以对社会经济发展的预测和对当年各部门新增任务的审核为依据，不考虑以前财政年度各项支出的基数。这就是零基预算的所谓“从零开始”之意，但须注意，从零开始并不意味着一切都要重新开始，而是对已有的项目需要重新审定和安排，起点为零。

零基预算的编制一般分为四个步骤：第一，目标确定。即确定每一行动组织中的有意义的因素。第二，计划评估。即对目标进行分析。第三，决策分析。即评价分析结果，并将它们按照对组织效益递减的顺序排列，以确保有限资源的分配。第四，预算编制。即编制详细的行动预算。

从理论上看，零基预算是完全“从零开始”编制年度预算，但也不能简单地理解为一切从“零”开始，丝毫不考虑上年的基础。

零基预算的明显优点是：

（1）从零开始，有利于克服增量预算下政府财政收支指标刚性增长的弊端，使预算支出效率得到提高。

（2）有利于优化支出结构，提高预算效率，控制预算规模，平衡收支，缓解财政资金紧张的矛盾。

（3）由于不受既成资金分配格局的限制，资金可以在部门间自由流动，保证了资金的使用效率。

零基预算的缺点主要有：

（1）零基预算编制法对编制人员素质要求很高，除此之外，还要求具备科学的预测和评估方法以及统一的标准，否则也可能预算不准确。

（2）编制过程复杂，编制所需的资料难以搜集全面，而且资料整理的工作量较大，需要花费大量的人力、物力和财力编制的决策方案也可能没被选中，造成资源的浪费。

事实上，零基预算还未成为确定的编制预算的一般方法，它通常只用于某些具体的收支项目上。目前世界各国的预算，无论是单式预算，还是复式预算，仍主要采用增量预算。但值得一提的是，近几年来随着政府职能的转变，国务院支持财政部试编和推行绩效预算。

相关链接

绩效预算

绩效预算是政府先制订有关的事业计划和工程计划，再依据政府职能和施政计划选定执行计划的实施方案，确定实行方案所需要的支出费用，依此来编制的预算，是一种产出预算。其做法是先进行业绩分类，把业绩分成职能、部门、计划、最终产品、成本和目的等类别，然后评估预算的业绩。即先按政府职能，如经济、国防、教育等进行分类；再考虑不同的职能由不同的部门实施，各部门有其自身的事业或工程计划，对各项计划就可以从最终产品成本及目的来衡量和评估其业绩。

绩效预算法的特点：一是重视了对预算支出效益的考察，使得预算可以反映支出所产生的预计效益；二是传统的预算是以支出的具体用途分类，无法表示其计划完成的成本和目的，从而无法考核支出的效益。而绩效预算则是按职能用途并着重对最终产品进行分类，根据最终产品的单位成本、目的和以前计划的执行情况来评判支出是否符合经济原则；三是预算能否反映支出效益，这是这种产出预算与传统的投入预算的实际差别所在。

绩效预算于20世纪50年代发源于美国。这种预算编制方法的产生，反映了试图运用“成本—效益原则”进行国家支出设计的经济理论考虑，也反映了美国联邦预算支出膨胀从而在联邦与地方预算总支出中比重上升的实际和人们要求尽可能评估支出效益的压力。这一预算编制方法推行的困难在于，虽然统计技术的进步使得许多最终产品可以计量，但仍有许多国家职能是无法用具体的效益标准来评价和衡量的，如国防支出的成本效益评估就是很难进行的。

（资料来源：马蔡琛著：《政府预算》，东北财经大学出版社2007年版，第216~230页。）

（三）政府预算编制的过程

政府预算的编制一般包括准备阶段和编制阶段。

1. 准备阶段。编制政府预算是一项复杂而又细致的工作，既要安排好各种比例关系，又要进行大量的数据计算。因此，在正式编制政府预算之前，需要做好一系列的准备工作。

具体内容主要有：（1）对本年度的预算执行情况进行预计和分析；（2）拟定计划年度的预算控制指标；（3）颁发编制政府预算草案的指示和具体规定；（4）修订预算科目和预算表格。

相关链接

各级政府编制预算草案的依据有：（1）预算的编制必须遵循预算法的有关规定。预算法是编制政府预算的基本依据，在政府预算编制过程中，凡是预算法中涉及的内容，比如，预算编制职权的划分、预算形式、预算编制程序等都必须按照预算法的要求执行。（2）预算的编制与国民经济和社会发展计划相一致。国民经济和社会发展计划是国家在一定时期对社会经济发展所作的规划，是政府组织和调节社会经济活动的重要行动指南，反映了国家在宏观上对社会经济发展的总体设计和要求。编制政府预算时，各项预算指标要体现国民经济和社会发展计划的要求，并与其保持协调一致。（3）预算的编制要参考上年度预算的执行情况。上年度预算的执行情况反映了上年度财政施政的基本规模和方向，也在一定程度上说明政府职能的正常实现对公共财力的实际需要量。由于年度之间的公共收支有一定的连续性和可参考性，所以上年度政府预算的执行情况在编制预算时成为重要的参考因素。在因素编制中应当充分分析上年度因素各收支指标的适宜状况，并在因素编制中结合计划年度的实际情况加以适当调整，才可能保证预算的科学性和合理性。

（资料来源：谢秋朝、侯菁菁著：《公共财政学（下）》，中国国际广播出版社 2002 年版，第 527 页。）

2. 编制阶段。政府预算草案的编制一般采用自下而上和自上而下、上下结合、逐级汇总的程序。预算草案是未经法定程序审查和批准的政府年度财政收支计划。具体程序是：首先，由各省（自治区、直辖市）和中央各部门提出计划年度预算收支建议数，报送财政部；然后，财政部参照这些建议数，根据国家的方针政策，国民经济和社会发展计划指标，拟订政府预算收支控制指标，报经国务院批准后下达。各省（自治区、直辖市）和中央各部门根据下达的预算收支控制指标，结合本地区和本部门的具体情况，经过切实的核算，自下而上地编制各地区的地方总预算草案和中央各部门的单位预算草案，报送财政部。财政部对各地区的地方总预算草案和中央各部门的单位预算草案进行审核以后，汇总中央各部门的单位预算草案，编制出中央预算草案，再将中央预算草案和地方预算草案汇编成国家预算草案。最后，经过国务院审查通过后，提请全国人民代表大会审查批准。

我国以往的预算编制只重视收入按类别、支出按功能的方法编制预算，是一种汇总预算，部门自身没有一本完整的预算。为此，为适应市场经济的发展，我国财政部于 1999 年 9 月 20 日下发了《关于改进 2000 年中央预算编制的通知》，提出从 2000 年起，试编部门预算。之后，我国部门预算改革逐步深入。2002 年，正式按照新的方法编制部门基本支出预算和项目支出预算，按照新的政府预算收支科目细化部门预算编制，试行“收支两条线”管理。2005年，部门基本支出预算定员定额标准体系进一步完善，并扩大管理范围；加强项目支出预算管理的基础工作；研究制定部门预算绩效考评管理办法。2007年，全面实施政府收支分类改革，积极进行项目支出经济分类试点。2009年部门预算的编制按照《政府收支分类科目》设置类、款、项、目四级内容。

部门预算是市场经济国家普遍采用的预算编制方法，是由政府各部门编制、经财政部门审核后报立法机关审议通过，反映部门所有收入和支出的预算，即部门所有的收支都通过部门预算的形式反映出来。

通过编制部门预算，一是可以缩短预算的批复时间，解决预算批复不及时问题。多年以来财政部门报审的预算草案一直是按收入类别和支出功能分类编报的，没有细化到部门，只是在批准后，才将预算再分配给各有关部门，使财政部门不能在法定的期限内批复预算；二是进一步细化预算编制，可以提高预算编制的透明度，有利于预算编制的公开、公平、公正，防止预算分配和执行中的不规范行为，从而有利于对财政预算的审查和监督；三是可以使预算编制更加科学化、制度化、规范化，从而避免由于预算编制较粗带来的频繁的追加追减预算的情况，有利于强化预算观念，提高预算管理水平；四是可以将各部门规费收入等都纳入部门预算收入，实行统一的收支预算，便于集中财力，统筹安排，也有利于进一步推行综合财政预算管理。

部门预算是一个涵盖部门所有收支的完整预算，包括行政单位预算，也包括事业单位预算；既包括一般收支预算，也包括政府基金收支预算；既包括基本支出预算，也包括项目支出预算；既包括财政部门直接安排预算，也包括有预算分配权部门安排的预算，还包括预算外资金安排的预算。

一般预算由一般预算收入和一般预算支出组成。一般预算收入是通过一定的形式和程序，有计划组织的由国家支配，纳入预算管理的资金。主要是指部门及所属事业单位取得的财政拨款、行政事业性收费收入、事业收入、事业单位经营收入、其他收入等。一般预算支出是国家对集中的预算收入有计划地分配和使用而安排的支出。主要是指部门及所属事业单位的基本建设支出、挖潜改造支出、科技三项费用、各项事业费、社会保障支出及其他支出等。

基金预算由基金预算收入和基金预算支出组成。基金预算收入包括各部门按国家规定取得的基金收入，如水利部门的水利建设基金、电力部门的电力建设基金、铁道部门的铁路建设基金等。基金预算支出是各部门按国家规定从基金中开支的各项支出。

单位预算是由事业行政单位根据事业发展计划和行政任务编制的，并经过规定程序批准的年度财务收支计划，反映单位与财政之间的增减领拨缴销关系和事业计划、工作任务的规模和方向。单位预算管理对保证事业计划和行政任务的完成及财政预算的顺利执行都有重要意义。

二、政府预算的批准

政府预算的批准是政府预算程序的第二个阶段。在西方国家，预算的批准权力属于议会，而我国政府预算草案编成以后，由政府提请人民代表大会审查批准。人民代表大会对政府预算草案的审查批准又分为两个步骤。

第一步由人民代表大会的专门机构对政府预算草案进行初步审查。在我国，根据《中华人民共和国预算法》规定，各级政府财政部门每年必须在本级人民代表大会召开的一个月前将政府预算草案的主要内容提交有关初审机关。其中，中央预算草案的主要内容由全国人民代表大会财政经济委员会进行初步审查；各省、自治区、直辖市、设区的市、自治州政府预算草案的主要内容由本级人民代表大会的专门委员会或者根据本级人民代表大会常务委员会的专门委员会或者根据本级人民代表大会常务委员会有关的工作委员会进行初步审查；县、自治县、不设区的市、市辖区政府预算草案的主要内容则由本级人民代表大会常务委员会进行初步审查。

第二步是审核批准阶段。各级政府预算草案由各级人民代表大会举行会议时进行审议。依据法律规定，本级人民代表大会只有权批准同级人民政府预算，而对总预算草案中包括的下一级政府预算则没有批准权。国务院在全国人民代表大会举行会议时，向大会作关于中央和地方预算草案的报告，地方各级政府在本级人民代表大会举行会议时，向大会作关于本级总预算草案的报告。中央预算由全国人民代表大会审议批准，地方各级政府预算由本级人民代表大会审议批准。乡、民族乡、镇政府应当及时将经本级人民代表大会批准的本级预算报上一级政府备案。县级以上地方各级政府应当及时将经本级人民代表大会批准的本级预算和下一级政府报送备案的预算汇总，报上一级政府备案。县级以上地方各级政府将下一级政府报送备案的预算汇总后，报本级人民代表大会常务委员会备案。国务院将各省、自治区、直辖市政府报送备案的预算汇总后，报全国人民代表大会常务委员会备案。我国法律同时还规定，国务院和县级以上地方各级政府对下一级政府报送备案的预算，认为有同法律、行政法规相抵触或者有其他不适当之处，需要撤销批准预算的决议时，应提请本级人民代表大会常务委员会审议决定。

各级政府预算草案经本级人民代表大会批准后，就成为各级政府的正式预算，各级政府必须遵照执行。各级政府财政部门应当及时向本级各部门批复预算，各部门应当及时向所属各单位批复预算以便执行。

三、政府预算的执行

政府预算经过全国人民代表大会审查批准后，即进入预算执行阶段。预算执行是预算工作中最重要的环节，是经法定程序批准的预算进入具体实施阶段。即政府预算的执行，就是各级政府依照立法部门批准的预算方案，组织筹集预算收入、安排和使用预算支出、进行预算调整和监督的活动过程，它涉及每一笔收支活动，贯穿于整个预算年度的始终，是一项艰巨、复杂、细微的日常性工作，是预算管理的关键。国家预算执行的最终目的是促使预算收支任务的圆满完成。

（一）政府预算执行的主要任务

在政府预算执行中，各级财政部门、税务机关、海关以及国家金库担负着以下共同的任务：

1. 积极组织预算收入。根据国家的政策、财政制度法规以及税法，把各地区、各部门、各单位应缴纳的收入，及时足额地收缴入库，这是预算执行的首要任务。具体要求包括：征收机关必须应收尽收，不收过头税费；缴款单位应缴尽缴，及时、足额上缴入库，不能直接作为单位收入；取得的各项收入要及时入账，不得坐支；主管部门和财政部门对单位应缴未缴资金要督促催缴；正确处理各种分配关系，充分调动各方面的积极性，为更多地组织预算收入创造条件。其中财政部门是预算收入执行的统一负责部门，其担负的任务有：根据国家预算收入执行工作的需要，制订组织收入的各种制度和方法；根据国家预算收入任务和核定的季度收入计划，监督各预算收入征收部门、各预算缴款单位努力完成预算收入计划；经常检查预算收入执行情况；分析国家相关政策、法规以及政治经济发展情况的变化对预算收入的影响；及时发现和解决执行工作中出现的问题，改进工作措施和方法。

为贯彻落实《国务院关于编制2009年中央预算和地方预算的通知》（国发［2008］35号）有关规定，决定从2010年1月1日起，将按预算外资金管理的全国性及中央部门和单位行政事业性收费逐步纳入财政预算管理。原上缴中央财政专户的收费收入上缴中央国库；原上缴地方财政专户的收费收入上缴地方国库；原按国务院或财政部规定的分成比例分别上缴中央和地方财政专户的收费收入，仍按原规定的比例分别上缴中央和地方国库。支出通过一般预算或基金预算安排，不再作为预算外资金管理。其预算管理方式则根据各项行政事业性收费的性质，分别作为政府性基金收入和一般预算行政事业性收费收入管理。

教育收费，主要包括学费、住宿费、考试考务费等不纳入预算管理，作为本部门的事业收入，纳入财政专户管理，除国务院另有规定外。

财政部《关于将按预算外资金管理的收入纳入预算管理的通知》（财预［2010］88号）明确规定：从2011年1月1日起地方各级财政部门把政府所有收支全部纳入预算管理，实行真正意义上的综合预算。

2. 合理拨付预算资金。按照政府预算支出计划，及时地拨付预算资金，保证各项建设事业的资金供给。在拨付预算资金中，应坚持以下原则：一是按预算计划拨付，即按照批准的年度预算和用款计划拨付，不办理无计划拨款；二是按规定用途拨付，保证各单位有效地使用资金，不得随意改变资金的用途；三是按规定的预算级次拨款，不向没有经费领报关系的单位拨付，不得越级办理预算拨款；四是按用款单位的实际进度和国库库款情况拨付，不得擅自扩大支出范围，提高开支标准。

3. 组织预算收支平衡。政府预算的执行，是经过从平衡到不平衡再达到新的平衡的过程。由于国民经济的发展变化、预算收支的变化、自然灾害以及季节性因素等的影响，必然会出现预算收入超收或短收、预算支出增加或减少的情况，引起预算收支的变化。这就要求我们要根据新的情况，及时采取措施，不断地组织新的预算收支平衡。实行“双增双节”是平衡预算的根本途径。“双增”即增产增收，是在促进经济发展的基础上实现财政收入的快速增长。“双节”即节约节支，是在增产的同时尽力降低物质消耗，压缩不必要的预算支出，优化预算支出结构。而编制预算收支季度计划和及时正确调整预算是预算执行过程中组织平衡的主要手段。

4. 加强预算执行监督。在预算执行工作中，要按照有关政策、规章制度进行检查监督。对预算资金集中、分配、使用过程中的各项活动加以控制，防止预算执行中的各种偏差。正确处理预算监督同服务生产的关系，使监督成为预算执行的有效措施。财政部门负责指导和监督国家各所属预算单位具体执行收支预算。对预算执行的监督主要包括两个方面：一是由国家行政首脑领导的预算管理机构进行监督，即财政监督；二是由立法机构或对立法机构负责的专门监督机构对预算执行的监督，即审计监督，其目的是监督行政机构是否依法执行预算。

（二）政府预算的执行机构

为了做好预算执行工作，保证政府预算收支任务的实现，预算执行需要相应的组织机构。政府预算执行的组织机构由国家行政领导机关和职能机构组成，实行统一领导、分工负责。各级预算由本级政府组织执行，各级政府是预算执行的组织领导机关，各级政府财政部门在本级政府的领导下具体负责预算的组织实施，各级预算收入征收部门是负责预算收入的征收管理机关，国家金库是具体经办预算收入的收纳及库款支拨的机关，一般由中央银行代理，有关各部门、各单位是部门预算和单位预算的执行主体。

（三）预算调整

政府预算的调整是经过立法机构批准的中央预算和地方本级预算，在执行中因特殊情况需要增加支出或者减少收入，使原批准的收支平衡的预算总支出超过总收入，或者使原批准的预算中举借债务的数额增加的部分变更。预算调整是预算执行中一项必不可少的内容。

各级政府对于必须进行的预算调整，应当编制预算调整方案。中央预算的调整方案，必须提请全国人民代表大会常务委员会审查和批准。县级以上地方各级政府预算的调整方案，必须提请本级人民代表大会常务委员会审查和批准。乡、民族乡、镇政府预算的调整方案，必须提请本级人民代表大会审查和批准。未经批准，不得调整预算。各部门、各单位的预算支出，不同科目间需要调整使用的，必须按国务院财政部门的规定报经批准。

在预算调整过程中，一般采用两种方式：一种是全面调整，另一种是局部调整。

1. 全面调整。政府预算在执行过程中，如遇特大自然灾害、战争等特殊情况；或遇国民经济发展过分高涨或过分低落，以及对原有国民经济和社会发展计划进行较大调整时，就有必要对政府预算进行全面调整。但这种全面调整并非是经常发生的，只有在出现上述情况时才进行。

由于政府预算的全面调整涉及面广，工作量大，实际上等于要重新编制一次政府预算，在预算执行过程中应慎重考虑。如果进行全面调整，则首先由财政部提出全面调整计划，经国务院审核，报全国人民代表大会常务委员会批准后，下达各地区、各部门执行。各级财政部门根据国民经济和社会发展计划的变动情况，以及国家人力、物力、财力的可能和国家各项生产建设的要求，人民物质文化生活的需要，测算政府预算各项收入和支出的增减数额。各主管部门也要根据各自的具体情况进行某些收支项目的调整。财政部门和主管部门，经过上下协调，反复平衡，最后确定政府预算收支的新规模，以适应经济发展的需要。政府预算的全面调整，一般是在第三季度或第四季度初进行。

2. 局部调整。局部调整是政府预算在执行中经常采用的一种方法。具体包括以下几种方式：

（1）动用预备费。各级政府的预备费，是为了解决某些临时性急需和事先难以预料到的开支而设置的后备资金。在预算执行过程中，如果发生较大的自然灾害和经济上的重大变革，以及政府预算没有列入而当前又必须解决的临时性开支等情况，可以动用预备费。一般情况下，预备费的动用应控制在下半年，并需经过一定的批准程序。中央预备费的动用，要经过国务院的批准；地方预备费的动用，要经过本级人民政府批准。

（2）预算的追加追减。所谓预算的追加，就是在原核定预算的基础上增加收入或增加支出数额的过程；减少收入或减少支出数额的过程称为追减预算。在预算执行过程中，由于国家的政策、法令、制度的规定，或者国民经济和社会发展计划的修订以及其他特殊情况，需要增加或减少原核定的收入或支出计划时，可以向上级人民政府和财政部门提出申请，经批准后，可办理追加预算和追减预算。但由于这会引起预算收支总额调整和平衡，在正常情况下，追加支出，必须有相应的资金来源；追减收入，必须相应地追减支出。

（3）经费流用，也称“科目流用”，指在不变动预算支出总额的条件下，局部地改变资金的用途，通过预算支出科目之间经费的相互调剂来进行。在预算执行过程中，各预算支出科目之间，往往发生有的资金多余、有的资金不足的情况。为充分发挥资金的使用效果，保证事业计划的需要，在不超过原定预算支出总额的前提下，可按规定在一些预算收支科目之间进行必要的调整。但必须遵守国家规定的流用范围，并经过一定的批准程序。

（4）预算划转。预算划转是指由于行政区划或企业、事业单位隶属关系的改变，必须相应改变其预算的隶属关系，及时地将其全部预算划归新的主管部门或接管单位。

四、政府决算

（一）政府决算的定义和组成

政府决算是指经法定程序批准的年度预算执行结果的会计报告，是政府预算执行效果的总结和终结，也是政府经济活动在财政上的集中反映，是预算管理过程中一个必不可少的、十分重要的阶段。

政府决算按统一的决算体系逐级汇编而成，它是由中央决算和地方决算组成。中央决算是经法定程序批准的中央政府年度预算执行情况的总结。它由中央各主管部门及其所属行政事业单位、企业财务决算、基本建设财务决算和金库年报、税收年报等汇总组成，并包括地方向中央上解的收入数额和中央对地方返还或者给予补助的数额。地方总决算是经法定程序批准的地方各级政府年度预算执行情况的总结。它由各省（自治区、直辖市）汇总其所属部门和单位决算以及所属各级政府决算组成，包括下级政府向上级政府上解的收入数额和上级政府对下级政府返还或者给予补助的数额。各部门决算由本部门所属单位决算组成。

（二）政府决算的意义

由于各个方面的原因，政府预算执行的结果与预算不可能完全一致。政府预算执行情况如何，是否完成收支任务，收支是否平衡，只有通过决算才能准确地反映出来。可见，政府决算具有十分重要的意义。

1. 政府决算是国家政治经济活动在财政上的集中反映，体现了年度内政府活动的范围和方向。通过政府决算的编制，可以掌握政府决算和国民经济计划的实际情况，了解党和国家有关方针政策的贯彻执行情况以及年度内国家财政资金活动的范围与流向，便于了解政府在年度内所致力的重要工作，了解政治经济与财政的关系；同时，决算最终由全国人民代表大会审批，表现了社会主义的民主，便于民众了解预算和决算。

2. 政府决算反映政府预算执行的结果。政府决算收入反映年度政府预算收入的总规模、收入来源和收入构成，体现国家集中资金的程度和国家资金积累水平；政府决算支出反映年度政府预算支出的总规模、支出方向、支出构成，以及各种重要比例关系，体现国家经济建设和社会事业发展的规模与速度；决算中的有关基本数字，体现着各项事业发展的速度和取得的成果。

3. 政府决算是制定国家财经政策的基本依据。通过决算的编制和分析，可以从资金积累和资金分配的角度总结一年来各项经济活动在贯彻执行党和国家的方针、政策方面的情况，为国家决策机关研究经济问题、决定经济政策提供了依据。

4. 政府决算是系统整理和积累财政统计资料的主要来源。通过政府决算的编制，可以系统地整理反映预算执行的最终实际数字，通过对决算资料的分析，总结一年来预算编制、预算执行、预算管理、平衡预算收支、资金效果和财政监督等方面的经验教训，提出改进意见和措施，为提高下年度的预算管理水平创造条件，并为制定下年度预算收支控制指标提供数字基础。

（三）政府决算的编制与审批

1. 政府决算草案的编制。决算草案是指各级政府、各部门、各单位编制的未经法定程序审查批准的预算收支的年度执行结果。《预算法》第六十条规定：“编制决算草案，必须符合法律、行政法规，做到收支数额准确、内容完整、报送及时。”这是编制决算草案应遵守的原则。具体编制步骤包括决算的准备阶段和草案的编制。

（1）编制政府决算的准备工作。

①拟定和下达政府决算的编审办法。为了保证全国决算数字口径的统一，提高决算的质量，每个预算年度终了前（一般在第四季度），财政部在总结上年决算编审工作经验的基础上，根据当年预算执行的情况、财政经济政策、国家财政预算管理体制和制度、企业财务管理体制等制定颁发本年度决算编审办法，并提出编制本年度决算的基本要求和具体方法，分别下达给中央各部门和各省（自治区、直辖市），并逐级补充，作为编制年终决算的指导性文件。

制定和颁发决算编审办法，是保证各级决算编制工作的顺利进行，能够编制出高质量的符合国家统一要求的决算的必要措施。决算编审办法一般包括以下内容：指明决算编审重点和原则；提出完成预算的措施和审查决算的要求；明确决算编报方法和有关问题的处理原则；确定报送决算的期限、份数。

②进行年终清理。为了正确体现预算执行的结果，保证决算数字的准确、完整，必须进行年终清理。年终清理是各级财政部门和预算执行单位，在年终时对预算收支、会计科目、财产物资等进行全面清理、结算和核对的过程。年终清理的主要内容有：核实年度预算收支数字；清理本年预算应收应支款项；结清预算拨借款；清理往来款项；清理财产物资；核对结算收支数。

③制订和颁发决算表格。决算表格是编制决算的工具。每年第四季度，财政部在下达编审决算办法时，还须制订和颁发各种决算的统一表格。通常，决算表格每年要修订一次。决算表格按照预算财务系统可划分为财政总决算表格、事业行政单位决算表格、企业财务决算表格和基本建设财务决算表格；按照适用范围可分为各级财政决算表格和中央级单位决算表格。

决算表格是在上年度决算的基础上，根据本年度预算管理体制及其他制度的变化情况，本着有利于总结全年预算收支执行情况、符合预算管理的要求制订的。合理、科学地制订决算表格应遵循的原则是：兼顾本年度决算和下年度预算设计的要求；保持决算表格的稳定性；便于政府决算的整体汇编；表格应简洁明了，易于编制。

（2）政府决算的编制。政府决算的编制，通常采用自下而上、逐级汇编的方法。《中华人民共和国预算法》规定决算草案由各级政府、各部门、各单位，在每一预算年度终了后按照国务院规定的时间编制，编制决算草案的具体事项，由国务院财政部门部署。我国决算的编制程序是从执行预算的基层单位开始，在搞好年终清理和结算的基础上，根据决算编报办法的规定和决算表格的内容进行编制。首先由基层单位编制单位决算，单位决算就是执行单位预算的行政、事业单位编制的决算，是构成各级总决算的基础。单位决算编制完成后，进行审查，经单位领导审批后上报主管部门。主管部门认真审查后，连同本单位决算一并汇总，形成本系统的部门决算，报送同级财政部门，作为财政部门汇编财政总决算的依据。地方总决算是由地方各级财政部门负责编制的。地方总决算的汇编从乡（镇）级开始，从下而上逐级汇编，最后汇编成省（市、自治区）总决算。而中央总决算是由财政部根据中央各主管部门汇总的单位决算、企业财务决算、基本建设财务决算、国库年报、税收年报以及本身掌握的收支决算数等汇编而成。

政府决算的汇编程序大致包括：财政部在收到中央主管部门报送的汇总单位决算和各省（市、自治区）报送的总决算后，首先，进行全面审查；其次，根据中央各主管部门报来的汇总单位决算，汇编成中央总决算；根据各省（市、自治区）报来的总决算，汇总为地方总决算；最后，根据中央总决算和地方总决算汇编成政府决算。

2. 政府决算的审查和批准。

（1）政府决算审查的内容。主要包括：收入审查、支出审查、结余审查、资金运用审查、数字关系审查以及决算完整性和及时性审查。上述内容的前四个方面基本上是政策性审查，后两个方面是技术性审查。

（2）政府决算的审批。《中华人民共和国预算法》第六十一条规定：各部门对所属各单位的决算草案，应当审核并汇总编制本部门的决算草案，在规定的期限内报本级政府财政部门审核。各级政府财政部门对本级各部门决算草案审核后发现有不符合法律、行政法规规定的，有权予以纠正。《中华人民共和国预算法》第六十二条规定：国务院财政部门编制中央决算草案，报国务院审定后，由国务院提请全国人民代表大会常务委员会审查和批准。县级以上地方各级政府财政部门编制本级决算草案，报本级政府审定后，由本级政府提请本级人民代表大会常务委员会审查和批准。乡、民族乡、镇政府编制本级决算草案，提请本级人民代表大会审查和批准。《中华人民共和国预算法》第六十三条规定：各级政府决算经批准后，财政部门应当向本级各部门批复决算。第六十四条规定：地方各级政府应当将经批准的预算，报上一级政府备案。第六十五条规定：国务院和县级以上地方各级政府对下一级政府依照本法第六十四条规定报送备案的决算，认为有同法律、行政法规相抵触或者有其他不适当之处，需要撤销批准该项决算的决议的，应当提请本级人民代表大会常务委员会审议决定；经审议决定撤销的，该下级人民代表大会常务委员会应当责成本级政府依照本法规定重新编制决算草案，提请本级人民代表大会常务委员会审查和批准。

思考与练习

一、不定项选择题

1. 从预算编制的组织形式看，政府预算分为________。

A. 单式预算　　B. 复式预算

C. 增量预算　　D. 零基预算

2. 政府预算编制应遵循的原则有________。

A. 经济性原则　　B. 统一性原则

C. 公开性原则　　D. 全面性原则

3. 《中华人民共和国预算法》正式实施的时间是________。

A. 1994 年 1 月 1 日　　B. 1994 年 3 月 22 日

C. 1995 年 1 月 1 日　　D. 1996 年 1 月 1 日

4. 各级政府应当按本级政府预算支出额的________比例设置预备费。

A. 10% ~15%　　B. 5% ~10%

C. 3% ~5%　　D. 1% ~3%

5. 我国预算的审批权属于________。

A. 国务院　　B. 财政部

C. 全国人大　　D. 最高法院

二、判断题

1. 《预算法》明确规定，国家实行一级政府一级预算，目前，我国实行五级预算。（　）

2. 乡、民族乡、镇政府决算草案的审批机构是乡政府。（　）

3. 我国《预算法》规定中央预算按照量入为出、收支平衡的原则编制，不列赤字。（　）

4. 预算年度是指国家预算收支起止的有效期限，通常为一年。我国采用的预算年度是跨年制。（　）

5. 英国是最早编制预算的国家。（　）

三、简述题

1. 什么是单式预算和复式预算？它们各有何优缺点？
2. 简述政府预算编制的过程。

四、案例分析题

资料一：2011 年中央和地方预算执行情况

2011 年全国财政收入 103 740.01 亿元，比 2010 年（下同）增长 24.8%。加上预算安排从中央预算稳定调节基金调入 1 500 亿元，使用的收入总量为 105 240.01 亿元。全国财政支出 108 929.67 亿元，增长 21.2%。加上补充中央预算稳定调节基金 2 892 亿元和地方财政结转下年支出 1 918.34 亿元，支出总量为 113 740.01 亿元。全国财政收支总量相抵，差额 8 500 亿元。

中央财政收入 51 306.15 亿元，完成预算的 111.9%，增长 20.8%。加上从中央预算稳定调节基金调入 1 500 亿元，使用的收入总量为 52 806.15 亿元。中央财政支出 56 414.15 亿元，完成预算的 103.8%，增长 16.7%。其中：中央本级支出 16 514.19 亿元，增长 3.3%；中央对地方税收返还和转移支付 39 899.96 亿元，增长 23.4%。加上补充中央预算稳定调节基金 2 892 亿元，支出总量为 59 306.15 亿元。收支总量相抵，赤字 6 500 亿元，比预算减少 500 亿元。2011 年末中央财政国债余额 72 044.51 亿元，控制在年度预算限额 77 708.35 亿元以内。

地方财政收入总量 92 333.82 亿元，增长 26.6%。其中，地方本级收入 52 433.86 亿元，加上中央对地方税收返还和转移支付 39 899.96 亿元，地方财政支出 92 415.48 亿元，增长 25.1%，加上结转下年支出 1 918.345 亿元，支出总量为 94 333.82 亿元。收支总量相抵，差额 2 000 亿元。

资料二：2012 年中央和地方预算预算收支和财政赤字安排情况

2012 年中央财政收入 55 920 亿元，比 2011 年执行数（下同）增长 9%；从中央预算稳定调节基金调入 2 700 亿元，合计可使用的收入总量为 58 620 亿元。中央财政支出总量 64 120 亿元，增长 13.7%。其中，中央本级支出 18 519 亿元，增长 12.1%；中央对地方税收返还和转移支付 45 101 亿元，增长 13%；中央预备费 500 亿元，与 2011 年预算持平。收支总量相抵，中央财政赤字 5 500 亿元，比 2011 年执行数减少 1 000 亿元。中央财政国债余额限额 82 708.35 亿元。

地方本级收入 57 680 亿元，增长 10%，加上中央对地方税收返还和转移支付 45 101 亿元，地方财政收入合计 102 781 亿元；中央代地方发债 2 500 亿元。地方财政支出 105 281 亿元，增长 13.9%。地方财政收支相抵，差额 2 500 亿元，发行地方债比上年增加 500 亿元。主要是考虑保障性安居工程需加大投入，规范地方政府融资平台公司债务管理后公益性在建项目需要安排一部分后续资金等。

汇总中央和地方预算安排，全国财政收入 113 600 亿元，增长 9.5%。加上从中央预算稳定调节基金调入 2 700 亿元，可安排的收入总量为 116 300 亿元。全国财政支出

124 300 亿元，增长 14.1%。收支差额 8 000 亿元（其中，中央财政赤字 5 500 亿元），比上年减少 500 亿元，占国内生产总值的比重下降到 1.5% 左右。

（资料来源：中华人民共和国财政部：《关于 2011 年中央和地方预算执行情况与 2012 年中央和地方预算草案的报告》，2012 年 3 月 17 日。）

仔细阅读上述资料，回答下列问题：

1. 比较 2011 年与 2012 年的中央预决算情况。
2. 画图分析 2011 年中央财政平衡关系、地方财政平衡关系。
3. 说明 2012 年中央财政预算平衡关系的形成。

第十章 财政管理体制

学习要点

- □ 财政管理体制的概念、实质、构成和内容
- □ 政府间事权划分
- □ 分税制财政体制的主要内容
- □ 政府间转移支付制度

第一节 财政管理体制概述

一、财政管理体制的内涵

财政管理体制是处理各级政府间财政关系的基本制度。具体而言，它是在中央与地方政府之间以及地方各级政府之间，划分财政收支范围和财力财权的一项根本制度。在我国，国家的各项职能是由各级政府共同承担的，为了保证各级政府履行其相应的职能，就需要在各级政府间明确划分各自的财政收支范围、财政资金支配权和财政管理权。财政体制的确立和运行，就是为了规范各级政府之间的财政关系。财政管理体制是经济管理体制的重要组成部分，是经济管理体制在财力配置及其管理上的具体反映。因此，财政管理体制必须适应经济管理体制的要求，为经济基础和生产力的发展服务。

财政管理体制反映着中央集权与地方分权的关系问题。无论任何时候、任何情况下，在一个国度里，集权是必不可少的。中央集权是国家发展过程中的一个必然阶段。当然，在经济社会发展过程中，过分的集权又会影响乃至危及发展本身。于是，

出现以扩大地方自主权为特征的适度分权就成为必然。许多国家在现代化过程中所走过的，正是这样一条由分散到中央高度集权，然后再到适度地方分权的路子。然而，不论权力集中与分散的程度如何，集权或分权的实现总是以一定的财力财权为基础的。因此，财政管理体制实质上不仅体现着中央政府与地方政府关系模式的转变，同时还是正确处理中央政府与地方政府集权与分权矛盾（主要指体现在财力财权上的矛盾）的依据。

二、财政管理体制的构成

与计划经济相联系，财政管理体制这一概念有广义与狭义之分。**广义的财政管理体制**是处理各级政府之间以及政府同企业、事业单位之间在财政资金分配和管理职权方面的制度，它包括国家预算管理体制、税收管理体制、基本建设财务管理体制、国有企业财务管理体制和文教行政事业财务管理体制等。其中，国家预算管理体制是财政管理体制的中心环节，它划分各级政府间的财力，规定了各级预算资金使用的范围、方向和权限。**狭义的财政管理体制**就指国家预算管理体制。

随着社会主义市场经济体制的日趋完善以及公共财政体系的逐步确立，我国财政管理体制的内涵与外延正经历着重大变化。可以预见，与公共财政相适应的财政管理体制将主要以预算管理体制为其内涵。一方面，政府的社会行政管理职能和资产管理职能正在分离，并日益规范；另一方面，国有企业正在逐步脱离政府的行政隶属关系体系而成为相对独立的、面向市场的商品生产者和经营者，以国家授予的财产承担民事责任。这样，国家向国有企业征税，就属于依法取得强制性收入问题，而不应该是财政或财务管理体制的范畴；国家参与国有企业利润分红，则应属于产权关系的范畴，也不应当被纳入到严格意义上的财政管理体制中。还有，税收管理体制、投资管理体制与国家预算管理体制之间存在着不同程度的交叉，在处理各级政府之间的政府预算关系时，实际上包含着对税收和一部分投资管理体制权限的划分。

三、财政管理体制的原则

建立财政管理体制，应遵循下列原则：

（一）统一政策与分级财政相结合的原则

在财政管理体制中，统一政策与分级财政，实际上是中央集权与地方分权的关系问题，就是确定中央与地方各自的财政管理权限。统一政策与分级财政相结合，就是要求凡是关系国家全局的管理权限，如财政管理的大政方针、全局性法律法规、重大的改革举措等权限，一定要集中到中央，不能任意分散，以保证中央的统一领导；凡是应由地方根据实际情况加以处置的管理权限，如相对独立的收支范围和财政预算等权限一定要赋予地方政府，中央不能管得过死，以充分发挥地方的积极性。

统一政策与分级财政相结合的原则是财政管理体制的基本原则，这是由我国的政治经济体制所决定的。第一，我国是一个政体统一的单一制国家，政治上实行民主集中制，经济上实行社会主义市场经济体制，这就决定了党和国家的路线、方针、政策在全国范围内必须统一贯彻执行，财政管理作为国民经济管理的一个重要方面，尤其应保证党和国家的路线、方针、政策的统一贯彻和执行。第二，财政管理体制必须适应我国政权体制的要求。一级政府就必须相应地建立一级财政。第三，我国地域辽阔，民族众多，各地因经济、地理、资源、气候、科技文化水平以及历史等客观原因，地区间的财政状况颇为悬殊，在统一领导的前提下，必须辅之以一定的灵活性，以有利于地方因地、因时、因事地解决各地区出现的殊问题。

（二）财权与事权相统一的原则

事权是一级政府在社会经济发展中所承担的责任及其相应的管理权限；财权则是该级政府为完成其责任和履行其权力所相应拥有的财力及其支配权限。事权是财政管理体制中划分财力财权的重要前提，而财权则是各级政府实现其责任和行使其权力的经济基础。财权与事权必须相对称。事权大而财权小，职责殆误；反之，财权大而事权小，则资财浪费。然而，在利益机制作用下，财权与事权往往又是矛盾的，很难做到相对称。造成这种结果的原因有主观方面的，也有体制本身的。从主观上说，一些利益主体通过各种手段在财政管理体制的软约束下或约束之外获得超过其有效履行其事权的正常财权需要；从体制本身说，由于对各级政府职责划分不清晰或不规范，特别是对在市场经济条件下所出现的事权利益的外溢程度和事权履行过程中所产生的成本外在化程度判断和估计不准，就必然会造成某级政府或同级的某些政府财权与事权的不对称。为此，在建立和改革完善财政管理体制时，必须遵循分职治事和受益范围原则，依法合理划分和确定各级政府的事权，并据此配置相应的财力，尽可能做到财权与事权相对称。

（三）兼顾公平与效率的原则

在社会主义市场经济条件下，要建立正确的财政管理体制，应处理好公平与效率的关系。财政管理体制的效率原则包含两层含义：一是政府间的具体财政关系，如收入划分、支出划分和转移支付等关系的确定，应以较低的成本去获取尽可能高的社会、经济利益，进而促进社会福利水平的增加和改善；二是将各地区所获得的财政利益与其努力程度、经济发展水平相挂钩，以刺激各地区发展经济、改善财政状况。财政管理应遵循效率优先的原则，这是我们搞好财政各项工作的基础。但也必须明确，我国各地经济发展不平衡，如果仅仅考虑提高效率，则会加大地区之间经济发展和人民生活的差距，甚至会影响社会稳定，并最终影响全国经济的均衡发展。所以，在处理财政管理体制中的财权与财力问题时，还必须充分考虑和兼顾社会公平的要求。这就必须通过中央政府的宏观调控，使全国财政收支在各地区的实现保持一定的均衡，控制地区间的差距，对财政收入困难的地区的公共服务要实行保护性政策，对贫困地区应给予必要的扶持，最终体现公平与效率的有效结合。

第二节

财政管理体制的内容

一、政府间职权的划分

中央政府与地方政府的职权或事权的划分是以两者的行为目标的差异性为基础和前提的，而两者的行为目标的差异性又是由公共需要的层次性所引起的。因而，公共需要的层次性以及中央政府与地方政府行为目标差异是科学、合理地界定和划分各级政府间事权范围的理论基础。

（一）全国性公共需要与区域性公共需要

在市场经济条件下，政府的基本职责是提供公共产品，满足公共需要。但是，公共需要又具有层次性，那就是在实践中明显地分为全国性公共需要与地方性公共需要。公共需要的多层次性，要求不同级次的政府提供相应层次的公共服务，这是政府间职权划分的经济根源。

全国性公共需要具有两个特征：一是无论国土面积大小，受益范围都被限定在整个国家疆域之内；二是无论公共需要内容如何，其受益性在整个国家疆域内散布得相当均匀，即凡本国的公民或居民都可以无差别地享用它所带来的利益。这表明，全国性公共需要的外溢问题（即公共需要带来的全部效益中超出其应有受益范围以外的效益部分，或者说是公共需要对其受益值覆盖面范围以外所产生的额外效益）几乎可以忽略不计。国防、外交是典型意义上的全国性公共需要。此外，还有由于国家宏观调整实现的经济稳定增长所带来的经济繁荣和人民生活水平的提高，国家收入政策的实施所带来的收入分配公平化等，都应属于全国性公共需要的范畴。

与全国性公共需要相对而言，区域性公共需要同样具有两个特征：一是受益范围基本上被限定在本区域之内，并且这种受益性在本区域内散布得相对均匀；二是其外溢性要多于全国性公共需要。第二特征的存在，很大程度上讲，一是由于一国的各个地区之间有着密不可分的经济、政治和社会文化联系，区域间的人员迁移与流动经常发生（其中短期性的人口流动表现得尤为频繁）；二是行政区域之间的界限并非也不可能依据公共需要的受益范围划定，而往往是历史形成的。因而，区域性公共需要的外溢性问题就在所难免。比如，地方性投资修建的公路、桥涵，一方面使本区域的居民受益，但因区域间的经济、文化交往，凡外区域驶入本区域内的所有车辆亦均可受益；再如，本区域的公共安全系统不仅使本区域内的居民受益，同时也使迁入本区域内的外区域流动人口同样受益。

依据公共需要覆盖面的宽窄（即公共需要受益范围的大小）划分，全国性公共需要与区域性公共需要有时又是相对的。正像区域性公共需要的外溢性问题在所难免一样，某些全国性公共需要（从提供者的角度出发），也极有可能仅仅在某一特定区域内释放其效应，比如，中央政府财政给予受灾地区的救灾性补助和对相对落后的地区下拨开发性补助资金等就属此类。这正说明有些特定的区域性公共需要和外溢性强的区域性公共需要应视同全国性公共需要而由中央政府财政提供或得到相应的补助。

（二）中央政府与地方政府的行为目标

1. 中央政府的行为目标。中央政府作为全民整体利益和一国政府意志的代表，提供全国性公共需要便是其责无旁贷的职责。相应地，满足全国性公共需要的需求，就是中央政府的行为目标。具体地说，有以下三个方面：

目标之一：实现全国范围内资源的有效、合理配置。主要包括：提供跨省际的基础设施；资助基础性科学研究；反垄断，对过度竞争的行业进行适当的限制或调节，如对主要农产品实行最低保护价和最高限价，以防止其供求的剧烈波动；对外溢性强的公共需要的供给加以调节；制定和实施国家的产业政策，保证社会资源的配置符合国家的发展战略等。

目标之二：实现收入的公平、合理分配。现代经济社会，个人收入主要来自于要素收入（即劳动要素收入和财产要素收入）。由于各个收入主体所拥有的要素数量与要素质量的不同，决定了他们各自所获得的收入多寡也不尽相同，甚至悬殊颇大。这一结果，原本是符合要素分配原则的。然而，收入差距过大，就会造成社会成员心理失衡，导致社会动荡不安，从而影响经济发展。因此，政府有必要通过对个人收入实行累进征税和转移性支出的方式参与收入分配，以此来减轻市场机制作用下可能造成的两极分化程度，缓和社会矛盾，满足社会成员基本的生存和生活需要。个人收入的再分配具有全国性的意义，故参与个人收入再分配的职能主要应由中央政府承担。这是因为，收入再分配政策机理就是把对高收入者课征的累进税收转移给低收入者，以减轻贫富差异的程度。在全国范围内，如果资源（包括人才资源）可以自由流动，那么，若由某一地方政府独立地实行收入分配政策，就会引起本地区高收入者移出、外地低收入者大量涌入的现象。这显然违背了地方政府通过实行收入再分配政策来促进公平、减少贫穷，进而提高效率，实现区域内经济社会协调发展的初衷。可见，地方政府实施收入再分配政策所起到的正常作用是微弱的。因此，这一政策的主体则非中央政府莫属。

目标之三：实现经济稳定增长。与公平收入分配相似，实现经济稳定增长，同样是中央政府义不容辞的职责。一般而言，经济稳定增长的目标集中体现为社会总供求的平衡，这就决定了经济稳定增长目标的全国性、整体性。这一目标，只能由中央政府通过有目的地协调运用财政和货币政策，产生组合效应予以实现。而地方经济在市场经济条件下是相对存在的，它不可能独立于其他地区经济而存在。因为，在各地区之间存在着政治、经济、文化等方面的密切往来的情况下，无论哪个地方政府在调节社会总供求方面所采取的任何措施，都会超越本地区域界限，对其他地方产生影响，从而降低该措施在本地区内所产生的效应。而由中央政府从总体上进行宏观调节所产生的效应则是全方位的。

2. 地方政府的行为目标。从行政管理学的意义上讲，地方政府是整个国家机构体系中的重要组成部分。换句话说，在一个国家的国土上，只有建立起以中央政府为核心，以地方政府为基础的政权机构体系，且实行分级管理，才会有助于实现国家的有效管理和运转。只有像安道尔、梵蒂冈等小国才没有设置地方政府的必要。如前所述，中央政府行为所产生的影响是整体性的、全方位的，其行为的总体目标是满足全国性公共需要。而与中央政府相比较，地方政府是代表本地区居民利益的，同时，也最了解本地区居民的偏好。因此，其行为目标就是为本地区居民提供区域性公共需要。具体地说，主要有以下两个方面：

目标之一：达到区域内资源的有效、合理配置，其中最具有代表性的是配置公共基础设施，更能体现其地方性受益特征，为本区域内的企业经营和居民生活创造良好的外部环境。当然，区域性公共基础设施由地方政府配置这一命题不是绝对的。有些区域性公共基础设施的配置需要中央政府的支持，而有些则要由若干地方政府联合起来实行共同提供，其中仍然少不了中央政府的协调。

目标之二：进行二级调控，达到地方社会经济的协调、有序发展。经济运行中的调控主体是层次性的。一般来说，中央政府属于一级调控主体，而地方政府属于二级调控主体。作为二级调控主体的地方政府，具有两种意义上的调控作用。其一，在明确划分公共需要层次性的基础上，进行区域性调控，包括优化区域产业结构、规范区域内经济主体的行为、发展地方经济、协调区际经济关系等。其二，作为政府调控系统中的一个环节，执行和落实中央政府的调控政策。发挥中介环节作用，保证一级调控的信息传递的准确性和灵敏性，提高经济决策和调控措施的时效性，且使宏观调控更加符合地方的利益。

（三）中央政府与地方政府的职权范围

依据公共需要的层次性和中央政府与地方政府行为目标的差异性，中央政府与地方政府的职权范围划分如下：

1. 中央政府的职权范围。

（1）制定全国性财政经济发展战略和有关方针、政策，对社会经济发展实施宏观调控；

（2）提供全国性公共需要，如国防、外交、国家级行政管理、涉及全国的资源开发与保护等；

（3）提供受益范围虽然不是全国的但与国家整体利益密切相关的公共事务，如教育、环境保护、科学研究、卫生与保健、社会保障等；

（4）组织具有全国性的能源、交通、原材料等基础设施等方面的投资与建设。

2. 地方政府的职权范围。

（1）提供区域性社会公共服务，包括维护地方的社会治安和秩序，提供某些基本的、社会共同性的日常生活服务；

（2）管理和发展本地区的文化教育、卫生保健、社会保险等事业；

（3）管理地方财力、组织地方性城市交通、道路、桥梁等基础设施建设和公用设施建设等。

二、预算管理权限

在财政管理体制中，预算管理体制是主导环节，体现着国家各级政府间财政关系的主要方面。因此，财政管理体制中各级政府的财政管理权限主要表现为相应的预算管理权限。在不同的政治体制和财政管理体制下，国家对预算管理权限的划分和规定是不同的。在我国，《中华人民共和国预算法》对各级立法机关（或权力机关）、政府及其财政部门的预算管理权限均作了明确规定。

（一）立法机关的预算管理权限

我国立法机关由各级人民代表大会及其常设机构即各级人民代表大会常务委员会组成。

1. 各级人民代表大会的预算管理权限。全国人民代表大会审查中央和地方预算草案及中央和地方预算执行情况报告；批准本级预算和本级预算执行情况的报告；改变或撤销本级人民代表大会常务委员会关于预算、决算的不适当的决议；撤销本级政府关于预算、决算的不适当的决定和命令。

县级以上地方各级人民代表大会审查本级总预算草案及本级总预算执行情况的报告；批准本级预算和本级预算执行情况的报告；改变或撤销本级人民代表大会常务委员会关于预算、决算的不适当的决议；撤销本级政府关于预算、决算的不适当的决定和命令。

设立预算的乡、民族乡、镇的人民代表大会审查和批准本级预算和本级预算执行情况的报告；监督本级预算的执行；审查和批准本级预算的调整方案；审查和批准本级决算；撤销本级政府关于预算、决算的不适当的决定和命令。

2. 各级人民代表大会常务委员会的预算管理权限。按照法律规定，我国县及县以上人民代表大会均设常务委员会作为其常设机构。各级人民代表大会常务委员会的主要预算管理权限包括：监督本级预算和本级总预算（对地方县以上人民代表大会常务委员会而言）或地方预算（对全国人民代表大会常务委员会而言）的执行；审查和批准本级预算的调整方案；审查和批准本级预算；撤销本级政府和下一级人民代表大会及其常务委员会关于预算、决算的不适当的决定、命令和决议。

（二）各级政府的预算管理权限

我国政府是国家的行政机关，由国务院（中央政府）和各级地方政府组成。按照法律规定，中央政府与各级地方政府的主要预算管理权限有：编制本级预算、决算草案；向本级人民代表大会作关于本级预算草案和地方预算草案（对中央政府而言）或关于本级总预算草案（对地方政府而言）的报告；将下一级政府报送备案的预算汇总后报本级人民代表大会常务委员会备案；组织本级预算的执行和下级预算的执行；决定本级预算预备费的动用；编制本级预算的调整方案；监督本级各部门和下级政府的预算执行；改变或撤销本级各部门和下级政府的预算执行；改变或撤销本级各部门和下级政府关于预算、决算的不适当的决定、命令；向本级人民代表大会、本级人民代表大会常务委员会报告本级预算和下级预算的执行情况。

（三）各级政府财政部门的预算管理权限

我国各级政府财政部门是在政府领导下的预算具体执行部门。按照法律规定，包括财政部在内的各级政府财政部门，具体负责编制本级政府预算、决算草案；具体组织本级和下级预算的执行；提出本级预算预备费动用方案；具体编制本级预算的调整方案；定期向本级政府和上一级财政部门（后者属地方各级财政部门的职责）报告本级预算和下级预算的执行情况。

三、政府间的财政收支划分

政府间的财政收支划分是财政管理体制的核心内容。虽然如前所述，政府间职权的划分是财政收支划分的重要前提，但二者之间的对应关系并不是绝对的。依国际经验，政府财政收支结构呈现这样的情形：收入结构划分以中央政府为主，支出结构的划分则以地方政府为主。即在年度财政收支总量中，划归中央政府掌握的收入要超出其实质性职权（指直接负有或发生的事务）范围的一定比例，而地方政府所承担的职权则往往超过直接（或称第一次）收入划分所拥有的财力。这种收入结构与支出结构的非对称性划分，主要出于两方面的考虑：一方面，中央政府集中相对较多的财力，使地方政府在一定程度上依赖于中央政府的支持，同时，中央政府也有能力予以支持，从而有利于维持中央政府的权威性，保证中央政府在宏观调控中的主导地位。另一方面，绝大部分公共事务由地方政府履行，比中央政府履行更为有效。因为，绝大部分公共需要（或事务）其受益范围具有区域性，各地企业与居民对公共需要的需求均有质和量的差别，由各地方政府针对需求提供比中央政府提供不仅便利，同时，还能提高财政资金的使用效益。

（一）政府间财政支出的划分

总的来说，中央政府的财政支出主要是用于与社会经济发展有重大关系的项目和中央所属企业的营运资金支出；地方政府的财政支出则主要用于区域性强的，与本区域公民有密切关系的项目和地方性企业营运资金支出。在我国现行分级财政体制下，中央政府的财政支出主要有：国防费、武警经费、重点建设支出、中央级行政管理费、中央级的各项事业费、国家物资储备支出、专项拨款、债务支出等。地方政府的财政支出主要有：地方行政管理费、地方各项事业费、地方统筹基本建设技术改造支出、支农支出、城市维护和建设经费、价格补贴支出、其他支出等。

（二）政府间财政收入的划分

在现代社会的分级财政体制下，绝大多数国家政府间财政收入的划分，主要以划分税收收入为主，并共同遵守以下原则：

1. **功能原则**。各级政府具有不同的行为目标。在复合税制条件下，不同税种在筹资和调节经济方面的功能也不尽相同。虽然每一税种与各级政府的某项职责并不完全对应，但在划分中央与地方税收归属时，应尽量考虑各个税种、税类的不同功能和作用，力求有利于中央与各级地方政府有效地行使其职权。一般而言，有助于中央政府实行宏观调控的税收，划归中央政府，而把受益性、区域性较强且对宏观经济不产生直接影响的税收划归地方政府。

2. **便利原则**。国际上，税收几乎是所有国家的主要财政收入来源。因此，是否便于课征应该成为划分中央税收与地方税收的标准之一。一般地说，税基广泛且富有流动性的税收应划归中央政府（如增值税、营业税、消费税等流转税）。这些税基广、流动性强的税收划归中央，有利于控制税源，便于在全国范围内交叉稽核，加强稽征管理，防止税收流失。而税基狭窄且具有固定性的税收应划归地方政府（如房产税、土地税等）。这些税基狭窄且具有固定性的税收划归地方政府，因其征税对象分布在各个辖区之内，便于地方政府掌握税源、核实依据，纳税人不易逃漏税款，课征效率较高。相反，若由中央政府课征此类税种，则会遇到多种困难，从而影响课征效率。

3. **效率原则**。税收的分割应有利于提高经济效率和经济的正常运行与发展。为此，应把对商品流转税类划归中央政府而不是地方政府。这是因为，由地方政府课征商品流转税，就会由于追求地区利益而各自为政，关卡林立，加剧地区间的经济割据，增加交易成本，影响产销，降低经济效率。若由中央政府出面课征或以中央政府为主、地方政府为辅进行课征，就可在一定程度上避免上述问题的出现，达到货畅其流；同理，关税由中央政府课征，有利于国家对外经济政策的协调性和一致性，有利于开放经济中国际贸易的发展与扩大。

4. **协调原则**。政府间的收入划分是在以划分税收为特征的分级财政体制下进行的，虽然中央税与地方税之间相对独立、自成体系，但绝不能把二者截然分开，而是必须协调好两级税收体系之间的相互关系，竭力减少和避免两级政府在税收政策制定和实施过程中可能出现的种种摩擦，处理好两级政府间的税收分配关系。在两者关系的协调过程中，中央政府应处于主导地位。

四、政府间的转移支付制度

政府间的转移支付制度是中央政府为均衡各地方政府的财力状况，协调地区间的经济发展，对全国整体经济实施宏观调控，采取无偿补助的方式将中央掌握的一部分财力转移给地方政府的一种调节制度。

一般而言，政府转移支付是指垂直财力流动形式，即财力从上一级财政流向下一级财政，实质上就是上一级政府对下一级政府的财力补助。现代社会，在以分割税收为主要特征的分级财政体制下，政府间转移支付制度是协调中央政府与地方政府的财政关系的一项重要配套制度。建立这一制度的目的在于：一是为地方财政提供额外的收入来源（超过第一次收入划分所获得的收入部分），弥补收支差额（因中央政府与地方政府间非对称性的收支划分所引起），以增强其提供公共需要（包括服务）的能力；二是中央政府通过对地方财政的财力补助，对地方的财政支出实施调控，使其行为符合中央政府宏观政策需求；三是由于地方政府提供的某些公共需要或服务（如教育、修路等）的受益范围超出了本辖区，即这些公共需要或服务所产生的利益不仅为本辖区的居民所享受，而且外溢到其他区域，因此，上级政府便可采取一定的形式对该地方政府予以补助，以鼓励其提供这种具有外溢效应的公共需要；四是在分级财政体制下，由于各地区之间社会经济发展的不平衡，税基、税率和人均收入水平也不同，从而造成地区间的财政能力（即地方财政为辖区提供公共需要的财力状况）往往相差悬殊，中央政府可以通过转移支付制度的实施，促进各地区间财力状态均衡化；五是中央政府可以利用转移支付制度促进国家某些特殊社会目的的实现。

从形式上看，政府间转移支付可分对称性补助、一般性补助和专项补助三种。

对称性补助，亦称有条件补助，是指中央政府财政对地方政府财政（也可指上一级地方政府对下一级地方政府而言）实施转移支付时，同时要求受补助的地方政府拿出相应的配套资金。这里所谓的配套资金，既可以是某一固定数额，也可以是相当于所接受的补助资金的一定比例。对于这种补助资金，中央政府也可以限定其大致投向或具体使用范围，也可以不予严格限定。地方政府配套资金的数额或比例可根据不同情况而变化。一般而言，中央政府对比较富裕的地方政府提供补助时，要求地方政府出资的比例较高。反之，亦然。

一般性补助，亦称为无条件补助。既不要求地方政府拿出相应的配套资金，也不规定补助资金的使用范围及要求。即中央政府只是简单地向地方政府拨付一笔款项，不附带任何条件。此种类型的补助，有利于地方政府集中、灵活、因地制宜地使用这项补助资金，充分发挥其积极性，减少中央集权程度。这对于集权程度较高的单一制国家十分重要。但如果补助资金数额过大，又会助长受补助地区对中央政府在财力上的依赖性，从而挫伤发达地区的积极性。因此，必须遵循公平与效率原则，合理确定补助额度。

专项补助，是指已由中央政府指定了专门用途的补助，主要用于改善地区性诸如教育、医疗、文化、生态、交通、通讯、能源等基础设施条件。从地方财政角度看，虽然专项补助的确使地方政府增加了财政收入，但实质上并未现实地提高其财权上的自由度。因为地方政府得到的是一笔规定了特定用途的款项，它的使用必须以中央政府的意志为转移，而不能挪作他用。并且，地方政府必须负责落实补助资金的用途，承诺达到既定的使用效果，还要接受中央政府的检查和监督。专项补助除了与对称性补助和一般性补助一样是中央政府对地方政府进行引导的一种经济手段外，还有两个深层次的特征：一是更能体现中央政府的意图，使地方政府行为与“全国性目标”相一致；二是专项补助并不是一种纯粹的经济手段，其中还包含着某些行政手段的成分。

中央政府对地方政府采用何种补助形式，要依具体情况尤其是干预的必需性的强弱而定。如果中央政府并不需要具体地影响地方政府的决策和行为，可以选择一般性补助形式；如果确需中央政府对地方政府的决策和行为加以干预，且又要保证达到既定效果的话，则可以选择专项补助形式。如果接受补助的地方政府具备一定的财政实力，那么，中央政府就可以选择对称性补助形式。总之，上述三种补助形式各有千秋。在严格意义上的分级财政体制下，由于中央政府已经无法直接安排地方政府的财政收支规模和结构，无法直接规定地方政府的上缴任务，也不能随意调用地方政府的财力，从而使财政间的各种转移支付形式便成为中央政府影响和干预地方政府行为的重要手段和方式。

第三节
分税制财政管理体制

一、现行的财政管理体制——分税制财政体制

(一) 分税制财政体制的含义

分税制财政体制是指根据市场经济和公共财政理论，通过分税方式确定各级政府的财权财力范围和管理权责，以规范、合理地处理中央与地方以及地方各级政府之间财政分配关系的财政预算管理体制。其中，所谓分税有广义与狭义之分。**广义的分税**是指包括税收立法权、税收政策制定权、税收征管权以及税收收入支配使用权在内的各种税收权限在政府间的分配。**狭义的分税**则仅指税种或税款以及税收征管权在中央与地方以及地方各级政府间的划分。分税制财政体制的核心是划分中央与地方政府间税收权力，为各级政府履行职能确定财力基础。当代西方各国，在处理中央与地方政府的财政分配关系中，分税制已被广泛采用，但因各国政体和国情的区别而有不同的特点和内容。

分税的模式可概括为三种类型：

1. 集权型。采取集权型分税模式的国家，税收立法权、税收政策制定权、税收征管权及税款支配权等主要税收权力的大部分甚至全部集中于中央政府；地方政府没有或者很少有上述权力，其所需资金依赖于中央拨款，即“收支两条线”。发达国家中，英国、法国基本上属于这种模式。如英国几乎所有税种都属于国税，地方只有不动产税一个税种，税率低、且具有累退性；法国由中央征管和支配的个人所得税、法人税、增值税、消费税这四大税种占了全国税收总额的80%以上。

2. 分权型。分权型分税模式，是指中央与地方都有独立的课税权，但主要财力属于地方，中央政府的财权财力很小，有的甚至向地方政府借钱或由地方政府上缴一部分地方税收以支持中央，中央掌握的财力一般仅占全国财力的20%～30%（如前南斯拉夫）。完全分权型分税模式只是一种理论分析，在实践中很少被采用。

3. 集权与分权结合型。在这种模式下，中央（联邦）与地方合理地划分税权和税收收入，中央掌握主要税种，中央税占全税收收入的比例通常在60%左右，中央本级支出占全国财政支出的比例约为40%，转移支付量约为20%，即中央与地方的收入格局约6∶4，支出格局约为4∶6。财力相对集中，财政资金使用则相对分散。如美国，联邦政府掌握所得税等主要税种，州、地方政府掌握销售税、财产税等次要税种。除发达国家外，世界上一些人口众多，国土面积较大，民族构成复杂，地区发展差异较大的发展中国家，也大都采用集权与分权结合的分税模式。

(二) 我国分税制财政体制改革的指导思想

为了理顺中央与地方的财政关系，增强中央的宏观调控能力，适应发展社会主义市场

经济的客观要求，国务院从1994年1月1日起改革分级包干体制，对各省、自治区、直辖市和计划单列市实行分税制财政体制。

分税制财政体制改革的指导思想是：（1）正确处理中央与地方的分配关系，促进国家财政收入的合理增长，逐步提高中央财政收入比重；（2）合理调节地区间的财力分配，既要有利于经济发达地区继续保持较快的发展势头，又要通过中央财政对地方的税收返还和转移支付制度，扶持经济不发达地区的发展和老工业基地的改造；（3）统一政策与分级管理相结合；（4）整体设计与逐步推进相结合，先把分税制的基本框架建起来，在实践中逐步完善。

（三）分税制财政体制改革的内容

为了理顺中央与地方的财政关系，增强中央的宏观调控能力，适应发展社会主义市场经济的客观要求，国务院从1994年1月1日起改革分级包干体制，对各省、自治区、直辖市和计划单列市实行分税制财政体制。分税制财政体制改革的内容是：

1. 中央与地方的事权和支出划分。根据现行中央政府与地方政府事权的划分，中央财政主要承担国家安全、外交和中央国家机关运转所需经费，调整国民经济、实施宏观调控所必需的支出以及由中央直接管理的事业发展支出。地方财政主要承担本地区政权机关运转所需支出以及本地区经济、事业发展所需支出。

2. 中央与地方收入的划分。从实行分税制的国家的一般经验看，中央财政直接组织的收入占全国财政收入的比重保持在60%左右较为适宜。根据这一量化目标，并考虑到各税种的特殊情况，国务院将维护国家权益、实施宏观调控所必需的税种划为中央税，将同经济发展直接相关的主要税种划为中央与地方共享税，将适合地方征管的税种划为地方税，并调整、充实了地方税税种。具体划分如下：

中央固定收入包括：关税，海关代征消费税和增值税，消费税，中央企业所得税，地方银行和外资银行及非银行金融企业所得税，铁道部门、各银行总行、各保险总公司等集中交纳的收入（包括营业税、所得税、利润和城市维护建设税），中央企业上交的利润等。

中央与地方共享收入包括：增值税、资源税、证券交易税。增值税中央分享75%，地方分享25%；资源税按不同的资源品种划分，海洋石油资源税划为中央收入，其余资源税划为地方收入；证券交易税中央与地方各分享50%。

地方固定收入包括：营业税（不含铁道部门、各银行总行、各保险总公司集中交纳的营业税），地方企业所得税（不含上述地方银行和外资银行及非银行金融企业所得税），地方企业上交利润，个人所得税，城镇土地使用税，固定资产投资方向调节税（已暂停），城市维护建设税（不含铁道部门、各银行总行、各保险总公司集中交纳的部分），房产税，车船使用税，印花税，屠宰税，农牧业税（2009年，在全国范围内取消了农业税和农业特产税，终结了延续2 600多年农民种田交税的历史。），耕地占用税，契税，遗产和赠予税，土地增值税，国有土地有偿使用收入等。

以上是1994年实行分税制财政管理体制时对收入的划分。近几年来，根据分税制运行情况和宏观调控的需要，国务院对收入划分又作了一些调整。如将证券交易印花税分享比例由中央80%、地方20%，调整到中央97%、地方3%。将金融保险业营业税税率由

5%提高到8%，提高税率增加的收入归中央财政。又如对企业所得税和个人所得税收入实行中央与地方按比例分享，除铁路运输、国家邮政、中国工行、农行、中行、建行、开发行、农发行、进出口行以及海洋石油天然气企业缴纳的所得税继续作为中央收入外，其他企业所得税和个人所得税一律由中央和地方分享，其中，2002 年中央与地方按五五比例分享；2003 年按六四比例分享，2003 年以后年份的分享比例根据实际收入情况再行考虑。

3. 分设中央和地方两套税务机构，分别收税。1993 年以前我国只有一套税务征收机构，除征收地方级收入外，中央级收入的大部分也同时征收。这样的征管办法，由于无法分清中央、地方的征管权限和职责，既不利于保障中央财政收入，也不利于调动地方组织收入的积极性。实行分税制财政体制后，与分税办法相配套，建立中央和地方两套税务机构，分别征税，国家税务局负责征收中央固定收入和共享收入，地方税务局负责征收地方固定收入。

4. 建立政府间转移支付制度。1994 年实行的分税制改革，在重新划分中央财政与地方财政收入的基础上，还对政府间财政转移支付结构进行了相应的调整，除保留了原体制中央财政对地方的定额补助、专项补助和地方上解外，根据中央财政固定收入范围扩大、数量增加的新情况，着重建立了中央对地方的税收返还制度，其目的是为了保证地方既得利益，实现新体制的平稳过渡。

税收返还以 1993 年上划中央的收入净额为基数返还地方，1994 年以后，税收返还额在 1993 年的基数上逐年递增，递增率按各地增值税和消费税增长率的 1∶0.3 系数确定，即上述两税每增长 1%，中央对地方的税收返还增长 0.3%。1994 年上划中央收入达不到 1993 年基数的，相应扣减税收返还基数。

为扭转地区间（主要是东部与中西部之间）财力差距扩大的趋势，逐步实现地方政府基本公共服务能力均等化，推动全面建设小康社会目标的实现，从 2003 年起，中央对地方实行一般性转移支付办法。一般性转移支付资金的分配遵循以下原则：一是力求公平、公正，采用规范的公式化方式进行分配；二是循序渐进，中央财政逐年加大一般性转移支付资金规模，逐步实现转移支付目标；三是适当照顾“老少边”地区，对革命老区、少数民族地区和边境地区给予照顾。一般性转移支付额主要按照各地标准财政收入和标准财政支出差额以及转移支付系数计算确定。用公式表示为：

$$\text{某地区一般性转移支付额}=\left(\text{该地区标准财政支出}-\text{该地区标准财政收入}\right)\times\text{该地区转移支付系数}$$

其中，各地区标准财政收入由地方本级标准财政收入、中央对该地区税收返还和财力转移支付构成。地方本级标准财政收入主要根据各税种的税基和税率计算确定。中央对地方税收返还和财力转移支付（扣除各地区对中央的上解）按财政部核定数确定。各地区标准财政支出由该地区行政公检法支出、教育部门支出、农林水等其他部门支出等经常性支出构成，根据标准财政供养人数和全国统一支出水平等因素，按人员经费、公用经费和其他经常性支出项目分别计算确定。转移支付系数参照当年一般性转移支付总额、各地区标准支出大于标准收入的收支差总额以及各地区财政困难程度确定。对少数民族地区、革命老区、边境地区，适当提高转移支付系数。2004 年，我国一般性转移支付规模 745 亿元，其中，西部地区50%，中部地区46%，东部地区4%。近年来，中央政府进一步持续加大一般性转移支付力度，2009年，中央政府将原来财力性转移支付9 273亿元和补助数额相对稳定、原列入专项转移支付的教育、社会保障和就业、公共安全、一般公共服务等支出共计2 101.07亿元，改为一般性转移支付，从而将一般性转移支付总金额大幅提高到11 374.93亿元，较2008年增长30.8%，占中央财政转移支付的比重达到47.5%（注：从2009年起，中央财政将原财力性转移支付更名为一般性转移支付，将原一般性转移支付更名为均衡性转移支付）。

2009年，中央政府一方面继续推进省直管县财政管理方式改革试点工作，另一方面在一般性转移支付中安排550亿元资金，用于支持逐步建立县级基本财力保障机制，这一金额较2008年增长了25.5%。

此外，为配合西部大开发，保护和改善西部生态环境，农村税费改革，中央还对天然林保护、退耕还林还草、农业税减免以及由此造成的财政减收等进行转移支付。如2004年为推进农村税费改革而进行的转移支付为307亿元，其中，西部39%、中部47%、东部14%。

二、公共财政管理体制的构建

分税制改革标志着我国开始构建公共财政管理体制，因而它成为我国财政体制演变过程中的一次历史性突破。分税制的实施，对增强中央政府的宏观调控能力，确保社会经济稳定发挥了积极的作用。但是，现行的财政管理体制还不是与公共财政相适应的、彻底的分税制分级财政体制，还需要进一步改革和完善。

（一）进一步明确政府间职权、支出范围的划分

彻底的分税制财政管理体制要求在首先明确各级政府职权、支出范围的基础上，科学划分各级政府的收入来源。但是，现行财政管理体制以按税种划分收入的分税制为核心内容，而在各级政府间的职权划分方面却做得不够。因此，应依据政府与市场的分工，进一步明确政府间职权的划分。第一，依据公共需要理论，具体地确定市场做什么，政府做什么，解决好政府的“缺位”与“越位”问题。第二，依据公共需要的层次性理论，划分各级政府的职权范围，并使之法制化、制度化。第三，遵循事权与财权相统一的原则，细化各级政府的支出职责，特别是在政府间有交叉的支出、跨地区的支出、具有外溢性的支出，力求边界清晰，避免责任不明。

（二）规范政府间的税收关系

随着社会主义市场经济体制的建立和完善，我国政府间的税收关系需进一步调整。

1. 税收立法权与税收政策制定权的划分。目前，我国税收立法权和大部分税收政策的制定权集中在中央，地方只有地方税收行政法规的部分制定权和个别地方税种的税收政策制定权。从长期看，这种状况应该逐步改变。理由是：（1）与收入划分比较，税收立法权的划分更具有根本性；（2）我国各地地区之间社会经济发展水平、经济结构差异较大，对公共服务的需求水平不同，中央集中行使地方税的税收立法权难以符合各地的实际；（3）赋予地方地方税种的税收政策制定权，可以更好地发挥税收政策的调节作用。因此，应逐步完善我国税权的划分，在强化中央在中央税种和地方大税种的税收立法权的

前提下，将地方小税的税收立法权下放给地方人大，同时有步骤地扩大地方在地方税种方面的税收政策制定权。

2. 税种的划分。我国现行税种划分的依据，主要是财政需要，即依据税源大小划分税种的归属，中央财政集中较大的主要税种，并且在共享税分配中占了较大份额。这种划分方法，虽然一定程度上增强了中央政府的宏观调控能力，但也使部分税种划分失去了科学性和合理性，表现在：（1）单纯以财政需要和税源大小来划分税种，使部分税种的划分缺乏可靠、完整的依据；（2）按税种与按行业、按区域和企业隶属关系划分税收归属交织在一起，使得政府间税收关系变得较为复杂。针对上述问题，我国应进一步理顺中央与地方之间的税种配置：（1）从经济稳定和收入再分配角度，将企业所得税、个人所得税作为共享税种。其中企业所得税由按企业隶属关系征收，改为不同级次的政府对同一税源进行双重征税。（2）改革营业税、城市维护建设税，建立新型的营业税（或销售税），使之成为地方税的主体税种。（3）建立财产税体系，使之成为地方财政的又一主体税种。具体地说，就是开征遗产税、赠与税，同时将房产税、土地增值税、耕地占用税、契税等归并为房地产税。

（三）完善政府间的转移支付制度

政府间转移支付制度是以各级政府之间所存在的财政能力差异为基础，以实现各地区基本公共服务水平的均等化为宗旨，而实行的一种财政资金转移和财政平衡制度。这种转移支付，实际上是财政资金在各级政府之间，特别是在中央政府与地方政府之间的一种再分配形式。政府间转移支付是矫正地方政府提供公共产品过程中可能出现的行为扭曲现象、弥补政府间税收分割缺陷、实现横向均衡和纵向均衡的重要手段。

我国中央对地方的转移支付主要有**税收返还**、**财力性转移支付**（如前所述，2009 年更名为一般转移支付）和**专项转移支付**。其中，财力性转移支付包括一般性转移支付（2009 年更名为均衡性转移支付）、调整工资转移支付、民族地区转移支付、农村税费改革转移支付、县乡财政奖补转移支付、取消农业特产税与降低农业税税率转移支付。正如前面所说，各种形式的转移支付数量逐年扩大，但方法还不够规范，分配还不够合理，目前中央财政转移支付制度也还存在着一些不足之处。一是中央财政转移支付制度需要进一步系统规划。近年来，我国政府在完善中央财政转移支付制度方面采取了一些有效措施，但有些措施的规范性仍然不够，特别是缺乏从我国政府间财政关系制度安排总体布局的高度去通盘加以科学规划，导致很多措施并没有取得良好的预期成果。二是中央财政转移支付结构仍不够合理、均等化作用有待强化。目前，我国专项转移支付的比重依然偏高，2009 年专项转移支付金额为 12 579.88 亿元，较 2008 年增长了 26.2%，占中央财政转移支付的比重为 52.5%。而且，专项转移支付种类繁多，透明性较差，分配公式还不够完善。另一方面，过多地考虑历史遗留问题的中央对地方的税收返还规模依然较大，2009 年达到 4 934.19 亿元。这些都不可避免地在一定程度上削弱了我国中央财政转移支付制度的均等化作用。三是一般性转移支付资金分配方法的科学性和公平性有待进一步提高。近年来，我国一般性转移支付资金分配方法的科学性和公平性得到了明显提高，但仍然没有完全摆脱以往制度框架的束缚，还无法真正做到完全依据各地区社会、经济和基本公共服务发展的历史差距和客观需求进行资金分配，从而制约了一般性转移支付的均等化作用。因此，要综合考虑国内各方面因素，逐步建立起比较科学、规范的中央财政对地方的转移支付制度，提高经济落后地区的公共服务水平，实现地区间基本公共服务水平的相对均等化。第一，规范转移支付形式，在逐步降低直至取消税收返还的同时，扩大一般性转移支付数量，增强地方财政能力，使不同区域的居民均可享受到水平大体相同的公共服务。第二，进一步完善转移支付结构，建立科学合理的分配模式。中央政府应在优先考虑一般性转移支付的基础上，研究逐步取消税收返还，控制专项转移支付规模，更好地实现转移支付结构优化。另一方面，应进一步改进一般性转移支付和专项转移支付分配方法，提高资金分配的科学性和公平性，同时也应注重中央财政转移支付的财政激励作用，促进地方政府优化职能、更好地发展地区公共服务。第三，继续推进财税管理体制创新，有效解决基层政府财政困难。中央政府应继续推进省直管县财政管理体制改革，同时也应积极探索其他制度创新特别应着手建立健全中央直接对县的转移支付制度，切实化解基层政府财政困难，大力提高基层政府的公共服务提供能力。

思考与练习

一、不定项选择题

1. 下列属于中央税固定收入的是________。

A. 关税　　B. 房产税
C. 增值税　　D. 营业税

2. 下列收入项目中属于中央、地方共享收入的是________。

A. 关税　　B. 营业税
C. 消费税　　D. 增值税

3. 分税模式的类型有________。

A. 集权型　　B. 分权型
C. 集权与分权结合型　　D. 计划型

4. 典型的政府间转移支付的种类有________。

A. 一般转移支付　　B. 专项转移支付
C. 配套转移支付　　D. 横向转移支付

5. 分级预算体制的集权与分权关系主要体现在________。

A. 中央与地方收支的划分
B. 地方是否构成一级独立的预算主体
C. 地方政府是否有税收立法权、税率调整权和减免权
D. 各税种在中央和地方间的划分

二、判断题

1. 财政管理体制就是预算管理体制。 (　　)

2. 分税制改革的内容中明确规定：根据事权与财权相结合的原则，按照行政隶属划

分中央与地方收入。（　）

3. 财政管理体制的核心内容是中央政府与地方政府的职权或事权的划分。（　）

4. 我国现行的财政管理体制是分税制财政体制。（　）

5. 我国中央对地方的转移支付主要有税收返还、财力性转移支付和专项转移支付。（　）

三、简述题

1. 如何理解财政管理体制的内涵？
2. 政府间转移支付的类型有哪些？

四、案例分析题

2012 年审计署在其官方网站发布了 54 个县财政性资金审计调查结果。审计署财政审计司负责人表示，县级财政管理还不够规范，如县级财政报表反映的收支情况不够准确，对财政超收收入管理缺乏制度规定，部门预算和国库集中收付制度推进还不到位等。

为了进一步摸清县级财力保障的基本情况，审计署组织对 18 个省区市所属的 54 个县财政性资金进行了审计调查。包括税收、行政事业性收费、政府性基金、国有资产和资源有偿使用收入、国有资本经营收入等。为保证调查结果的典型性和普遍性，本次审计调查涉及的 54 个县，是按财力状况的好中差情况选择的，每类各约占总量的 1/3，力求通过调查，全面掌握抽审县财政性资金的总体情况和收支结构，从完善体制、改进管理的角度揭示问题、提出建议。

本次审计调查，突出了三个方面的重点：一是总体把握 18 省区市财政体制和所辖各县财政收支情况，摸清抽审县政府性收支规模、结构和管理情况，客观反映各级财政在提升县级财政保障能力方面采取的措施和取得的成效。二是从财政预算管理的完整性、财政决算的真实性、财政资金的安全性和重点民生资金使用的合规性、效益性等方面反映县级政府性收支管理中存在的突出问题，提出建立完整统一的政府预算、加强财政资金管理方面的具体建议。三是研究揭示县级政府在“保工资、保运转、保民生”等方面存在的突出矛盾和问题，从财政体制、财政管理等方面分析原因、提出建议，促进深化财政体制改革、加强县级财力保障能力建设，确保各项政策措施落到实处。

审计调查结果表明，近年来，中央主管部门和地方政府采取多项措施，扩大地方财政收入规模，着力解决县乡财政困难和“保工资、保运转、保民生”所需财力的问题，县级财政收入不断增长，县级财政压力逐步缓解。2011 年，中央财政在 2005 年实施“三奖一补”、产粮大县补助等措施的基础上，建立了县级基本财力保障奖补机制，18 个省区市制定了本地区县级基本公共服务保障缺口弥补方案和工作计划，县级“保工资、保运转”的困难基本得到解决，“保民生”的能力也在不断提高。

但审计调查也发现一些问题，一是县级财政性收入结构不尽合理，当前县级政府的独享税种（如契税等）税源较为分散，县级财政性收入中非税收入占比相对较高。由于非税收入大多有规定的用途，县级政府难以统筹安排。二是一些县在招商引资过程中，将相关企业上缴的税收、土地出让收入等，通过财政列支等手段返还给企业，减少了县级可支配财力。三是县级政府事权不清晰，出现了上级政府下放事权，县级支出责任不断增加，与其自身财权不完全匹配的现象，对县级财政支出形成一定的压力。四是县级财政对上级转移支付依赖度较高，转移支付中有规定用途的资金占比较高，地方政府难以统筹安排，调控余地较小。五是县级财政管理还不够规范，如县级财政报表反映的收支情况不够准确，对财政超收收入管理缺乏制度规定，部门预算和国库集中收付制度推进还不到位等。

根据审计调查情况，加强县级财政保障能力建设可以从以下三个方面着手：一是按照事权与财权相匹配的原则，在梳理界定各级政府事权范围的基础上，研究确定各级政府的财权，明确财政转移支付的制度目标，并确定与制度目标相衔接的财政转移支付结构。二是全面推进部门预算和国库集中收付改革，加强与政府职能和财政政策相衔接，完善项目储备库建设，确保按期实现预算确定的目标。三是逐步健全统一完整的国家财政，政府的全部收入和支出都应按照政府预算体系框架列入本级预算。

（资料来源：审计署：《部分县级财政管理制度改革推进不到位》，中国新闻网，2012 年 6 月 8 日。）

仔细阅读上述资料，回答下列问题：

1. 县级财政管理不规范的表现有哪些？存在的主要问题是什么？

2. 如何加强县级财政保障能力建设？

第十一章
财政宏观调控

学习要点

- □ 财政宏观调控的目标、对象
- □ 财政平衡与社会总供求平衡
- □ 财政政策与财政宏观调控
- □ 财政政策与货币政策的协调

第一节
财政宏观调控及其目标和对象

一、财政宏观调控的必要性

毋庸置疑，市场是一种有效率的经济运行机制。但是，它并不是一台结构美妙的机器，在国民经济的均衡领域难以发挥自如的调节作用，而经常出现失灵。为了弥补市场机制的这种缺陷，政府必须运用包括财政在内的多种手段对社会供求总量进行必要的调节和控制。所谓财政宏观调控，就是指政府运用财政手段对社会总供求进行调控，以实现在充分利用社会现有资源条件下的社会总供求平衡目标。这种平衡不仅要求供求总量上的平衡，而且要求结构上的平衡，即资源在地区之间、产业之间、政府与非政府之间，以及积累与消费之间的配置保持适当均衡。

财政之所以是政府进行宏观调控的重要手段，原因在于财政分配的主体是国家，具有集中性、社会性特征，对弥补市场缺陷，实现资源配置、优化经济结构、引导微观经济行为、调节收入分配、稳定经济发展均有着举足轻重的作用。众所周知，物质生产的过程实际上就是各种生产要素有机结合、相互作用的过程，宏观调控在生产领域的主要任务就是调控生产要素在各个部门的分配比例，形成合理的产业结构。而财政支出的投向以及各项支出之间的比例关系直接制约和调节着社会再生产的重大比例关系，特别是对积累与消费之间的这一国民经济中最基本的最重要的比例关系的形成起着举足轻重作用。同时，财政所拥有的调节手段以及各种手段之间的相互配合效应所辐射面的广阔性和综合性是其他调节手段所不及的。所以，财政宏观调控在国家宏观调控中居于主导地位。

二、财政宏观调控的对象

在市场经济条件下，财政宏观调控应侧重于社会供求总量。但是，宏观经济的失衡往往是由于中观，甚至微观层次经济失调所致。例如，宏观经济出现供给大于需求的情况，可能是由于产业结构失调导致供给结构不合理所致，也可能是由于收入分配不公导致相当多的有消费需求的人无购买力，而有购买力的人又处于需求饱和状态所致，也可能是由于政府部门与非政府部门之间资源结构不合理所致……。因此，政府运用财政手段进行宏观调控时，其对象既包括社会供求关系，也包括资源配置和收入分配。

1. 社会总供给与社会总需求的关系。社会总供给与社会总需求的关系是财政宏观调控的首要对象。这是因为，社会总供给与社会总需求是能够反映市场经济运行总体状况的综合指标，社会总供给与社会总需求基本平衡，是保证国民经济长期持续、稳定、协调发展的前提条件。社会总需求略大于总供给，通过需求拉动供给，在短期内对于刺激生产，挖掘原有生产资源，提高内含效益具有一定的积极作用。但是，供需差距过大，就会引发通货膨胀，导致生产秩序紊乱，产业结构失调，给人民生活带来极大危害；反之，社会总供给大于社会总需求，则意味着资源闲置，从而造成生产力和资源的浪费，延缓经济发展的过程。因此，为了实现经济稳定增长的宏观调控目标，就必须把综合反映且影响社会经济总体运行的社会总供给与社会总需求的关系作为其宏观调控的首要对象。

财政对社会总供给与社会总需求的宏观调控主要表现在两个方面：一是财政作为国家掌握的分配工具，不仅可以通过合理调控分配规模和收支平衡状况直接影响社会总需求，而且可以运用税收、投资等财政手段对投资需求与消费需求及其结构施行调控；二是财政可以通过调控投资数量影响生产规模，进而影响供给总量，同时还可以通过调控投资方向改善产业结构，从而影响供给结构，或者运用税收、补贴等杠杆调节生产结构，同样可以改善供给结构，从而达到社会总供给与社会总需求在总量与结构上的协调。

2. 资源的配置。资源通常是稀缺的，这就从客观上要求人们必须合理地运用有限资源，更好地、全面地满足人类社会的各种需要。资源合理配置就是要求资源在政府与非政府之间、地区之间、产业之间，以及积累与消费之间的配置保持适当均衡。

财政对资源配置的宏观调控主要体现在：一是通过合理确定财政分配规模来调控在社会总资源中政府配置与市场配置的比例，使之达到均衡。因为，政府占有的资源过多，就会减少各经济主体可支配资源的数量，从而影响经济主体的活力和经济的发展；而政府占有资源过少，又难以保证政府履行其职责和满足社会公共需要。二是通过调整财政预算支出结构和财税政策，直接或间接改变资源流向，进而达到资源在地区之间、产业之间、积累与消费之间合理配置的目标。

3. 收入的分配。收入分配是财政宏观调控的主要对象之一。财政对收入分配的宏观调控的客观有效性主要取决于其运作主体——政府——社会权威的威慑力，财政可以凭借政府权力参加国民收入的分配活动，从而实施对收入分配的宏观调控。

财政对收入分配的宏观调控，主要是通过税收和社会保障支出来实现的。税收既可以解决经营者之间的收入公平问题，同时又可对高收入阶层进行调节，以解决各个社会成员之间收入过分悬殊的矛盾；社会保障支出则主要保证丧失劳动能力的社会成员以及失业者的基本生活需要，以实现收入分配在全社会范围内的公平性。

三、财政宏观调控的目标

（一）经济稳定增长

经济稳定增长，是国家各项经济政策的基本目标，也是财政宏观调控的主要目标。经济增长是国家实现社会安定和人民生活水平不断提高的根本保证。特别是在我国这样一个发展中国家，只有保持经济增长，才能尽快缩小与发达国家的差距，早日跻身于世界经济强国之列。然而，经济增长速度是不以人们的意志为转移的，超越现实基础和条件盲目追求高速度，必然导致物质供应紧张，价格上涨，经济结构失调，最终必然以经济滑坡、资源浪费为代价，反而欲速则不达。因此，我们所追求的经济增长必须是稳定的增长，而不是超常的增长。

（二）收入公平分配

收入分配不公，是由于市场经济条件下的生产要素在生产中的“能力”和“贡献”的大小造成的，这一结果由市场机制本身是无法改变的。而收入分配不公，必然带来社会上人们之间相互关系的不和谐，抑制社会积极因素作用的发挥，甚至引发社会动荡不安。因此，实现收入的公平分配，不仅是市场经济发展的客观需求，也是政府运用财政手段宏观调控经济的重要目标。收入公平分配目标的内涵主要是指，在市场经济运行中，需要根据各社会成员在生产中的贡献大小，合理确定他们的收入报酬，收入分配既要有利于充分调动社会成员的生产积极性，同时又不至于产生分配上的过分贫富悬殊。财政对收入分配公平化的宏观调控作用主要体现在一方面对高收入阶层采取累进税率将其一部分收入征收入库，另一方面以社会保险、福利、补贴等转移支付形式对因丧失劳动能力而根本无法获取收入或因失业而没有收入的人们给予必要的生活帮助，以保持合理的收入差距。

（三）经济与社会的协调

经济的增长对生活的改善与人类社会的进步无疑是十分重要的。然而，单纯地追求经济的增长，必然带来一系列不利于人类社会发展的负面影响。比如，在我国，不少经济主体，为追求高额利润，而不顾对周边环境的保护，造成环境污染，同时，对土地、森林、矿藏等资源进行“掠夺型”经营，严重破坏了生态平衡；随着经济发展及生活水平的不断改善，医疗保健措施的不断完善，人类寿命明显延长，人口结构老龄化不断加速，随之带来的赡养等社会问题日趋严重；科学技术的进步必然使劳动力得到进一步解放，随之而来的另一个问题就是丧失工作岗位的人越来越多。总之，人口、资源、环境已成为制约当代人类生存与发展的三大基本问题。而生态环境的治理、资源的合理开发和失业者再就业、孤寡老人赡养等问题都需要政府采取得力措施予以解决，国家财政责无旁贷。西方财政学早已把因外部不经济而引起的市场缺陷的弥补作为政府干预经济的重要内容，并付之以一系列行之有效的措施和手段。比如，日本、美国、韩国均有财政投资用于治理污染、研制防污技术，对企业和私人研制防污技术、购买防污设备予以补贴；通过税收鼓励改善生态环境的行为，限制有害于生态环境的行为等。再如，不少西方国家已将煤、铁、石油等矿产资源收归国营。在我国，开征土地使用税、耕地占用税、资源税、排污费和直接用于防治污染的投资都是财政在促进经济与社会协调发展方面的重要的宏观调控手段。只是调控力度还不够，有待于在实践中进一步强化。

四、财政宏观调控的手段

财政宏观调控手段主要有国家预算、税收、公债、财政补贴、财政投资、转移支付等。

（一）国家预算

国家预算是经法定程序批准的国家年度收支计划，其收支项目和数量反映着国家的施政方针和经济政策，规定着国民经济运行的方向和规模，制约和影响着其他调控手段的发挥程度和效果，是财政宏观调控手段中最基本的调控手段之一，具有综合性、计划性、法制性等特点。

国家预算的调控作用主要表现在以下方面：一是通过预算收支规模及其收支平衡关系调节社会总供求。即预算收入的增减可以调节企业及个人的收入状况，进而调节社会需求总量。当社会总需求大于总供给时，政府增加税收采取紧缩措施，以抑制需求；反之，采取宽松的税收政策。而预算支出则是社会总需求的重要组成部分。预算规模的扩张和收缩，或盈余或赤字，可以有效地调节社会总供给和社会总需求的关系。通常，当社会总需求大于社会总供给时，可以通过实行国家预算收入大于支出的结余政策进行调节；当社会总供给大于社会总需求时，可以实行国家预算支出大于收入的赤字政策进行调节；在社会供求总量大体平衡时，国家预算就实行收支平衡的中性政策与之相配合。在现代市场经济条件下，国内外经济运行结果的主要趋向是社会总需求大于社会总供给，因此，总的来说，国家预算调控应采取紧缩型政策，以利于社会总供求的平衡。二是通过确定和调整预算收支规模调节社会资源在政府与非政府之间的配置比例。预算收入（或支出）占国民收入的比例，直接决定着社会资源归政府与非政府（市场）支配的比例和数量。因此，预算收支规模的确定和调整对于社会资源在政府与非政府之间的配置达到均衡，提高资源配置效率具有十分重要的意义。三是通过调整预算支出结构调节国民经济结构。预算支出的方向及其各项目之间的比例，直接或间接地影响着国民经济结构及其各项目之间的比例，直接或间接地影响着国民经济结构及其各项比例关系的形成。预算支出中增加对某个部门的资金就能促进该部门的发展，反之，就会抑制该部门的发展。因此，调整预算支出结构就能起到调节国民经济结构的作用。

国家预算的宏观调控主要是通过财政收支活动来进行的。因此，国家预算调控能力的大小，从理论上讲，取决于财政收入（主要指集中性财政收入，即预算收入）占国民收入比重的大小。这一比重愈高，国家预算调控的能力就愈强；反之，比重愈低，国家预算调控的能力就愈弱。

（二）税收

税收作为内含于各个社会成员收入的一部分，其征收数量和范围的大小，直接影响着各个社会成员的切身利益。正因为如此，税收才成为财政宏观调控最重要的手段。国家可以通过调整税收的课征数量和比例，来影响各个社会成员的经济利益，进而调节他们的生产和消费行为。同时，因税收渗透到社会经济生活的各个方面，各个层次，因而决定了税收的调控作用具有广泛性的特点。税收法律性的特点，决定了它的调节具有强制性，从而使之成为财政宏观调控最强有力的调控手段。

税收对社会经济广泛的、多层次的调控作用，主要概括为以下几个方面：首先调节社会总供给和社会总需求的平衡关系。一方面，流转税是企业产品价格的组成部分，在产品价格趋于稳定的前提下（企业产品的价格虽然可以随行就市，但在其市场占有率一定的条件下，是趋于稳定的），流转税的税率高低对企业的生产行为和产品结构有着直接影响，提高税率或增加税目，会限制产品生产而抑制供给，降低税率或减少税目，则刺激产品生产而增加供给。另一方面，所得税直接来源于企业和个人的收益总额，因而直接调节着需求。提高所得税率或扩大征收范围，就会直接抑制需求，降低所得税率或缩小征收范围，则会直接扩张需求。不仅如此，由于所得税一般实行累进税率，当经济过热、社会总需求过旺、企业和个人收入大幅度增加时，纳税人的适用税率就会进档提高，税收收入自然增加，从而可以抑制纳税人的投资和消费；反之，当经济萧条，纳税人收入下降时，适用税率自动下档降低，又可刺激投资和消费，促进经济复苏。这便是所谓“自动稳定器”或“内在调节器”的功能。其次是调节产业结构。从前面所述得知，国家预算通过投资结构的调整对国民经济结构产生直接的影响，而税收对产业结构的调节更为广泛和深入。它几乎涉及国民经济的一切部门，涉及社会生产的各个环节。税率的升降，税收的加征和减免，都能对产业结构产生矫正效应。例如，对鼓励发展的产业，实行低税率和减免税的政策。最后是调节收入分配，实现收入分配的公平化。税收的这一作用是极为显著的，是其他调节手段所不能替代的。

（三）公债

公债宏观调控作用主要表现在两个方面。一是调节国民收入的使用结构。国家发行公债，由企业、个人认购，就是在不改变货币资金所有权的前提下，将企业、个人尚未使用的一部分资金转化为政府可支配的资金，由政府根据社会经济发展需要，将其投向基础产业或虽然微观效益低但宏观效益较高的建设项目，从而达到协调宏观效益和微观效益之间矛盾，改善国民经济结构的目的。二是调节社会总需求。公开市场业务是中央银行调节货币供应量的重要手段，而公债则是中央银行动用这一手段的重要工具。中央银行可以通过吞吐公债有效地调节流通中的货币量，进而调节社会总需求。流通中的货币量过多时，中央银行可以在公债市场上售出公债，收回货币，直接减少流通中的货币量，从而起到抑制社会总需求的作用；反之，当流通中的货币量不足时，则在公债市场上买入公债，直接向市场中投入货币，从而起到扩大社会总需求的作用。按照国际惯例，公开市场业务被视为国家调节货币供应量最灵活、最迅捷的手段，而公债在其中起着举足轻重的作用。

（四）财政补贴

财政补贴属于一种相机抉择型的调控手段，其调控作用主要表现在：其一，配合价格手段，调节生产和消费。在市场经济条件下，一般来说，价格对生产和消费具有自发的调节作用。即价格提高，鼓励生产而抑制消费；反之，价格下跌，则抑制生产而有利于消费。然而，在现实经济生活中，有时往往存在着既要鼓励生产同时还要鼓励消费的必要。这时，就需要价格手段与财政补贴相配合，共同发挥作用，以达到预期目的。那就是要么提高产品价格，同时对消费进行补贴；要么降低产品价格，同时对生产进行补贴。其二，配合税收手段，调节社会总供求。就社会总供给而言，当需要促进供给（可以指促进某种或某些商品的供给，下同）时，可以减少税收或增加补贴，以刺激生产；反之，当需要减少供给时，可以增加税收或减少补贴，以抑制生产。就社会总需要而言，当需要抑制需求时，可以增加税收或减少补贴，而当需要刺激需求时，就可以减少税收或增加补贴。其三，配合财政信用投资政策，调节产业结构。对于基础性建设项目或者国民经济发展中的重点建设项目的财政性投资贷款，财政可以采取贴息的办法予以鼓励和扶持，以利于优化产业结构，促进国民经济协调发展。其四，配合工资政策，调节个人收入分配。在收入由市场决定的情况下，对某些低收入者予以补贴，有利于收入分配公平化目标的实现。同时，对某些消费品实行价格补贴，有利于稳定物价，稳定消费者的生活水平。

（五）财政投资

由于财政投资是国家重点建设和基础性建设项目的主要资金来源，所以，它必然成为国家实行宏观调控的强有力的手段。首先，财政投资是经济增长的动力，投资可以刺激需求的增长，因为投资总是表现为货币资金的投入，必然构成对生产资料和消费资料的需求，同时又可以增加供给。这里需要注意的是，供给的增加只能是在投资完成之后才能发生。正因为如此，投资规模的大小，必须受到当前生产和收入水平的制约。也就是说，要受到国民收入增长的制约，或者说要受到储蓄的制约。财政投资因其数量大，对经济的增长，必然发挥重大的促进作用。但从以上对投资规模制约因素的分析来看，依据国家财力和物力的可能，合理确定财政投资规模，显然是十分必要的。其次，财政投资是形成和调整国民经济结构的有力手段。这是因为：(1) 正如上面所说，财政投资数量大，是企业和个人所不能及的；(2) 财政投资不以营利为目的，可以摆脱利益机制的困扰，致力于微利甚至无利，但又是关系到社会整体利益的社会基础设施建设以及农业、能源、交通、通讯等有关国计民生领域的发展，从而对消除经济发展中的“瓶颈”障碍，促进协调、合理的国民经济结构的形成或调整产生直接的影响作用。

（六）转移支付

如前所述，政府间转移支付是矫正地方政府提供公共产品过程中可能出现的行为扭曲现象、弥补政府间税收分割缺陷、实现横向均衡和纵向均衡的重要手段，在实现地区间基本公共服务水平均等化方面起着重要调节作用。

第二节

财政平衡与社会总供求

一、财政平衡

（一）财政平衡的含义

财政平衡是指年度财政收入与财政支出在总量上的对比关系。从理论分析和预算编制方面看，财政收入与财政支出正好相等，就是财政平衡。但在实际经济生活中，财政收支正好相等的情况是不存在的。现实中的财政平衡，不外乎有两种情形，要么收大于支，出现结余，要么支大于收，出现赤字。那么，财政收支之间在量上出现何种对比关系，才称得上平衡呢？通常，把略有结余视作财政理想平衡，而把略有赤字视作财政基本平衡。这是因为，结余过多，意味着财政资金未得到有效利用，对国民经济发展不利，而赤字过大，超过国家的弥补能力，同样对国民经济的发展有害无疑。而略有结余和略有赤字则是财政收支矛盾运动的两种客观的表现形式，二者可以相互补充。如果当年出现微量赤字，可以动用上年结余或历年的滚存结余予以弥补。所以，略有结余与略有赤字均可视为财政平衡。但是，如果年度出现巨额赤字或多年累积的赤字数额较大，就会使财政平衡转化为财政赤字（即不平衡）。可见，对于财政平衡的概念，不仅要从静态的角度理解，而且还应从动态的角度考察。

同时，在现行的财政体制下，地方财政作为一级相对独立的财政主体，中央预算与地方预算分别设立，十分有必要分别对中央预算与地方预算的收支平衡状况进行考察。这样，才有利于按照财政体制中中央政府与地方政府财力财权的划分，对中央与地方两级政府的财政活动进行科学的约束和客观的评价。

（二）财政平衡的科学理解

从一般的理论意义上理解，财政平衡就是财政收入与财政支出在数量上的对比关系。但是在现实的经济运行中，特别是在国家的宏观经济调控中，财政平衡作为一种财政政策，仅仅把它理解为财政收支在数量上的对比关系是远远不够的，而是应该从以下几方面科学地、全面地理解其深刻内涵。

1. 财政平衡具有相对性。这一点不难理解。正如在财政平衡概念的介绍中所说，财政收支数量上的绝对相等，仅仅是一种理论上或者是预算（即计划）上的情形，在现实生活中是不存在的。财政平衡的实际状况是相对的，即为略有结余或略有赤字。具体情况已在前面论及，这里不再赘述。

2. 财政平衡具有动态性。理解财政平衡不能只从静止的角度出发。静态平衡只表现为某一时点上的收支平衡，或者是平衡表上的收支对等。而事实上，财政收支总是一个不断运动着的动态过程。在一个财政年度内，有时可能收大于支，有时可能支大于收，财政收支之间的平衡关系总是不断被打破，又不断地达到新的平衡。同理，如果考察的时间区间延伸到跨年度的一个时期，则虽然动用财政结余的当年在统计上表现为赤字，但与有结余的年份结合起来进行动态分析，财政收支仍是平衡的。动态地理解财政平衡，对于研究经济周期对财政的影响和财政对经济周期的调节作用，具有十分重要的现实意义。

3. 财政平衡具有结构性。财政收入从采取的形式角度考察，主要有以税收与规费、罚没等形式形成的政权性收入（即强制性收入）、以国有企业上交的资产收益、股息、红利等形式形成的资产性收入和国家以债务人的身份发行政府债券所取得的债务收入。按财政支出在社会再生产中的作用为标准划分，财政支出最终用于补偿、积累、消费三个方面。其中，用于补偿方面的数量极微，主要是用于积累与消费两个方面。积累与消费是国民经济发展过程中的最基本、最重要的两个方面，二者的比例协调与否，直接关系到整个社会经济的协调、持续发展。财政支出在这一比例的形成过程中起着非常重要的作用。而用于积累与消费的资金是两类不同性质的资金，特别是在复式预算下，这一点体现得非常明显。因此，财政平衡不仅要求总量平衡，同时还要注意结构上的平衡。只有总量与结构均平衡时，才是真正的平衡。

4. 财政平衡具有真实性。在财政实践中，财政平衡可能是真实的平衡，也可能是虚假的平衡。这种虚假平衡主要是因当年财政收入中含有虚假收入所致。虚假的财政收入的形成主要有以下情形：

一是在产业结构不合理或产需脱节的情况下，质量不合格、品种不对路的商品由生产领域转移到流通领域，销售部门向生产部门支付货款，形成生产部门的销售收入和生产利润，生产部门因此而上缴了税利，然而商品却积压。这就意味着，这部分质次冷背的商品的价值，并未真正实现。那么，上述生产部门上缴的税利所形成的财政收入就必然是虚假的。二是在通货膨胀情况下，以货币表示的财政收入中，就会有一部分没有物资对应的收入，即虚假收入。虚假的财政平衡，只是收支在货币表现形式上的平衡，而在剔除收入中的虚假成分之后的实际状态则是收不抵支，存在财政赤字。真正的财政平衡无论在货币表现形式上还是在实际价值上（即有相应的物资对应）都应该是平衡的。虚假的财政平衡往往会掩盖实际上存在的财政赤字，易使人们产生某种错觉，导致决策上的重大失误，从而对社会经济发展造成危害。因此，我们通常所说的财政平衡必须是真实的平衡。

5. 财政平衡具有层次性。财政平衡的层次性是由财政活动的层次性所决定的。从财政体制角度考察，当今世界各国大部分实行分级财政体制，各级政府均是相对独立的财政主体。因而，财政平衡也应相应地分别予以考察。即使在集权与分权相结合的体制下，尽管中央财政在整个财政体制中居于主导地位，对地方财政具有较大的调控权，分别考察各级的财政平衡也是十分必要的。因为，从总体上进行考察，虽然可以展示国家财政收支的全貌，却难以反映中央与地方政府各自的收支对比情况。往往是中央财政有赤字，地方财政有结余，或反之。而且，由于中央与地方财政收支之间存在着相互抵补的情况，也可能掩盖各级财政平衡的真实性。

二、财政赤字

（一）财政赤字的含义与计算口径

政府当年财政支出大于财政收入的差额即为财政赤字。因为，这个差距在财政账户的收入方以红字表示，故称之为“赤字”。由于财政赤字是政府预算的执行结果，所以也称之为预算赤字。

由于财政收入与财政支出在总量上的对比关系，在实践上必然是结余或赤字。因此，财政赤字的口径实际上就是计算财政结余的口径。通常主要有以下两种：

赤字（结余）=（经常收入+债务收入）-（经常支出+债务支出）

赤字（结余）=经常收入-经常支出

上述两种计算公式中，经常收入是指政府通过税收收入、国有企业上交的资产收益以及各种非税收入（如规费收入、国家资源管理收入、公产收入、罚没收入、国际组织援助捐赠收入）等；经常支出是指实现政府职能的必不可少的支出，如行政管理支出、社会文教支出、国防支出、经济建设支出以及债务利息支出等；债务收入包括国家在国内外发行债券的收入、国外借款收入以及向银行的借款收入；债务支出则是指债务还本付息支出。

两种计算口径的主要差别在于：债务收入是否列入正常收入（即经常收入）之中以及债务清偿是否列入正常支出（即经常支出）之中。第一种口径，债务收入与债务还本付息支出分别列入了正常财政收入与正常财政支出之中，而第二种口径，债务收入则未列入正常收入之中，相应地债务的偿还也未列入正常支出，但债务的利息支出则列入正常支出。

从世界范围看，各国对债务收入的处理是不同的，甚至一个国家在不同时期的处理也有差别。前苏联和日本是把债务收入列入正常财政收入而不作为弥补财政赤字的收入来源，而美国历来把债务收入作为弥补财政赤字的平衡项目。我国 1950 年发行的人民胜利折实公债，明确确定是弥补财政赤字的，并未作为正常财政收入，只是到了 1954 年发行经济建设公债以后，才把债务收入列为正常财政收入，相应地把债务还本付息支出也列为正常财政支出。

从历史的角度考察，政府举债总是与财政赤字相关，债务收入是政府弥补财政赤字的资金来源。马克思曾经指出：“这种国家负债状况的原因何在呢？就在于国家支出经常超过收入，在于这种不相称的状态，而这种不相称的状态既是国家公债制度的原因又是它的结果。”[①] 可见，国家不论是对内发行公债，还是对外举借外债，归根到底都是因为财力不足。不过，债务收入虽然可视同当年的财政收入使用，但它毕竟不等同于当年的财政收入。因为，借债总是要偿还的，这样会相应地减少以后年度的可支配财力。如果把债务收入列为财政收入，那么，财政向银行的透支或借款也是一种债务，也应列为财政收入。既然债务收入列为财政收入，用于还本付息债务支出也应相应地列为财政支出。按此处理，财政收支就永远恒等，即无赤字或结余可言。那么，不仅我国，就是其他国家的预算也都

① 《马克思恩格斯全集》，第 7 卷，第 90 页。

应该是“平衡”的预算了。事实上并非如此。所以，第二种计算口径才是衡量财政收支对比状况最一般、最通用也是最科学、合理的方法。

在我国现行财政体制下，财政平衡方式采取的是第二种计算口径。比如，据官方公布，我国1997年度中央财政总收入4 819.64亿元，中央财政总支出5 379.64亿元，二者相抵后的差额（赤字）为560亿元，而当年中央债务收入为2 476.83亿元，其中，用于偿还国内债务本息1 916.83亿元，用于弥补当年财政赤字560亿元。

财政平衡的两种口径，直接关系到财政收支结余或赤字量的大小。在当代世界各国普遍存在财政赤字的前提下，两种口径计算结果直接影响着财政赤字量的大小。这对人们正确认识财政赤字的质与量以及对社会经济发展的影响至关重要。

（二）弥补财政赤字的方式

从世界各国的实践来看，弥补财政赤字的办法主要有财政发行、财政透支、动用上年或累计财政结余、发行公债等方式。

1. 财政发行。从理论上讲，政府的货币发行有两种：一是因社会经济发展需要进行的货币发行，属于正常的货币发行，通常称之为经济发行。在我国，经济发行是通过信用渠道实现的。二是政府为弥补财政赤字，超过经济的正常需要而进行的货币发行，属于非正常发行，通常称之为财政发行。一般而言，财政发行是通过财政支出渠道实现的。由于财政发行超过了经济对货币的正常需要量，必然会对社会需求起到扩张作用，使原有的社会需求总量扩大。财政发行往往存在于两种情况下：（1）在西方发达国家实行凯恩斯的赤字财政政策的情况下，财政发行作为实施赤字财政政策的手段，可以刺激有效需求，增加支付能力，缓和生产过剩与有效需求不足之间的矛盾，在一定限度内给经济发展注入活力，起到推动经济发展的作用。过度的财政发行，必然引起连锁反应，产生连续不断，且数额越来越大的财政赤字；（2）在政府发生财政赤字，而银行管理体制不规范、不健全的情况下，银行代理政府财政金库，财政发行往往通过政府向银行透支，银行以增发货币弥补信贷差额的渠道得以实现。在某种程度上，这种财政透支就是财政发行的表象形式。

2. 财政透支。透支是银行允许其往来存款户在双方约定金额范围内，超过存款金额开出支票并予以兑付的放款形式。同理，财政透支就是指政府在银行存款账户中超过存款数额而支取款项。一般情况下，政府金库均由中央银行代理，财政收入和支出均通过银行账户办理。当财政支大于收时，财政就会有可能向银行透支。通过透支的办法弥补财政赤字，如果在编制预算时通过财政与信贷综合平衡进行计划安排，就相当于用银行信贷资金弥补财政赤字，是在社会资金总量不变的前提下改变了一部分社会资金的投放方式，因此一般不会引起社会需求总量的增加，也就不具有扩张性。但是，如果透支数量过大，期限过长，致使银行无力垫付，或者在透支的同时，已经出现信用膨胀现象，那么，财政透支必然导致增发纸币，造成财政发行。这种情况下的财政透支就必然引起社会需求的扩张。

3. 动用上年或累计财政结余。如果财政有上年结余或历年滚存结余，从理论上讲是可以用来弥补财政赤字的。因为，财政结余是政府预算执行结果收入大于支出的余额，在价值形态上表现为财政在中央银行的存款，在物质形态上表现为尚未使用的物资资料。动用财政结余弥补财政赤字，实际上就等于将过去的需求延迟到当期的经济之中，所以不会引起本期社会需求的超经济扩张。而在现实生活中，情况就比较复杂。政府的上年或历年滚存结余作为中央银行的信贷资金来源，必然会被银行的资产业务加以运用。因此，财政结余能否动用或动用之后对货币流通产生怎样的影响，则需视中央银行对这部分结余存款的运用状况而定。所谓财政结余能否动用或动用之后对货币流通产生影响问题实质上主要是考虑这样运作之后是否会引起现实流通着的货币超经济增加。换言之，就是指是否会出现社会总需求超过社会总供给的状况。从理论上分析，在一个考察期内，中央银行对财政历年结余的运用情况主要有三种：一是完全没有运用；二是只运用了一部分；三是已经全部运用。在第一种情况下，政府动用其财政结余，只是将这部分潜在的、有相应未使用的物质资料对应的货币量向现实流通的货币量转化。实际上相当于财政结余本身表现的货币量所形成的那部分社会需求与其所代表的那部分社会供给相对应，因而不会引起社会总供求在量上的变化。由此看来，在这种情况下，财政结余可以动用。在第三种情况下，动用财政结余，如果中央银行可以从专业银行再贷款和黄金外汇占款这两种渠道抽回相应数量的高能货币，不会引起货币供应量超经济增加；如果中央银行不能抽回相应数量的高能货币，货币供应量就会超经济增加。至于第二种情况，则要看政府动用财政结余的数量。如果全部动用，则同时出现上述两种情况，最终结果，仍然是货币供应量超经济增加。如果仅动用中央银行尚未运用的部分，则相当于第一种情况。不过，在现实经济生活中，世界上绝大部分国家财政状况都是财政赤字或赤字财政，已无财政结余可言，故这种弥补方式也就只是理论上的叙述，而无实际意义。

4. 发行公债。通过发行公债，以债务收入弥补财政赤字，其实质是在现有社会需求总量不变的情况下，将债权人暂时闲置的货币购买力有偿地让渡给政府。因此，以债务收入弥补财政赤字，从理论上说，不会引起货币供应量的超经济增加。正因为如此，发行公债，已成为当今世界各国普遍采用的弥补财政赤字的基本方式。然而，从现实的角度分析，发行公债弥补财政赤字对货币流通到底有无影响，不仅取决于公债的发行对象，而且取决于购买主体以何种货币购买公债。

（1）企业和居民购买公债。有两种情况：一是企业和居民用放弃自己当期支出或储蓄的货币购买公债，只不过是这部分货币从企业和居民手中转移到政府手中，因而对当期货币供应总量变动不产生影响。二是企业和居民用已经储蓄起来的存款购买公债，这要看专业银行的资产运用与负债的经营状况如何。如果专业银行能够压缩或抽回相应数量的贷款，则货币供应量不变；如果专业银行不能压缩或抽回相应数量的贷款，则货币供应量增加。当然，上述情况，均以企业和居民自愿认购为前提。如果不是自愿认购，而是政府强制发行，则另当别论。

（2）商业银行购买公债。如果商业银行用尚未使用的超额准备金购买公债，同向企业或个人贷款效应一样，会使货币供应量相应增加。如果专业银行的超额准备金已全部用于其资产业务，且不能从客户那里抽回贷款，但可以用公债券作抵押向中央银行申请再贷款时，同样会使货币供应量相应增加。在其他因素不变的情况下，上述货币供应量的增加属于正常范围。但如果商业银行的超额准备金已全部用于其资产业务，且不能从客户那里抽回贷款，也不能以公债券作为抵押得到中央银行贷款时，其购买公债，造成的货币供应量增加就属非经济增加。

（3）中央银行购买公债。中央银行直接购买公债，其对货币供应量的影响效应无异于财政向中央银行透支。因为，中央银行购买了政府债券，在中央银行的财政存款就相应增加，政府可随时支用。当这笔存款通过预算拨款形成企事业单位在开户银行的存款时，就会增加专业银行的超额准备金和按规定上交给中央银行的法定存款准备金。通过这样的信用机制，则会在流通中形成超过中央银行购买公债金额的货币量。所以，中央银行购买公债，无异于向流通中注入基础货币。如果这种注入是超经济的，便等同财政发行。

通过对上述弥补财政赤字的方式及其对货币流通影响效应的分析，可以看出，无论采用怎样的弥补方式，或从理论上分析各种弥补方式又是怎样的完美、合理，现实中，财政赤字都不同程度地对社会经济的发展产生或轻或重的影响。因此，尽管财政赤字是当今世界的一个经济现象，但各国政府都不约而同地采取积极的财政政策措施，尽力缩减其数额。我国一贯坚持财政平衡政策，就更是毋庸赘述了。

三、财政平衡与社会总供求

（一）社会总供给与社会总需求

社会总供给与社会总需求是两个十分重要的宏观经济变量，两者之间的基本平衡是社会经济稳定、协调发展的基本需求。

简单地说，社会总供给是指一定时期内全社会提供的进入市场可供购买的商品物资（包括劳务）的价值总额，从其实物形态上看，是指一定时期内社会提供的进入市场可供购买的商品物资总量（包括生产资料、消费资料和可供享用的劳务）。社会总需求是指一定时期内全社会有货币支付能力的购买力总额，即在既定的价格下，居民、企业、单位和政府需用于购买商品物资的支出总额，它形成对商品物资的需求，包括消费需求和投资需求。

社会总供给与社会总需求之间的对比关系，通常有三种情况：一是总供给大于总需求，可称作供给过剩或需求不足；二是总需求大于总供给，可称作需求膨胀或供给不足；三是总需求等于总供给，可称作供求平衡。当然，如同财政收支之间的绝对相等是不可能的一样，总供求之间的绝对相等也是不可能的，只可能是大体平衡或基本平衡。社会总供给和社会总需求之间的大体平衡是整个经济和社会稳定的基本条件和结果。

社会总供给和社会总需求的平衡，主要包括两方面的内容：即总量平衡和结构平衡。总量平衡就是指以货币形式表示的社会供给总量与社会需求总量之间的基本平衡。总量平衡是最基本的平衡，也是实现其他方面平衡的前提。结构平衡则是指两大部类产品供求之间的平衡，或是国民经济各部门产品供求之间的平衡。两大部类产品供求平衡是指一定时期内两大部类向市场供给的生产资料和消费资料的构成同社会购买力总额中用于购买生产资料和消费资料的需求构成相适应。两大部类的划分是马克思的政治经济学从社会再生产的角度对整个经济的高度抽象和概括，在现实经济生活中，则具体表现为国民经济各部门及其所提供的产品。因此，社会总供给与社会总需求之间的结构平衡，也可以指一定时期内国民经济各部门提供给市场的各类商品（包括劳务）总量的构成与社会购买力总额中用于购买各类商品（包括劳务）的需求构成相适应。应该指出的是，这里所说的国民经济各部门的产品构成，是指两大部类的产品总量构成，而不是具体产品品种。所以，国民经济各部门产品供求结构的平衡，也是指国民经济总量关系的宏观结构平衡范畴，而不是实物品种的结构平衡范畴。

进而言之，社会总供给与社会总需求之间的内在关系，实质上是社会再生产过程中运动着的两个方面。商品生产、流通、消费的过程也就是收入的形成、分配、支出使用的过程。即一方面，生产者出售商品，向市场提供商品物资（包括劳务），形成市场供给，并从市场获得销售收入。从这个意义上说，收入往往代表着市场供给，全社会的各种收入总量，也就是社会供给总量；另一方面，生产者又将其所得收入进行分配与再分配，形成各方面的支出，这些支出构成具有货币支付能力的市场需求。从这个意见上说，支出最终形成购买力，全社会的各种支出总量，也就是社会总需求。需要说明的是，这里所说的社会总供给与社会总需求都是就最终产品总量而言的。

（二）财政平衡与社会供求平衡

1. 财政平衡与社会总供求的总量平衡。在社会经济生活中，政府行为是其必不可少的内容之一，财政收支活动就是政府行为的具体体现。财政收支的基本原理告诉我们，财政收入实质上代表着可供政府直接支配使用的那部分商品物资，而财政支出则体现政府实现其职责的物质需求，并现实地表现为一部分货币购买力。如果将政府行为从社会经济生活中抽象出来分析，财政平衡实质上就是这种体现政府行为的财政收支活动所形成的商品物资的供给与货币购买力之间的平衡。然而，政府行为并不是孤立存在的，而是必须像企业、个人行为一样汇入整个社会经济生活之中，从而决定了财政收支也必然汇入社会收入总量和社会支出总量之中，成为社会总供给与社会总需求的一部分。显而易见，在其他因素既定的条件下，财政平衡与否，直接影响着社会总供求的平衡。具体分析，在国民经济核算中，总量平衡有如下的恒等式：

$$C + S + T + M = C + I + G + X \tag{11.1}$$

恒等式（11.1）中，左边代表总供给的收入流量，其中，C 为消费，S 为储蓄（西方经济学是指当年的国民收入中没有被消费掉的部分，即储蓄等于收入减去消费），T 为税收，M 为进口额；右边代表总需求的支出流量，其中，C 为消费，I 代表投资，G 为政府支出，X 为出口额。这个恒等式表示，不论经济处于何种状态，在一定的经济期间，作为总供给的收入流量恒等于作为总需求的支出流量。显然，由于政府行为所引起，以税收为主要内容的政府收入流量与政府支出流量分别汇入了社会收入总流量和社会支出总流量之中，从而成为社会总供给与社会总需求的重要组成部分。

同时，从上述恒等式中可以看出，财政收支的平衡状态，必然影响社会总供求的平衡状态。当 $T > G$ 时，出现财政结余，使得社会总供给大于社会总需求；反之，当 $T < G$，出现财政赤字，使得社会总需求大于社会总供给。如果财政赤字过大，又没有恰当的弥补方式，就会造成需求过分扩张，导致通货膨胀，从而影响社会经济生活的正常秩序。

2. 财政平衡与社会总供求的结构平衡。上一问题，是从价值量的角度考察财政平衡与社会总供求总量平衡之间的关系。从实物形态的角度分析，财政平衡和社会总供求均存在着结构上的平衡问题，即各种收入流量所代表的物资可供量的构成与各种支出流量所形成的对使用价值的不同需求之间的配比关系问题。在构成社会总供给的物资可供量中，既包括生产资料，也包括生活资料。同样，在表现为社会购买力的需求总量中，既包括对生产资料的需求，也包括生活资料的需求。这两组相关因素应该是相互对应的，这样才能保证社会成员各自的需求，进而保证社会经济秩序的正常运行。财政平衡中的收入流量，同样是代表可供政府直接支配使用的生产资料和生活资料，而其支出流量同样形成了对生产资料和生活资料的需求，二者所体现的商品供给结构与货币购买力的需求结构之间也应该相对应。否则，就会影响社会总供求的结构平衡。举例说明如下：

假定将上一问题中的恒等式（11.1）变为：

$$C+(Sc+S1)+(Tc+T1)+(Mc+M1)=C+I+(Gc+G1)+(Xc+X1) \quad (11.2)$$

恒等式（11.2）中，左边代表社会总供给的构成，其中，Sc、S1 分别为消费储蓄额和投资储蓄额，Tc、T1 分别为税收所代表的消费资料价值量与生产资料价值量，Mc、M1 分别为消费资料进口额和生产资料进口额；右边代表社会总需求的构成，其中，Gc、G1 分别为财政支出中形成的对消费资料的货币购买力需求和生产资料的货币购买力，Xc、X1 分别为消费资料的出口需求和生产资料的出口需求。与财政平衡对社会总供求平衡的影响同理，财政的结构平衡必然会影响社会总供求的结构平衡。当 $Tc<Gc$ 时，社会总供给中消费资料的供给大于需求，反之，供给小于需求。同样，当 $T1>Gl$ 时，社会总供给中生产资料的供给大于其需求，反之，供给小于需求。

在恒等式（11.2）下，虽然社会总供求总量是平衡的，但结构不平衡，同样会影响社会和经济生活的正常秩序。因为，人们对生产资料的需求和对消费资料的需求是不可替换的。结构上的不平衡，就会导致要么生产资料的供给大于需求，要么生产资料的需求大于供给；或者是要么消费资料的供给大于需求，要么消费资料的需求大于供给。也就是说，使不同性质的货币购买力买不到相对应的商品物资，或是使一部分商品物资因没有对应的货币购买力而无法实现其价值。不论上述哪种情况，都不利于社会经济生活的正常运行。

3. 财政平衡是社会总供求平衡的调节手段。财政平衡作为社会总供求平衡中的有机组成部分，对社会总供求在总量上与结构上的平衡都会产生直接的内在影响，这一结论，已从上述两个恒等式的分析中得出。然而，财政平衡对社会总供求平衡的影响还有更重要的一面，那就是其宏观调控作用。这是因为，财政收支是政府行为，财政平衡可以作为掌握在政府手中进行宏观调节的手段，从而根据社会经济生活运行和发展的需求，对社会总供求状况进行适时调节。

依前所述，现实经济生活中，财政平衡是指年度财政收入与财政支出在总量上的基本相等。财政平衡对社会总供求的调节，正是通过财政收支之间的数量弹性变化，即要么出现财政结余，要么是以出现财政赤字来实现的。具体说来，主要表现为：当社会总供给大于社会总需求，出现生产过剩情形时，政府可以采取扩张型的财政平衡政策，即令财政支出略大于财政收入，运用财政赤字这一因素扩大社会购买力，增加有支付能力的社会需求，以缓和生产过剩的矛盾，在一定限度内给经济发展注入活力，从而起到推动经济发展的作用。当社会总供给小于社会总需求，出现供不应求情形时，政府可以采取紧缩型的财政平衡政策，即令财政收入略大于财政支出，运用财政结余这一因素，收缩社会购买力，减少有支付能力的社会需求，以缓和社会供求之间的矛盾。当社会总供求在总量上基本平衡，而供求结构不协调时，政府则可视不同情况灵活运用适当的财政平衡方式予以调节。进而言之，当生活资料缺短，生产资料过剩时，政府可运用适量的财政赤字用于扩大生产投资，使过剩的生产资料得以利用，并增加消费品的生产，以提高生活资料的供给能力。同时，以发行公债的方式弥补财政赤字，则有利于抑制个人消费购买力。当生活资料过剩，而生产资料短缺时，政府则应紧缩投资规模，而将适当的财政赤字用于扩大消费的需求方面。当然，财政平衡调节社会总供求是一个较为复杂的问题，必须具体情况具体分析，且各种调节因素和手段必须协调配合，发挥合力。

第三节 财政政策与财政宏观调控

一、财政政策及其要素

（一）财政政策的定义

财政政策是国家为实现一定的财政目标而制定的、指导财政分配活动和处理各种财政分配关系的基本准则及其相应措施，是国家意志在财政分配关系方面的反映。财政政策贯穿于财政分配的全过程，具体体现在税收、财政支出、公债、国家预算等方面，是政府处理财政分配关系的行为规范，也是政府调节、管理社会经济活动的一种重要经济政策和工具。

财政政策作为一个历史范畴，经历了由简到繁、由零碎到系统的发展过程。在自然经济条件下和自由资本主义阶段，国家活动范围有限，财政政策目标单一，手段简单，尚无形成系统的财政政策，只有一些零碎的，或非系统的财政政策。如我国古代历史上的“量入为出”、“量出为入”、“重农抑商”等财政政策，虽有促进农业文明之效，但力度较小。再如早期资本主义国家阶段采取了“简政轻税”、“预算平衡”的财政政策，它在一定程度上促进了自由资本主义的繁荣和发展，但由于政府大体上扮演了“守夜人”的角色，崇信市场的完美性，完整的、系统的财政政策并没有形成。始于20世纪30年代的资本主义经济大萧条，是由于世界各国政府活动范围的迅速扩大和膨胀，财政职能的内涵与外延的相应扩张而形成的，现代意义上的财政政策——政府全面干预经济的政策，才日趋完善和系统化。如今，财政政策已演变为社会经济活动的一个重要变量，成为影响人们经济决策行为的日益突出的因素。

（二）财政政策的构成要素

财政政策的要素包括政策主体、政策目标和政策工具。

1. 财政政策主体。财政是伴随着国家的产生而产生的，是一种以国家为主体的分配活动。因此，国家是财政分配的主体，也理所当然是财政决策的主体。这一点表明，国家（中央政府或各级政府）是财政政策的制定者，是财政政策的执行者。政策主体的决策程序与行为是否科学、规范，对于财政政策功能的发挥和财政政策效应的大小具有直接影响。科学的决策程序与规范的政府行为，可以使财政政策反映客观的财政分配关系及其运行规律，可以促进市场制度达到最佳效率，保证宏观经济有序、协调、稳定发展。反之，会牺牲市场效率，加剧宏观经济的无序和波动。

在我国现行分税制财政体制下，中央政府与地方政府既是政策的制定者，又是政策的执行者，各级政府的不同偏好对于政策的制定和执行都具有直接的、决定性的作用。因此，必须明确划分二者在财政政策方面的权利与责任，规范二者的行为，避免政策偏差现象的发生和政策效力的相互抵消。

2. 财政政策目标。财政政策目标是指财政政策所要解决的主要问题及其所要达到的期望值，是财政政策的最主要构成要素和政策功能的集中体现。财政目标的确定，受社会经济各种因素和财政决策程序的制约。其中，社会经济形势、政府职能、财政在国民经济中的地位、生产资料所有制的性质对于财政政策目标的选择具有决定性影响。此外，财政决策程序和政策主体的地位也影响到政策目标的确定。

由于受不同因素的制约，财政政策目标既可以是宏观的，也可以是中观、微观的；既可以是单元的，也可以是复合的。在我国经济转轨时期，财政政策目标应主要包括：(1) 维持社会总供求的均衡，促进经济稳定健康发展；(2) 促进社会、经济、环境三者之间协调、可持续发展；(3) 实现物价稳定、充分就业和国际收支平衡；(4) 促进经济结构不断升级与优化；(5) 缩小收入差距，逐步提高社会经济质量；(6) 促进公平、公正、开放、高效的市场体系的形成；(7) 激励经济主体的制度创新、机制创新、管理创新和技术创新，促使微观经济富有效率；(8) 促进区域经济均衡发展。

3. 财政政策工具。财政政策工具是财政政策主体所选择的用来实现财政政策目标的各种财政手段。财政政策工具必须与财政政策目标相协调。财政政策工具一般区分为政府预算、财政收入和财政支出三大类，具体政策工具包括预算、税收、公债、政府投资、转移支付、财政补贴等。

(1) 政府预算。作为财政政策工具的预算一般是指中央预算，政府通过年度预算的预先制定和在执行过程中调节收支对比关系，实现宏观经济目标。其作用形式表现为赤字预算、盈余预算和平衡预算。

(2) 税收。税收是主要的财政政策工具之一，其作用形式是纳税人、课税对象、税率、税收优惠、税收惩罚等。国家通过改变具体的税收作用形式，可以体现国家对社会经济活动的鼓励或限制政策，调节社会供求关系、经济结构和收入分配关系，实现多种政策目标。

(3) 公债。中央政府通过确定公债规模、发行对象、期限结构、利率等，可以在实现财政政策目标中发挥一定的作用。这主要体现在两个方面：一是调节资源的配置结构，加快基础设施、基础工业、新兴产业的发展，从而优化产业结构和供给结构；二是调节货币流通量，促进社会总供求的总量平衡与结构平衡。

(4) 政府投资。政府投资的规模与结构对经济总量和经济结构的调整起着关键性作用，主要表现在：政府投资规模的变化，直接影响到社会总需求，从而影响到社会供求的均衡；政府投资结构的调整，是对产业结构的一种增量调整，对产业结构的升级与优化有着直接的、巨大的影响；政府投资具有乘数效应，对民间投资会产生诱导和刺激作用，从对经济增长具有决定作用。因此，保持政府投资的适当比例，是优化资源配置的重要前提。

（5）财政补贴。国家通过确定财政补贴的规模、结构、对象和范围，体现补与不补、多补或少补的差别，可以贯彻对经济生活的鼓励与限制的意图。

二、财政政策类型

财政政策按照不同的标准加以分类。

（一）宏观财政政策与微观财政政策

按财政政策调节的对象，可区分为宏观财政政策和微观财政政策两类。

宏观财政政策，是指对经济总量，如总供给、总需求、经济增长速度等发生作用，影响经济总量增减变化的政策，也称总量政策。宏观财政政策通常被概括为三类：扩张性财政政策、紧缩性财政政策和平衡性财政政策。扩张性财政政策也称赤字财政政策，是指通过减少财政收入或增加财政支出刺激社会总需求增长的政策。这种政策的最典型的方式就是通过财政赤字来扩大政府支出的规模。紧缩性财政政策也称盈余性财政政策，是指通过增加财政收入或减少财政支出以抑制社会总需求的政策。这种政策的典型方式就是通过财政盈余来压缩财政支出的规模。平衡性财政政策也称中性财政政策，是指通过保持财政收支平衡使社会总需求与总供给趋于平衡的财政政策。这种政策一般是通过严格规定的财政收支的预算规模，并使之在数量上基本一致来实现。

微观财政政策，是指对有关经济中的微观因素，如市场决策、经济制度、某些产品或服务的供求关系等发生作用，主要影响微观经济活动的政策，也称个量财政政策。如在税收政策中，对经济特区或外商投资企业实行税收优惠政策等。

需要指出的是，上述两类财政政策在总体上是统一的，但在某些时候又是矛盾的。比如，扩张性财政政策，在刺激社会总需求、拉动经济增长的同时，也可能产生排挤效应，从而牺牲市场效率。现代经济学与财政学的研究成果表明，宏观经济的失衡是经济深层次，特别是微观经济矛盾引发的一种现象；宏观财政政策的运用，只有在宏观经济处于严重失衡状态才是必要的。因此，应慎用宏观财政政策。

（二）自动稳定财政政策和相机抉择财政政策

按照财政政策的运作特点，可区分为自动稳定财政政策和相机抉择财政政策。

自动稳定的财政政策，是指在经济发生变化时，能够自动发挥稳定效应的财政政策。财政政策的这种稳定效应，是按照既定法律规章制度自动执行的，财政收支的伸缩是自动由经济周期的波动决定的。在有关法律制度改变之前，无需政府预先作出判断或采取措施。

自动稳定的财政政策的作用主要体现在税收收入和财政支出两个方面。采用累进税率的个人所得税或公司所得税，对经济波动相当敏感。当经济处于上升期，税收收入将比个人或公司收入以更快的速度增长，从而抑制了非政府消费和投资，自动地发挥抑制经济增长的作用；反之，经济处于衰退期，累进税率将自动降低，从而刺激非政府消费和投资，自动地发挥促进经济回升的作用。从财政支出方面看，有相当一部分财政支出随着经济波动而发生相反的增减变动，最为典型的是社会保障支出。当经济不景气时，失业率上升，人们的收入下降，处于贫困线下的人口增加，政府发放的失业救济金和补助金会大幅增加；反之，当经济处于复苏、上升阶段时，失业率下降，人们的收入增加，处于贫困线下的人口减少，政府发放的失业救济金和补助金会大幅减少。政府支出的这种反周期伸缩特征，使得财政在经济繁荣时减支，经济衰退时增支，从而改变社会需求量，进而抑制或促进经济的发展。

相机抉择财政政策，指国家依据宏观经济的波动特征，有意识地使用特定的财政手段以消除通货膨胀缺口或通货紧缩缺口。

相机抉择的财政政策包括汲水政策和补偿性政策。汲水政策是在经济萧条时靠付出一定数额的公共投资使经济自动恢复其活力的政策。汲水政策有三个特点：第一，汲水政策是一种诱导经济复苏的政策，是以经济本身所具有的自发恢复能力为前提的治理萧条政策；第二，汲水政策的载体是公共投资，是以扩大公共投资规模作为启动民间投资活跃的手段；第三，财政支出规模有限，只要使私人投资恢复活力即可。

补偿性财政政策是指政府根据对经济情况的判断而主动地调整财政收支，调节社会供求关系以实现经济稳定的财政政策。这种政策的着眼点在于弥补或消除通货缺口，故称之为“补偿性”财政政策。在这种政策下，当经济繁荣时，政府通过增收减支等措施，抑制总需求，以减少通货膨胀缺口；反之，经济不景气时，政府通过增支减收等措施，刺激总需求，以减少通货紧缩缺口。

在财政实践中，上述两种财政政策相辅相成，共同发挥宏观调控作用。当自动稳定的财政政策无法改变宏观经济的非正常状态时，就需要依靠补偿性财政政策去调控。

三、财政政策的传导和效应

（一）财政政策的传导机制

财政政策传导机制是指财政政策发挥作用的过程中，政策工具与某种媒介体相互作用形成的一个有机整体。财政政策目标的实现过程，就是财政政策工具经由某种媒介体的传导转变为政策目标变量的复杂过程。

在社会主义市场经济条件下，财政政策工具的最为重要的媒介体是收入再分配与相对价格。税收、财政补贴、社会保障等财政政策工具的调整，直接作用于收入分配结构、产品的价格结构，可以有效调整社会成员的利益格局。财政政策工具正是通过对利益格局的调整，改变社会成员的经济决策和经济行为，来实现政策目标的。比如，提高个人所得税，会减少纳税人的可支配收入，就有可能诱使一部分人在工作与休闲之间重新选择，产生休闲替代工作的问题，这样就会对产出产生一定影响。又如，减税可以增加企业赢利，提高投资收益率，有利于刺激投资需求。再如，对新兴产业和自然垄断行业推行减税政策和补贴政策，可以改变产品之间的比价，改善供给结构和产业结构。总之，宏观经济波动的背后，主要是收入、相对价格等因素变动的影响，财政政策效应如何，主要取决于政策工具对这些媒介体的影响程度。

（二）财政政策效应

财政政策效应是指财政政策实施的最终结果。一般而言，政策实施结果与预期目标完全一致，则称该政策有效，如果政策实施结果与预期目标存在一定偏差，则该政策是低效或无效的。

1. 财政政策效应评价。财政政策效应必须从成本与效益的对比中作出判断。财政政策的效益是用货币计量的政策实施所产生的积极成果。财政政策的成本包括政策研究与制定费用、政策执行费用和间接成本。其中前两项费用可以用货币直接计量，而间接成本，即政策的实施引起的社会效益损失，可以采用间接方法去度量。当效益大于成本时，财政政策是有效的，反之，则是低效的或无效的。

2. 制约财政政策有效性的因素。政策实际实施结果与预期目标会出现一定程度的背离。这种政策效应偏差往往带有一定的必然性，关键在于针对引起偏差的具体原因，采取相应的对策将偏差控制在许可的范围之内。引起财政政策效应偏差的因素，主要包括：（1）旧政策仍在发挥作用，致使新政策受到干扰；（2）新政策遭到原有的利益集团的反对或抵制，难以有效推行；（3）政策设计本身存在缺陷，政策工具运用失当；（4）政策执行主体行为不规范；（5）财政政策与其他经济政策没有协调；（6）不同地区面临的实际情况不同，全国性财政政策的实施会在不同地区产生不同的效应；（7）财政政策存在执行时滞；（8）缺乏完善的市场机制和企业制度等。

四、财政政策与财政宏观调控

如前所述，财政政策贯穿于财政分配的全过程，是影响社会经济活动变量的重要手段。国家有意识地调整政府税收和支出水平，影响和改变社会需求总水平，可以达到充分就业、价格稳定、国际收支平衡和经济适度增长等宏观调控目标。在实践中，国家应依据不同的经济运行状态，选择相应的财政政策调节方式。

（一）通货紧缩缺口下的财政政策运用

通货紧缩缺口用来描述社会总需求不足的态势。国民经济所需的供给大于国民经济所需的需求之差额即为通货紧缩缺口。为了填补国民经济的通货紧缩缺口，应选择扩张性财政政策，以刺激需求增长。其主要调节方式如下：

1. 扩大财政支出。财政支出包括国防费、行政经费、社会保障支出和政府投资支出等。由于国防开支与战争有关，在平时要大幅度扩张是有困难的，行政经费的伸缩余地也不大，社会保障支出虽可增加，但涉及生产效率、劳动积极性以及支出的刚性问题，也不可能大幅度上升。因此，一般而言，只有政府投资支出可用来作为政府干预、扩大政府购买的手段，并以此来刺激经济，达到国民经济所需的均衡。政府投资支出具有乘数效应，因而对国民收入具有倍增作用。假如通货紧缩缺口为50亿元，紧缩缺口全部由政府投资弥补，边际消费倾向为0.8，依据凯恩斯经济学的国民收入的决定方程式，则政府投资支出乘数为5，国民收入的增加额为政府投资增加量乘上乘数，即 $50 \times 5 = 250$ 亿元。政府投资支出的乘数表明，政府投资乘数是正值，说明国民收入与政府投资的变动方向相同；政府增支时，国民收入增加，增加量为支出增量的倍数。因此，扩大政府投资支出，对于经济稳定增长具有决定性作用。

2. 降低税负。一般情况下，减税是刺激需求的一个手段。减税会增加企业和居民的收入，因而刺激企业和居民的需求水平，使总需求水平上升。减税的种类和方式不同，所引起的需求效应也不同。减免流转税，可以刺激企业的投资需求，减免所得税能够增加消费需求，但是减免所得税的作用比较复杂。如果这种所得税的减免是通过降低最高边际税率表现出来，那么，这种税收减免不仅没有增加需求，反而减少了需求。因为在累进所得税制下，最高边际所得税率对应着一个较大的应税所得额，而这样一个较大的应税所得额的所有者恰恰是那些较为富有的阶层。由于这个阶层的边际消费倾向较低，给这些人减税实际上就等于降低全社会的平均消费倾向，即减少了需求。降低最低边际税负，实际上提高了低收入者的可支配收入在总收入中的比重，从而也就提高于整个社会的平均消费倾向，因而能够增加消费需求。

3. 增发公债。政府增发公债可将企业、单位和个人的一部分闲置资金和储蓄存款集中在国家手中，将潜在的需求转化为现实的需求扩大政府投资，可以刺激社会总需求的增加。

（二）通货膨胀缺口下的财政政策运用

通货膨胀缺口用来描述社会总需求膨胀的态势。国民经济所需的需求大于国民经济的供给之差额即为通货膨胀缺口。为了消除补国民经济的通货膨胀缺口，应选择紧缩性财政政策抑制需求的增长。

1. 削减政府投资支出。如果社会总需求大大超过了社会总供给，超过了国民经济均衡点，出现了通货膨胀缺口。那么，可以用削减财政支出的办法，使通货膨胀缺口得以解决。此时，最为行之有效的办法就是削减公共工程开支。

2. 增加税负。增加税收可以抑制企业和个人由于收入过快增长所带动的需求过快增长。当财政支出规模不变时，增加税负，居民可支配收入会减少和企业投资收益低，可促使居民与企业削减消费与投资。因而增税意味着直接减少企业和居民的需求。增税通常有两种方式：一种是指政府有意识地提高税率和开增新税种或扩大征税范围，另一种方式是发挥累进所得税的自动调节作用。

（三）供求总量大体平衡而结构失衡条件下的财政政策调节

在社会供求总量均衡而结构失衡，发生短缺与过剩并存的结构性矛盾时，应作如下选择：

1. 投资需求与消费需求关系的调节。财政支出中的投资性支出和消费性支出直接构成全社会投资需求和消费需求的一部分。财政分配的资金不是用于投资，就是用于消费。所以财政分配的结果相当于把一定量的投资需求和消费需求加到其他投资需求和消费需求上，构成全社会总的投资需求和消费需求。因此，怎样确定财政支出中的投资和消费的比例关系，对全社会的投资需求和消费需求的影响较大。此外，财政还可以通过经济手段调节全社会的投资需求和消费需求的比例关系，包括有税收、财政补贴、财政信用等。通过税收优惠和税收惩罚以及调整累进的所得税制来调节投资需求和消费需求，为鼓励投资可通过税收优惠，为抑制投资可通过提高税率、设置税种而达到目的；通过提高和降低消费税，可以限制和鼓励消费需求。通过财政补贴的范围和方式、财政信用规模的大小调节消费需求和投资需求。

2. 对投资需求结构的调节。调节投资需求结构，是财政政策调节需求结构的重要方面。财政政策对投资需求结构的调节，主要是通过财政支出结构的变动来实现。例如，财政可改变支出方向来调节生产性投资与非生产性投资的需求比例，可以增加对短线生产部门的投资而减少对长线部门的投资，以促进产业结构的合理化。

3. 对消费需求结构的调节。对个人消费需求的调节，可以从两个方面进行：一是在收入分配环节，通过累进税率制度和转移支付制度来调节社会成员之间的可支配收入；二是在个人消费需求形成环节，通过各种消费税和财政补贴调节个人消费需求结构变化。

对公共消费需求的调节，一是要加大对科技、文化、教育和卫生方面的积极性公共消费支出；二是要控制行政和国防方面的消极性公共消费支出以及社会集团购买力支出。

【阅读材料】

财政乘数与财政宏观调控效应

变动政府支出和税收可能导致总需求的变化，从而使供给产出水平发生变化。但是究竟产出能增加或减少多少呢？建立在凯恩斯消费函数基础上的乘数模型可以回答此问题。

在西方经济学中，乘数表示国民收入的变动量与引起该变动的最初注入量之间的比例。财政乘数中，大体上分为支出乘数、税收乘数和平衡预算乘数。

一、政府支出乘数——政府购买支出的增加导致产出的倍数增加

根据凯恩斯学派的理论，在政府没有介入的经济体中，国民收入 Y 等于投资与消费的总和，即：

$$Y = C + I \tag{1}$$

其中，

$$C = a + cY \tag{2}$$

（2）式中的 a 是常数，表示基本消费水平，即国民收入为零时，人们仍然要消费，他们或者借钱，或者减少储蓄；c 为边际消费倾向，表示每增加 1 单位收入将有多少用于消费。

将（2）式代入（1）式：

$$Y = \frac{1}{1-c}(a + I) \tag{3}$$

（3）式中的 1/（1—c）就是所谓的乘数。

在考虑政府购买支出 G 的情况下，Y = C + I + G，将（2）式代入其中：

$$Y = \frac{1}{1-c}(a + I + G) \tag{4}$$

现对（4）式微分：

$$dY = \frac{1}{1-c}(dG) \tag{5}$$

（5）式表示变动政府购买支出 G，将使产出 Y 发生怎样的变动。现假设增加政府购买支出 10 亿元，边际消费倾向为 0.8，在其他条件不变的情况下，产出将增加 50 亿元：

$$dY = \frac{1}{1-0.8} \times 10 = 50$$

反之，减少政府购买支出 10 亿元，将使产出减少 50 亿元。政府支出的乘数为 1/（1 - c），在 c = 0.8 时，乘数为 5。

二、税收乘数

在考虑总额税的情况下，$Y=a+c(Y-T)+I$ (6)

化简后：

$$dY=\frac{1}{1-c}(a+I-cT) \quad (7)$$

现对（7）式微分：

$$dY=\frac{-c}{1-c}(dT) \quad (8)$$

（8）式表示变动总额税将对产出产生怎样的影响。现假设减总额税10亿元，则产出将增加40亿元：

$$dY=\frac{-0.8}{1-0.8}\times(-10)=40$$

总额税的乘数为 $-c/(1-c)$，$c=0.8$ 时，乘数为4。

与上例政府增支10亿元相比，减税10亿元对需求的扩张，而对产出的扩张力度显然要少，尽管增支与减税都同样导致10亿元的赤字。其原因在于纳税人从减税中增加的收入并不是全部用于当期消费，而是将部分（如20%）作为储蓄，于是减税10亿元，消费需求仅增加了8亿元。

三、平衡预算乘数

当增支与增税等量变动，即 $dG=dT$ 时，

$$dY=\frac{1}{1-c}dG+\frac{-c}{1-c}dT=\frac{1-c}{1-c}(dG)=dG \quad (9)$$

（9）式说明平衡预算的乘数为1，即预算规模平衡扩大对产出仍具有扩张效应，$dY=dG$。这其中的原因可以这样解释：当税收增加1元时，非政府部门可支配的收入相应减少1元，由于边际消费倾向的存在，消费支出的减少少于1元，其余表现为储蓄的减少。若边际消费倾向为0.8，则每减少1元收入，消费减少0.8元，储蓄减少0.2元，但此时政府支出却实实在在增加了1元，两者相抵，仍使总需求产生了净增加额。

（资料来源：蒋洪：《财政学》，上海财经大学出版社2000年版，第525～527页。）

第四节

财政政策与货币政策的协调

一、货币政策与货币政策目标

货币政策是国家为实现其宏观经济目标所制定的调节和控制货币供应量的基本方针及其相应措施。它是由利率政策、信贷政策、汇率政策等政策构成的一个有机的政策体系。

货币政策作为国家经济政策的组成部分，其最终目标与国家宏观经济目标是一致的。我国货币政策的基本目标是稳定货币。稳定货币是指把货币供应量控制在客观需要的范围之内。货币稳定的意义在于：首先，可以提供一个相对稳定的价值尺度和核算手段，便于企业精确地核算成本和盈亏，有利于国家测算和确定主要的经济比例，促进经济协调、高效益地增长；其次，为商品交易提供一个稳定的流通手段，促进城乡和地区间商品顺畅流通；最后，提供一个有效的支付手段，凭以组织国民收入再分配，正确处理国家、集体和个人三者的利益关系，有效保证人民生活水平的逐步提高。如果货币本身不稳定，自然要打乱正常的生产、流通和分配秩序，影响经济发展的进程。所以保持币值稳定，正是为促进经济发展提供稳定的经济环境。

二、货币政策手段

目前，我国中央银行的货币政策手段主要有下列几种：

1. **存款准备金**。即商业银行等金融机构按照规定比率，将所吸收的一部分存款交存中央银行。交存的比率，称为法定存款准备金率。中央银行通过调高或调低法定存款准备金比率，可以调节商业银行的派生存款能力，达到调节货币供应量的目标。

2. **利率**。中央银行根据金融市场资金的供求情况调高或调低利率，影响商业银行贷款数量。调高存贷款利率，可以起到回笼货币、紧缩借款需求、减少货币供应量的作用。反之，则会扩大货币供应量。

3. **公开市场业务**。即中央银行通过证券市场买进或卖出有价证券调节利率和货币供应量的一种方式。中央银行买进有价证券，可以增加货币供应量，卖出有价证券，可以减少货币流量。通过公开市场，中央银行可以间接调节市场利率。

4. **再贷款**。即中央银行对商业银行发放的贷款，是中央银行控制货币量的直接手段。

三、货币政策类型

根据货币政策在调节宏观经济的不同作用，可分为扩张性货币政策、紧缩性货币政策和中性货币政策。扩张性货币政策是指货币供应量超过经济发展对货币的实际需要量，可以起到刺激社会总需求的作用；紧缩性货币政策是指货币供应量小于经济发展对货币的实际需要量，可以起到抑制社会总需求的作用；中性货币政策是指货币供应量大体上等于货币需要量，对总需求和总供给的不加调节。

四、财政政策与货币政策配合的必要性

财政政策与货币政策配合运用的必要性，首先在于财政资金与信贷资金之间存在着内在联系，这就决定了政府在制定和实施财政政策时，不能不考虑对银行信贷的影响；在制定和实施货币政策时，也不能不考虑对财政的影响。如果财政政策与货币政策各行其是，就必然相互摩擦和碰撞，彼此抵消力量，从而减弱宏观调控的效应和力量，难以实现调控目标。

财政政策与货币政策相互配合的必要性，还在于这两种政策在宏观调控中有不同的调节方式和调节作用。因而，这两种政策不能相互替代，而应互相补充、互相支持。具体表

现在：

1. 两者的作用机制不同。财政主要以无偿方式直接参与国民收入的分配和再分配，它可以从收入和支出两个方向上影响社会需求的形成。相应地，财政政策可以通过收入和支出两个方面进行调控社会总需求。而信贷是以有偿方式集中和分配资金的，主要是在资金盈余部门和资金短缺部门之间进行余缺的调剂。因而，银行不可能像财政那样，无偿地集中一部分国民收入进行分配。这就决定了货币政策只能通过利率、法定存款准备金和再贷款等手段，间接地影响社会总需求。

2. 两者的作用方向不同。从消费需求（包括社会消费需求和个人消费需求）形成看，由于社会消费需求主要是通过财政支出形成的，因此，财政对社会消费需求的形成起决定性作用，只要财政适当增加或压缩社会消费支出，社会消费需求的扩张或紧缩就会立竿见影。个人需求的形成则受财政和信贷双重影响。而银行在这方面却是无能为力的。在个人消费需求方面，财政通过个人所得税、消费税、增值税等税收，可以对个人消费需求形成直接或间接影响。而银行通过存款利率和信贷对个人需求施加影响。从投资需求方面看，财政的作用主要是调整产业结构，促进国民经济结构合理化，银行的作用主要在于调整需求总量和产品结构。

3. 两者在扩张或紧缩社会总需求方面的作用不同。中央银行的货币政策是扩张或紧缩需求的总“闸门”，财政的扩张或紧缩效应只有通过货币政策机制的传导才能发生。这是因为，银行信用具有创造货币能力，银行也可以直接通过信贷规模的扩张或紧缩起到扩张或紧缩需求的作用。而财政赤字或财政盈余，虽可扩张或紧缩需求，但不具有创造货币的能力，其扩张或紧缩效应需要通过货币政策机制才能发生。比如，财政发生赤字或盈余时，只有银行相应压缩或扩张信贷规模，完全可以抵消财政的扩张作用，只有财政发生赤字或盈余时，银行相应扩张或压缩信贷规模，财政的扩张或紧缩效应才能真正发生。

五、财政政策与货币政策的搭配方式

财政搭配政策与货币政策的搭配方式，通常有四种方式。

1. 紧的财政政策和紧的货币政策，即“双紧”政策。紧的财政政策是指通过增加税收和削减政府支出，来限制投资和消费，抑制社会总需求。紧的货币政策是指通过提高利率、提高法定存款准备金率，减少货币供给，紧缩信贷规模，进而控制需求过度扩张。“双紧”政策是一种紧急的调控组合方式，适用于需求过度扩张和物价大幅度上涨的情况。“双紧”政策的优点是可以双管齐下，短时间有效控制需求膨胀和通货膨胀，但很可能会带来经济停滞、衰退的严重后果，因此应慎重选择，并注意紧缩的力度。

2. 松的财政政策与松的货币政策，即“双松”政策。松的财政政策是指通过减少税收和扩大政府支出规模，来扩大社会总需求，刺激经济增长。松的货币政策是指通过降低利率、降低法定存款准备金率，增加货币供给，扩大信贷规模。“双松”政策适用于有效需求严重不足的通货紧缩时期，但不能长时间使用，否则可能引起经济过热和通货膨胀。

3. 松的财政政策与紧的货币政策。松的财政政策在于适度扩张需求，对克服经济萧条较为有用。紧的货币政策在于防止通货膨胀率过高或避免通货膨胀反弹。因此，这种政策搭配的效应是在保持经济适度增长的同时尽可能避免通货膨胀。但长期使用这种政策搭

配，会积累巨额的财政赤字。

4. 紧的财政政策与松的货币政策。紧的财政政策可以抑制社会总需求，防止经济过热和出现通货膨胀。松的货币政策在于保持经济适度增长，防止经济衰退。因此，这种政策搭配的效应在于控制通货膨胀的同时，保持适度的经济增长率。但货币政策过松，也难以防止通货膨胀。

现实中，“双松”或“双紧”政策是在宏观总量严重失衡，即在出现严重的通货紧缩或通货膨胀的情况下采用的一种政策搭配。这会带来经济的大起或大落，甚至引发社会振荡。在社会总供求基本平衡或失衡不太严重的情况下，应多采用“一松一紧”的政策搭配，主要解决结构调整问题。

思考与练习

一、不定项选择题

1. 财政平衡，是指年度财政收入与财政支出在________上的对比关系。

A. 总量　　B. 结构
C. 地区　　D. 部门

2. 被西方市场经济国家广泛运用的一种调节经济运行的主要手段是________。

A. 预算赤字　　B. 赤字财政政策
C. 结构性赤字　　D. 周期性赤字

3. 下列不属于财政政策手段的是________。

A. 税收　　B. 预算
C. 公共支出　　D. 利率

4. 社会总需求和社会总供给的平衡，主要包括的内容有________。

A. 总量平衡　　B. 结构平衡
C. 形式平衡　　D. 内容平衡

5. 从世界各国的实践来看，弥补财政赤字的办法主要有________。

A. 财政发行　　B. 财政透支
C. 动用上年或累计财政结余　　D. 发行公债

二、判断题

1. 我国在经济运行中，不仅存在着总量失衡问题，也存在结构失衡问题。（　　）

2. 财政赤字对经济的影响和赤字规模大小有关，但更主要的还取决于赤字的弥补方式。（　　）

3. 预算赤字是指编制预算时列有赤字。（　　）

4. 财政宏观调控的主要对象是社会供求关系。（　　）

5. 财政平衡具有绝对性。（　　）

三、简述题

1. 如何理解财政平衡与社会总供求的关系？
2. 财政政策与货币政策为什么要配合，如何配合？

四、案例分析题

2012年12月中央经济工作会议强调，2013年“要继续实施积极的财政政策和稳健的货币政策，充分发挥逆周期调节和推动结构调整的作用”。虽然这样的表述与2011年中央经济工作会议确定的2012年财政政策和货币政策基调基本一致，但在2012年中国经济处于探底企稳，2013年中国经济仍面临许多困难和问题的背景下，积极的财政政策和稳健的货币政策将仍然是最为积极的宏观经济政策取向，也是比较有效的政策配合。特别是，2013年的积极的财政政策与稳健的货币政策在逆周期调节的政策功能和作用上将更加明显。

一方面，在当前外需仍然难以全面恢复的情况下，继续发挥积极财政政策对消费的逆周期调节作用更加重要。中央经济工作会议提出“更注重促消费，特别是要牢牢把握扩大内需这一战略基点，增强消费对经济增长的基础作用”。事实上，积极财政政策通过逆周期调节作用对消费的推动作用十分可观。从发挥积极财政政策的支出效应看，包括提高低收入群体的保障水平、继续提高离退休人员离退休费、低保群体的低保水平、提高农产品价格和增加农民的收入等可以直接扩大内需。

另一方面，2013年的积极的财政税收政策将通过突出完善结构性减税政策来发挥逆周期调节作用。结构性减税政策是当前积极财政税收政策的主要抓手，从社会角度肩负着扩大内需、支撑实体经济、调整产业结构等多项重任。而从财政政策角度看，结构性减税是典型的逆周期调节。财政政策的“自动稳定器”作用在结构性减税过程中可以充分发挥作用。根据经济学的基本原理，财政税收具有“自动稳定器”功能。即在经济高涨时，个人收入和企业利润迅速增加，而赋税增加，可能抑制个人和企业的消费与投资，客观上限制了经济的继续高涨，熨平宏观经济波动。反之，在经济下滑时，赋税减少，有助于预防经济大幅下滑或进入通缩。虽然结构性减税先会使税收增速放缓，但通过结构性减税不仅为企业减轻了负担，而且希望刺激相关企业的固定资产投资，达到全社会投资的扩张效应和长时间内起到拉动内需的作用，这会从另一个角度实现积极的财政税收政策的扩张效应，进而发挥出积极财政政策逆周期调节作用。

货币政策在经历了前几年的“控通胀、调结构、稳经济”的多重任务后，2012年末整体货币状况正在好转——包括控通胀和稳经济的艰巨任务。因此，2013年的稳健的货币政策理应更加注重“稳健”，可以比较从容地发挥稳健货币政策的逆周期调节作用。

2013年继续实施稳健的货币政策，首先是保持稳定的货币环境，包括货币供应量、信贷的稳定增长，保持经济运转足够“润滑”。2012年，稳健的货币政策通过逆周期调节基本达到了调控目标。广义货币供应量M2一季度增长13.4%、上半年增长13.6%、三季度增长14.8%；人民币贷款余额同比一季度增长15.5%、上半年增长16%、三季度增长16.3%，基本改变了2011年前三个季度信贷增长率16.6%、15.9%、13.0%逐级下降的情况，恢复到比较适度的15%增长率的水平。2013年，在2012年稳健货币政策的比较有效的逆周期调节目标后，可以通过多种政策工具组合使用继续发挥稳健货币政策的逆周期调节作用，确保金融体系拥有与实体经济发展相匹配的充足的流动性，确保贷款适度增加。与此同时，2013年的稳健货币政策还将更加突出对社会融资规模和结构的逆周期调节作用。根据全社会流动性状况以及宏观经济形势不时进行预调微调。从近年社会融资总规模的发展态势看，整体增长速度比较快，2013年在“适当扩大社会融资总规模”的同时要注重优化融资结构。扩大社会融资总规模主要通过发挥直接融资、信托贷款、委托贷款、民间借贷正规化等非银行金融的功能和作用，改善社会融资结构，多渠道、多途径满足微观经济主体的融资需求。

积极的财政政策通过结构性减税的逆周期调节保持企业的经营活力，维持经济探底企稳并开始向上攀升的态势，而稳健的货币政策可通过逆周期调节防止政策过度松动下的经济过热、甚至产能过剩及过剩产业继续过剩，转型升级中的企业重操旧业，影响经济结构调整和经济发展方式转变。因此，积极的财政政策与稳健的货币政策，可以达到在当前形势下宏观经济政策最大力度的有机配合。

（资料来源：《2013年继续积极的财政政策与稳健的货币政策》，金融网，2012年12月23日。）

仔细阅读上述资料，回答下列问题：

1. 分析2013年财政政策和货币政策的走向。

2. 如何运用财政政策和货币政策调节经济，其主要调节工具包括哪些？

主要参考文献

1. 陈　共:《财政学 (第4版)》, 中国人民大学出版社2004年版。

2. 邓子基、邱华炳:《财政学》, 高等教育出版社2005年版。

3. 胡乐亭:《财政基础知识 (第6版)》, 中国财政经济出版社2002年版。

4. 刘玲玲:《公共财政学》, 中国发展出版社2003年版。

5. 高培勇:《财政学》, 中国财政经济出版社2004年版。

6. 崔满红:《财政与金融教程》, 中国商业出版社2003年版。

7. 蒋　洪:《财政学教程》, 上海三联书店1996年版。

8. 韩国春、姜永华:《西方财政概论》, 中央党校函授学院, 1995年版。

9. 谢秋朝、候菁菁:《公共财政学》, 中国国际广播出版社2002年版。

10. 龙卫洋:《财政与金融》, 清华大学出版社2004年版。

11. [美] 哈维·S·罗森著, 平新乔等译:《财政学 (第4版)》, 中国人民大学出版社2000年版。

12. [美] 大卫·N·海曼著, 章彤译:《公共财政: 现代理论在财政政策中的应用(第6版)》, 中国财政经济出版社2002年版。

13. 李国淮、陈验风:《纳税实务》, 中国财政经济出版社2006年版。

14. 王铁军、宛新丽:《国际税收》, 经济科学出版社2002年版。

15. 王国清等:《财政学》, 高等教育出版社2006年版。

16. 刘京焕等:《财政学原理》, 中国财政经济出版社2001年版。